Alain de Botton

Trost der Philosophie
Eine Gebrauchsanweisung

Aus dem Englischen von
Silvia Morawetz

S. Fischer

Die Originalausgabe erschien 2000 unter dem Titel
›The Consolations of Philosophy‹ bei Hamish Hamilton, London
© 2000 Alain de Botton
Für die deutsche Ausgabe:
© 2001 S. Fischer Verlag GmbH,
Frankfurt am Main
Satz: S. Fischer Verlag GmbH, Frankfurt am Main
Gesamtherstellung: Clausen & Bosse, Leck
Printed in Germany
ISBN 3-10-046317-X

Inhalt

Trost bei

I

Trost bei Unbeliebtheit

1

Ein paar Jahre ist es her, dass ich mich eines Nachmittags in einem bitterkalten New Yorker Winter – ich hatte noch Zeit, bevor ich mein Flugzeug nach London besteigen wollte – in einem menschenleeren Saal im oberen Bereich des Metropolitan Museum of Art wiederfand. Der Raum war hell erleuchtet und, abgesehen vom beruhigenden Summen einer Fußbodenheizung, vollkommen still. Ich war gerade an einem Wust von Bildern in der Impressionistenabteilung angelangt und suchte nach einem Wegweiser zur Cafeteria – wo ich eine bestimmte Sorte amerikanischer Schokomilch zu bekommen hoffte, auf die ich zu dieser Zeit ganz versessen war –, als mein Blick auf ein Gemälde fiel, das, wie die Legende darunter mitteilte, im Herbst 1786 entstanden war. Geschaffen hatte es der damals achtunddreißigjährige Jacques-Louis David.

Der von den Athenern zum Tode verurteilte Sokrates schickt sich an, umringt von wehklagenden Freunden, den Schierlingsbecher zu leeren. Im Frühjahr des Jahres 399 v. Chr. hatten drei Athener Bürger ein gerichtliches Verfahren gegen den Philosophen angestrengt. Sie beschuldigten ihn, die Staatsgötter nicht anzubeten, religiöse Neuerungen eingeführt und die jungen Männer Athens verdorben zu haben – und ihre Vorwürfe wogen so schwer, dass sie die Todesstrafe forderten.

Sokrates hatte die Anschuldigung mit legendärem Gleichmut aufgenommen. Obwohl er während der Gerichtsverhandlung Gelegenheit gehabt hätte, sich von seiner Philosophie loszusagen, ergriff er Partei für das, was er für wahr hielt, und nicht für das, was, wie er wusste, populär war. Platons Schilderung zufolge hatte er vor denen, die über ihn zu Gericht saßen, furchtlos die folgenden Worte gesprochen:

> »Solange ich noch Atem und Kraft habe, werde ich nicht aufhören, der Wahrheit nachzuforschen und euch zu mahnen und aufzuklären und jedem von euch, mit dem mich der Zufall zusammenführt, in meiner gewohnten Weise ins Gewissen zu reden … Darum, meine Mitbürger, das versichere ich euch: … sprecht mich frei oder nicht, auf keinen Fall werde ich anders handeln, und müßte ich auch noch so oft den Tod über mich ergehen lassen.«

Und so hatte man ihn in ein Athener Gefängnis geführt, wo er den Tod finden sollte, einen Tod, der eine Zäsur in der Geschichte der Philosophie darstellte.

Als ein Indiz für die Bedeutung dieses Todes können wir die Häufigkeit nehmen, mit der er gemalt worden ist. Im Jahre 1650 schuf der französische Maler Charles-Alphonse Dufresnoy einen *Tod des Sokrates*, der heute in der Galleria Palatina in Florenz hängt (wo es keine Cafeteria gibt).

Im 18. Jahrhundert erreichte das Interesse am Tod des Sokrates seinen Höhepunkt, vor allem nachdem Diderot in seinem *Discours sur la poésie dramatique* auf das malerische Potential des Themas hingewiesen hatte.

Étienne de Lavallée-Poussin,
ca. 1760

Jacques Philippe Joseph de
Saint-Quentin, 1762

Pierre Peyron, 1790

Den Auftrag für eine Darstellung des Themas hatte Jacques-Louis David im Frühjahr 1786 von Charles-Michel Trudaine de la Sablière erhalten, einem wohlhabenden Parlamentsmitglied und begabten Gräzisten. Das vereinbarte Honorar war großzügig: 6000 Livres als Vorschuss und weitere 3000 bei Ablieferung (Louis XVI. hatte für den größerformatigen *Schwur der Horatier* nur 6000 Livres bezahlt). Als das Gemälde im Salon von 1787 ausgestellt wurde, fand es sofort Anerkennung als beste Darstellung des Themas. Sir Joshua Reynolds hielt es für »die vorzüglichste und bewunderungswürdigste Kunstbemühung seit der Sixtinischen Kapelle und den Stanzen Raffaels. Für das Athen der perikleischen Zeit wäre das Gemälde eine Ehre gewesen.«

Im Museumsshop kaufte ich mir fünf Postkarten mit Reproduktionen von Gemälden Davids. Später, beim Flug über die Eisfelder Neufundlands, die der Vollmond und der wolkenlose Himmel leuchtend grün gefärbt hatten, schaute ich mir eine genauer an, während ich in dem faden Essen herumstocherte, das die Stewardess, die mich irrtümlich für schlafend hielt, auf dem Tischchen vor mir abgestellt hatte.

Platon sitzt als stummer Zeuge der Ungerechtigkeit des Staates am Fuße des Bettes, Feder und Schriftrolle neben sich. Beim Tode des Sokrates war er neunundzwanzig Jahre alt, David indes hat ihn als alten Mann dargestellt, grauhaarig und tiefernst. Sokrates' Frau Xanthippe wird von Wärtern durch einen Gang von der Gefängniszelle weggeführt. Sieben Freunde umgeben den Todgeweihten, jeder auf seine Weise klagend. Kriton, der engste Gefährte des Sokrates, sitzt neben ihm und schaut den Meister voller Ehrerbietung und Sorge an. Der Philosoph aber, den David als muskulösen Mann mit dem Körper eines Athleten zeigt, sitzt hoch aufgerichtet und lässt weder Bangigkeit noch Reue erkennen. Dass eine große Zahl von Athenern ihn als töricht abtat, hat ihn an seinen Überzeugungen nicht irre werden lassen. David hatte Sokrates ursprünglich beim Trinken des Giftbechers zeigen wollen, der Dichter André Chenier hatte jedoch zu bedenken gegeben, die dramatische Spannung sei größer, wenn der Maler zeige, wie Sokrates eine philosophische Erörterung abschließe und dabei heiter nach dem Schierling greife, der sein Leben beenden sollte, Symbol dafür, dass er die Gesetze Athens beachte und zugleich seiner Berufung folge. Als Betrachter des Bildes sind wir Zeugen des Augenblicks, in dem sich das Leben eines transzendenten Wesens vollendet.

Die Postkarte machte wohl deshalb einen so tiefen Eindruck auf mich, weil das darauf abgebildete Verhalten in scharfem Widerspruch zu meinem eigenen stand. Bei Gesprächen war ich immer eher darauf aus, wohlgelitten zu sein, als die Wahrheit zu sagen. Dieser Wunsch zu gefallen ließ mich selbst bei armseligen Scherzen lachen wie einen Vater am Premierenabend einer Schultheatergruppe. Vor Fremden verfiel ich in die Unterwürfigkeit einer Concierge, die wohlhabende Gäste in einem Hotel mit servilem Enthusiasmus begrüßt, geboren aus dem krankhaften Verlangen, jedermanns Sympathie zu gewinnen. Niemals zog ich öffentlich Ansichten in Zweifel, denen die Mehrheit anhing. Ich suchte die Zustimmung von Menschen, die Autorität besaßen, und dachte nach Zusammentreffen mit ihnen geraume Zeit darüber nach, ob sie mich wohl akzeptabel gefunden hatten. Wenn ich eine Zollstelle passierte oder wenn ich neben einem Polizeiauto herfuhr, hegte ich dumpf den Wunsch, die uniformierten Beamten möchten doch gut von mir denken.

Der Philosoph aber hatte sich trotz Unbeliebtheit und trotz der Verurteilung durch den Staat nicht verbiegen lassen. Er war von seiner Auffassung nicht abgewichen, bloß weil andere Klage darüber geführt hatten. Sein Selbstvertrauen speiste sich außerdem aus einer tieferen Quelle als der

Kühnheit eines ungestümen Kampfhahns. Es gründete in der Philosophie. Die Philosophie hatte Sokrates zu inneren Gewissheiten verholfen, aufgrund derer er Missbilligung mit vernünftigem – aber eben nicht hysterischem – Selbstvertrauen begegnen konnte.

In der Nacht über dem eisbedeckten Land war solche geistige Unabhängigkeit eine Offenbarung und ein Ansporn. Sie lief der Tendenz zuwider, sich aus purer Trägheit im eigenen Handeln und Denken stets nach dem gesellschaftlich Sanktionierten zu richten. Aus dem Leben und dem Sterben des Sokrates erging die Aufforderung zu vernünftiger Skepsis.

Noch allgemeiner gesagt, erging aus dem Thema, das der griechische Philosoph verkörperte wie kein Zweiter, die Aufforderung, sich eine Aufgabe zu stellen, die groß und lachhaft zugleich war: durch Philosophie klug zu werden. Den enormen Unterschieden zwischen den vielen Denkern zum Trotz, die im Laufe der Zeit als Philosophen bezeichnet worden sind (Menschen, die in Wirklichkeit so verschieden waren, dass sie, befänden sie sich zusammen auf einer grossen Cocktailparty, einander nicht nur nichts zu sagen wüssten, sondern nach ein paar Gläsern womöglich handgreiflich werden würden), ließ sich offenbar aber doch eine Gruppe von Männern ausmachen, die, obgleich Jahrhunderte auseinander, eine Vision von Philosophie teilten, die der griechischen Etymologie des Wortes – *philein*, lieben; *sophia*, Weisheit – verpflichtet war, eine Gruppe, verbunden nur durch das gemeinsame Interesse, tröstliche und zugleich praktische Dinge über die Ursachen unserer tiefsten Kümmernisse zu sagen. An diese Männer wollte ich mich halten.

2

In jeder Gesellschaft gibt es Auffassungen darüber, was einer zu glauben und wie er sich zu benehmen hat, wenn er sich nicht verdächtig und nicht unbeliebt machen will. Manche dieser gesellschaftlichen Konventionen sind in einer Gesetzessammlung explizit niedergelegt, andere sind Teil eines umfangreichen Repertoires von eher moralischen und praktischen Urteilen, die als »gesunder Menschenverstand« bezeichnet werden. Er bestimmt, wie wir uns kleiden und welchen Wert wir Geld beimessen sollten, wen wir schätzen, welche Regeln der Höflichkeit wir befolgen und wie unser häusliches Leben beschaffen sein sollte. Diese Konventionen in Frage stellen zu wollen gälte als absonderlich, sogar als aggressiv. Werden Fragen unter Berufung auf den gesunden Menschenverstand abgewiegelt, dann deshalb, weil man seine Urteile schlicht für so vernünftig hält, dass sich genauere Betrachtung erübrigt.

So ist es beispielsweise kaum akzeptabel, im Verlaufe eines normalen Gesprächs die Frage aufzuwerfen, was in unserer Gesellschaft als Sinn der Arbeit angesehen wird.

Oder ein frischvermähltes Paar zu bitten, von A bis Z die Gründe für seine Heirat darzulegen.

Oder Urlauber hochnotpeinlich zu befragen, was sie sich denn von ihrem Reiseziel versprochen hatten.

Die alten Griechen hatten nicht minder viele Konventionen des gesunden Menschenverstands und hielten nicht minder zäh daran fest. Als ich einmal am Wochenende in einer Antiquariatsbuchhandlung in Bloomsbury stöberte, stieß ich auf eine ursprünglich für Kinder gedachte Reihe von Büchern zu geschichtlichen Themen, die massenhaft Fotografien und sehr ansprechende Illustrationen enthielten. Zu dieser Reihe gehörten *See Inside an Egyptian Town*, *See Inside a Castle* und der Band, den ich zusammen mit einer Enzyklopädie über Giftpflanzen erwarb und der den Titel *See Inside an Ancient Greek Town* trug.

Er veranschaulichte mit Illustrationen, was in den griechischen Stadtstaaten im fünften Jahrhundert v. Chr. als normale Kleidung galt.

Das Buch erklärte, dass die Griechen an viele Götter glaubten: an den Gott der Liebe, der Jagd und des Krieges, an Götter, die Macht über die Ernte, das Feuer und das Meer hatten. Bevor die Griechen zu einer Unternehmung aufbrachen, hatten sie entweder in Tempeln oder vor einem kleinen Schrein bei sich zu Hause zu diesen Göttern gebetet und ihnen Tieropfer dargebracht. Das war nicht billig: Athene kostete eine Kuh, Artemis und Aphrodite je eine Ziege, Asklepios eine Henne oder einen Hahn.

Die Griechen fanden nichts dabei, Sklaven zu besitzen. Im fünften Jahrhundert v. Chr. lebten allein in Athen etwa 80-100 000 Sklaven, einer auf drei freie Bürger.

Die Griechen waren auch eine militaristische Gesellschaft
und hielten viel von Tapferkeit auf dem Schlachtfeld. Einen
richtigen Mann zeichnete aus, dass er wusste, wie man
Widersachern den Kopf abschlägt. Der Athener Soldat, der
einen Perser vom Leben zum Tode befördert (wie auf einem
aus der Zeit des zweiten Perserkrieges stammenden Teller
abgebildet), demonstriert, wie man das macht.

Frauen standen vollkommen unter der Fuchtel ihrer Gatten
und Väter. Von Politik und vom öffentlichen Leben waren
sie ausgeschlossen. Sie durften weder erben noch eigenes
Geld besitzen. Gewöhnlich wurden sie im Alter von dreizehn Jahren verheiratet, wobei die Ehemänner von ihren
Vätern ohne Rücksicht auf emotionale Kompatibilität ausgewählt wurden.

Nichts davon wäre den Zeitgenossen des Sokrates besonderer Erwähnung wert gewesen. Sie wären verwirrt oder verärgert gewesen, hätte man sie gefragt, warum sie Asklepios Hähne opferten oder warum Männer töten mussten, um tugendhaft zu sein. Das wäre ihnen genauso töricht vorgekommen wie Verwunderung darüber, dass auf den Winter der Frühling folgt oder dass Eis kalt ist.

Es ist jedoch nicht nur die Feindseligkeit anderer, die uns davon abhalten kann, den Status quo in Frage zu stellen. Unsere Bereitschaft zu zweifeln kann genauso wirkungsvoll untergraben werden durch das Empfinden, dass gesellschaftliche Konventionen eine solide Grundlage haben müssen, auch wenn wir nicht wissen, worin diese besteht, denn immerhin hält ja eine große Zahl von Menschen schon lange an ihnen fest. Es erscheint uns nicht plausibel, dass unsere Gesellschaft in dem, woran sie glaubt, schweren Irrtümern erlegen sein soll und allein wir dies bemerkt haben sollten. Wir halten mit unserem Zweifel zurück und folgen der Herde, weil wir uns nicht vorstellen können, dass wir Wegbereiter bis dato unbekannter, komplizierter Wahrheiten sein könnten.

Wenn wir Hilfe suchen bei der Überwindung unserer Fügsamkeit, sind wir bei Sokrates genau richtig.

3

1. Sein Leben

Geboren wurde Sokrates in Athen im Jahre 469 v. Chr., sein Vater Sophroniscos soll Steinmetz gewesen sein, seine Mutter Phainarete Hebamme. In seiner Jugend war Sokrates Schüler des Philosophen Archelaos. Später trieb er selbst Philosophie, ohne je ein Wort davon schriftlich niederzulegen. Er unterrichtete kostenlos und geriet deshalb in Armut; materieller Besitz bedeutete ihm aber nichts. Er trug das ganze Jahr über denselben Umhang und ging fast immer barfuß (man sagte über ihn, er sei auf die Welt gekommen, um den Schuhmachern eins auszuwischen). Zum Zeitpunkt seines Todes war er verheiratet und Vater dreier Söhne. Seine Frau Xanthippe war notorisch schlecht gelaunt (gefragt, warum er sie geheiratet habe, erwiderte Sokrates, Pferdetrainer müssten sich an den störrischsten Tieren üben). Er verbrachte viel Zeit außer Haus und disputierte mit Freunden auf den öffentlichen Plätzen von Athen. Sie rühmten seine Klugheit und seinen Humor. Seine Erscheinung dürften nur wenige gerühmt haben, war Sokrates doch klein, bärtig und kahl, hatte einen eigenartig schlingernden Gang und ein Gesicht, das Bekannte abwechselnd mit dem Kopf einer Krabbe, eines Satyrs oder einer Groteske verglichen. Seine Nase war platt, seine Lippen breit, und seine vorstehenden Augen saßen unter einem Paar widerspenstiger Brauen.

Sein seltsamster Zug war jedoch seine Angewohnheit, Athener jedes Standes, Alters und Berufs auf der Straße anzusprechen. Ohne sich im mindesten darum zu scheren, ob sie ihn etwa für exzentrisch oder für unverschämt hielten, forderte er sie barsch auf, ihm genau zu erläutern, warum sie bestimmte als vernünftig geltende Auffassungen teilten und was sie für den Sinn des Lebens hielten – wie ein überraschter Feldherr berichtet:

> »Wer mit Sokrates in Berührung kommt und sich in ein Gespräch mit ihm einläßt, [der wird], mag auch wirklich vorher die Unterredung mit etwas ganz anderem begonnen haben, unbedingt von ihm in einem fort im Gespräche herumgeführt, bis er sich in die Notwendigkeit versetzt sieht, Rechenschaft von sich zu geben, wie er jetzt lebt und wie er die verflossene Lebenszeit hingebracht hat; wenn er aber einmal dahinein geraten ist, [läßt ihn] Sokrates nicht eher los, als bis er diese ganze Prüfung gut und schön vollendet hat.«

Klima und Anlage der Stadt waren dieser Angewohnheit des Sokrates förderlich. In Athen war es das halbe Jahr über warm, und so ergab sich häufig die Gelegenheit, ohne förmliche gegenseitige Vorstellung mit Menschen auf der Straße ein Gespräch anzuknüpfen. Betätigungen, die in nördlichen Ländern hinter den Lehmwänden düsterer, rauchdurchzogener Hütten stattfanden, bedurften unter dem menschenfreundlichen attischen Himmel nicht des Schutzes der Abgeschiedenheit. Es war üblich, sich auf der Agora oder unter den Kolonnaden der Stoa poikile oder der Stoa des Zeus Eleutherios aufzuhalten und am späteren Nachmittag, den begünstigten Stunden zwischen den praktischen Obliegenheiten des Mittags und den Ängsten der Nacht, mit Fremden zu sprechen.

Die Größe der Stadt begünstigte Begegnungen. Rund 240 000 Menschen lebten innerhalb der Grenzen Athens und seines Hafens. Von einem Ende der Stadt zum anderen,

vom Piräus-Tor zum Aigeus-Tor, war es nicht mehr als eine Stunde Fußmarsch. Die Athener besaßen ein Gemeinschaftsgefühl vergleichbar etwa dem der Kinder an einer Schule oder der Gäste bei einer Hochzeit. Fremde in der Öffentlichkeit in ein Gespräch zu verwickeln war keine Spezialität von Fanatikern oder Betrunkenen.

Wenn wir uns scheuen, den Status quo in Frage zu stellen, so liegt das – neben der Witterung und der Größe unserer Städte – vor allem daran, dass wir das Populäre auch für das Richtige halten. Der Philosoph ohne Sandalen stellte Unmengen von Fragen, um herauszufinden, ob das, was populär war, denn auch einen Sinn ergab.

2. Gesunder Menschenverstand als Maß aller Dinge

Viele fanden seine Fragerei nervtötend. Manche zogen ihn auf. Einige hätten ihn am liebsten umgebracht. In seinem Stück »Wolken«, uraufgeführt im Frühjahr 423 v. Chr. im Dionysos-Theater, führte Aristophanes den Athenern eine Karikatur des in ihrer Mitte lebenden Philosophen vor, der sich weigerte, Vernünftiges anzuerkennen, ehe er nicht dessen Logik mit impertinenter Akribie auf den Grund gegangen war. Der den Sokrates darstellende Schauspieler wurde, in einem Korb stehend, von einem Kran auf die Bühne heruntergelassen, behauptete er doch, sein Geist arbeite in der Höhe besser. Er war in so wichtige Gedanken vertieft, dass er keine Zeit hatte, sich zu waschen oder häuslichen Obliegenheiten nachzukommen. Deshalb roch zwar sein Umhang schlecht und war sein Heim von Ungeziefer befallen, aber zumindest konnte er sich den entscheidenden Lebensfragen widmen. Zu diesen gehörten: Wie viel weiter kann ein Floh springen, als er selbst lang ist? Und summen Gnitzen durch den Mund oder durch den Anus? Obwohl Aristophanes über die Ergebnisse der sokratischen Forschungen nichts mittteilte, dürfte das Publikum den entsprechenden Eindruck über ihre Wichtigkeit gewonnen haben.

Aristophanes artikulierte in seinem Stück eine bekannte Kritik an Intellektuellen, die nämlich, sie entfernten sich durch ihr bohrendes Fragen weiter von vernünftigen Ansichten als Menschen, die es nie unternommen haben, Dingen systematisch auf den Grund zu gehen. Den Dramatiker und den Philosophen trennten diametral entgegengesetzte Auffassungen von der Hinlänglichkeit einfacher Begründungen. Während es Menschen, so Aristophanes, die ihre sieben Sinne beieinander hatten, bei dem Wissen bewenden lassen konnten, dass Flöhe im Verhältnis zu ihrer Größe weit springen konnten und dass Gnitzen ein Geräusch ausstießen, egal wo, wurde Sokrates unterstellt, krankhaft den gesunden Menschenverstand anzuzweifeln und auf abartige Weise nach komplizierten, albernen Alternativen zu seinen Befunden zu gieren.

Worauf Sokrates erwidert hätte, der gesunde Menschenverstand verdiente in bestimmten Fällen – obschon vielleicht nicht gerade in dem der Flöhe – durchaus gründlicher unter die Lupe genommen zu werden. Schon nach kurzen Wortwechseln mit vielen Athenern nämlich träten bei den populären Ansichten über gute Lebensführung, bei Ansichten, welche die Mehrheit als normal und also als selbstverständlich bezeichnete, überraschende Unzulänglichkeiten zutage, die nach der Selbstsicherheit ihrer Verfechter nicht zu erwarten gewesen wären. Im Gegensatz zu dem, was Aristophanes hoffte, sah es so aus, als wüssten die, mit denen Sokrates sprach, kaum, wovon sie redeten.

3. *Zwei Gespräche*

Eines Nachmittags begegnete der Philosoph, Platons *Laches* zufolge, in Athen zwei angesehenen Feldherren, Nikias und Laches. Die Feldherren hatten in den Armeen der Spartaner an den Schlachten des Peloponnesischen Krieges teilgenommen und sich dabei die Achtung der angesehenen Bürger der Stadt und die Bewunderung der Jugend erworben. Beide sollten als Soldaten sterben: Laches in der Schlacht bei Mantineia im Jahre 418 v. Chr., Nikias bei der unter einem schlechten Stern stehenden Expedition nach Sizilien im Jahre 413 v. Chr. Bildnisse der beiden Männer sind nicht überliefert, doch es ist denkbar, dass sie im Kampf den beiden Reitern auf einem Abschnitt des Parthenon-Frieses ähnelten.

Die Feldherren vertraten eine als vernünftig geltende Auffassung. Sie glaubten, dass ein Mensch, um mutig zu sein, einer Armee angehören, im Kampf vorrücken und Gegner töten müsse. Als er den beiden unter freiem Himmel begegnete, fand Sokrates es aber angebracht, noch ein paar weitere Fragen zu stellen:

> SOKRATES: »Versuch zu erklären, was Tapferkeit ist.«
> LACHES: »Beim Zeus, mein Sokrates, das ist nicht schwer zu sagen. Wenn einer entschlossen ist, in Reih und Glied standhaltend sich gegen die Feinde zu wehren und nicht flieht, der ist gewiß ein tapferer Mann.«

Sokrates erinnerte sich indes daran, dass eine griechische Streitmacht unter dem Kommando des Spartaner Regenten Pausanias in der Schlacht von Plataiai im Jahr 479 v. Chr. anfangs zurückgewichen war, das persische Heer unter Mardonios später aber tapfer besiegt hatte.

> SOKRATES: »Von den Lakedaimoniern heißt es, sie hätten bei Plataiai, als sie auf die Schildträger herangekommen wären, nicht standhalten und gegen sie kämpfen wollen, sondern wären geflohen; als sich aber die Reihen der Perser gelöst hätten, hätten sie geradeso wie die Reiter kehrtgemacht und gekämpft, und so hätten sie die Schlacht dort gewonnen.«

Gezwungen, neu nachzudenken, äußerte Laches eine zweite, herkömmlich als vernünftig geltende Ansicht: Tapferkeit sei eine Art Beharrlichkeit. Beharrlich sein, wandte Sokrates ein, könne man auch, wenn man unbesonnen ein Ziel verfolge. Um wahre Tapferkeit von blindwütiger Raserei zu unterscheiden, müsste ihr noch ein Zweites hinzutreten. Laches' Gefährte Nikias sagte nun, von Sokrates auf diese Fährte gesetzt, dass Tapferkeit Einsicht in sich einschließen müsse, die Wahrnehmung von Gut und Böse, und nicht auf die Kriegskunst beschränkt werden dürfe.

In einem nur kurzen Wortwechsel unter freiem Himmel waren also schwerwiegende Mängel der Definition einer bei den Athenern in hohem Ansehen stehenden Tugend zutage

getreten. Es hatte sich gezeigt, dass die Möglichkeit von
Tapferkeit außerhalb des Schlachtfeldes oder die Bedeutung
von Einsicht in Verbindung mit Beharrlichkeit bei der Be-
griffsbestimmung gar keine Rolle gespielt hatten. Neben-
sache, mochten viele Athener gedacht haben, die Folgerun-
gen waren aber gewaltig. Wenn einem Feldherrn zuvor
beigebracht worden war, es sei feige, seinem Heer den
Rückzug zu befehlen, auch wenn dies das einzige vernünftige Manöver war, dann erweiterte die Neubestimmung von
Tapferkeit seine Handlungsmöglichkeiten und stärkte ihn
gegen Kritik.

In Platons *Menon* befand sich Sokrates abermals im Gespräch
mit einem, der steif und fest an die Wahrheit einer Vorstellung aus dem Repertoire des gesunden Menschenverstands
glaubte. Menon, ein herrischer Aristokrat aus Thessalien,
war zu Besuch in Attika und wusste ganz genau Bescheid
über den Zusammenhang von Geld und Tugend. Als
Tugendhafter, erläuterte er Sokrates, müsse man sehr reich
sein, und Armut sei unfehlbar ein persönliches Versagen und
kein Zufall.

Auch von Menon ist uns kein Bildnis überliefert, doch als
ich einmal in der Lobby eines Athener Hotels ein griechi-
sches Herrenmagazin durchblätterte, kam mir der Gedanke,
Menon könnte eine gewisse Ähnlichkeit mit dem Mann gehabt haben, der da in einem beleuchteten Swimmingpool
Champagner trank.

Tugendhaft, vertraute Menon Sokrates an, sei einer, der ein großes Vermögen besitze und sich bestimmte Güter leisten könne. Sokrates fragte nach:

SOKRATES: Als Gutes … bezeichnest du z.B. Gesundheit und Reichtum?

MENON: Auch den Besitz von Gold verstehe ich darunter und von Silber und von Ehrenstellen im Staat und von Ämtern.«

SOKRATES: »Dergleichen und nichts anderes verstehst du unter dem Guten?

MENON: Nichts anderes, sondern alles dergleichen verstehe ich darunter.

SOKRATES: … Bezeichnest du die Art dieses Erwerbes noch weiter durch Worte wie gerecht und gottgefällig? Oder kommt es dir darauf nicht an, nennst du ihn vielmehr unterschiedslos Tugend, auch wenn es sich auf ungerechte Weise vollzieht?

MENON: Das denn doch nicht.

SOKRATES: Es darf also, wie es scheint, dieser Erwerb nicht anders als mit Gerechtigkeit oder Besonnenheit oder Frömmigkeit, oder sonst einem Teil der Tugend vor sich gehen … Aber kein Gold und Silber erwerben, weder für sich noch für einen anderen, wenn es nicht gerecht dabei zugeht – ist solcher Verzicht auf Erwerb nicht auch Tugend?

MENON: So scheint es wohl.

SOKRATES: Der Verzicht auf den Erwerb solcher Güter wäre danach ebensogut Tugend wie der Erwerb derselben …

MENON: Deine Behauptung scheint mir unwidersprechlich zu sein.

Binnen weniger Augenblicke war Menon vorgeführt worden, dass Geld und Einfluss nicht an sich notwendige und hinreichende Merkmale der Tugend waren. Wohlhabende mochten Bewunderung verdienen, es kam jedoch darauf an, wie sie ihren Reichtum erworben hatten. Umgekehrt ließ sich aus Armut als solcher nicht auf den moralischen Wert eines Menschen schließen. Ein Wohlhabender hatte keinen zwingenden Grund zu der Annahme, sein Besitz sei Ausweis seiner Tugend, genauso wenig wie ein Armer seine

Bedürftigkeit als zwingenden Beweis für seine Nichtswürdigkeit aufzufassen hatte.

4. Was andere vielleicht nicht wissen

Diese Fragen mögen Patina angesetzt haben, die ihnen zugrunde liegende Moral aber nicht: Andere können sich durchaus irren, auch wenn sie wichtige Posten innehaben, auch wenn sie Anschauungen verkünden, die eine Mehrheit seit Jahrhunderten vertritt. Das hat einen einfachen Grund: Sie haben ihre Überzeugungen nicht logisch geprüft.

Menon und die Generäle vertraten unbegründete Ansichten, weil sie sich die vorherrschenden Normen zu Eigen gemacht hatten, ohne deren Logik zu überprüfen. Sokrates verdeutlichte die Eigenart ihrer Passivität durch eine Analogie: Ein Leben ohne systematisches Denken komme einer Tätigkeit wie dem Töpfern oder dem Schuhmachen gleich, wenn sie ausgeübt werde, ohne die technischen Abläufe zu befolgen oder gar zu kennen. Niemand glaube ja, ein guter Krug oder ein guter Schuh entstünde allein aus Intuition, warum meinten dann so viele, die noch kompliziertere Aufgabe der Lebensführung könne ohne gründliches Nachdenken über Voraussetzungen oder Ziele in Angriff genommen werden?

Vielleicht deshalb, weil wir unsere Lebensführung nicht für eine so komplizierte Sache halten. Bestimmte schwierige Aufgaben sehen, von außen betrachtet, sehr schwierig aus, andere, nicht minder schwierige, indes sehr leicht. Zu vernünftigen Ansichten darüber zu gelangen, wie man leben soll, fällt in die zweite Kategorie, einen Krug oder einen Schuh zu machen in die erste.

Und schon den Krug zu machen war eine gewaltige Leistung. Zuerst musste man Ton nach Athen bringen, den man gewöhnlich aus einer großen Grube am Kap Kolias herbeischaffte, gute zehn Kilometer südlich der Stadt, diesen auf eine Scheibe legen, die sich zwischen 50- und 150-mal pro Minute drehte, die Geschwindigkeit indirekt proportional zu dem Stück, das man formen wollte (je enger der Krug, desto schneller die Scheibe). Dann folgten das Befeuchten, das Abschälen überflüssigen Tons, das Bürsten und das Formen der Henkel.

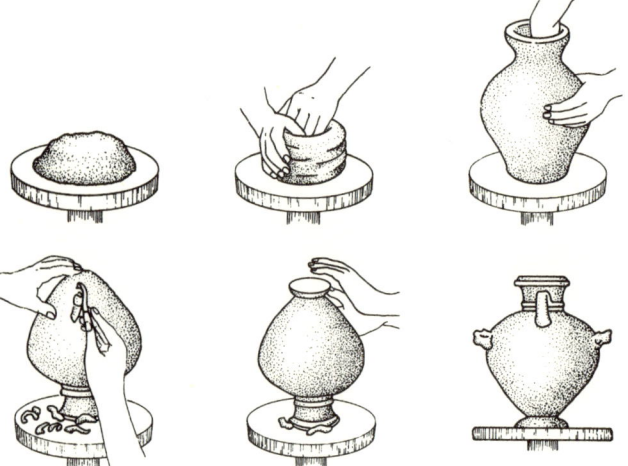

Als Nächstes musste der Krug mit einer schwarzen Glasur überzogen werden, die man aus besonders feinkörnigem Ton, gemischt mit Pottasche, herstellte. War die Glasur trocken, wurde der Krug in einen Brennofen gestellt und dieser bei geöffneter Belüftung auf 800°C erhitzt. Das Gefäß nahm eine tiefrote Farbe an, Folge davon, dass der Ton sich zu Eisenoxyd Fe_3O_4 härtete. Danach wurde der Ofen bei geschlossener Belüftung auf 950°C erwärmt, und man gab nasses Laub bei, das die Feuchtigkeit erhöhte, wodurch sich der Körper des Gefäßes in ein gräuliches Schwarz und die Glasur in ein gesintertes Schwarz (Magnetit, Fe_3O_4) verwandelte. Einige Stunden später wurde die Belüftung wieder geöffnet, das Laub wurde herausgeharkt, und man ließ die Temperatur auf 900°C sinken. Während die Glasur so das tiefe Schwarz des zweiten Brandes behielt, kehrte der Körper der Vase zum Tiefrot des ersten zurück.

Es überrascht nicht, dass nur wenige Athener sich aufs Geratewohl ihre eigenen Gefäße herstellten. Die Töpferei sieht nämlich genauso schwierig aus, wie sie tatsächlich ist – zu einem gescheiten Tugendbegriff zu gelangen leider aber nicht, denn dies fällt in die heikle Kategorie scheinbar simpler, in Wahrheit aber vertrackter Tätigkeiten.

Sokrates ermutigt uns, uns nicht ins Bockshorn jagen zu lassen durch die Selbstsicherheit von Menschen, die diese Komplexität nicht berücksichtigen und deren zusammengestoppelte Ansichten nicht an die Genauigkeit eines Töpfers an der Drehscheibe heranreichen. Das als selbstverständlich und »natürlich« Herausposaunte ist es nur selten. Diese Erkenntnis sollte unseren Sinn dafür schärfen, dass die Welt vielschichtiger ist, als es den Anschein hat, haben sich die etablierten Anschauungen doch meist nicht in einem Prozess fehlerlosen Argumentierens herausgebildet, sondern nach Jahrhunderten geistiger Verwirrung. Schon möglich, dass es keinen guten Grund dafür gibt, dass es ist, wie es ist.

5. *Wie man selbständig denkt*

Sokrates verhilft uns nicht nur zu der Einsicht, dass andere
sich irren können, er gibt uns auch eine einfache Methode
an die Hand, mit der wir selbst herausfinden können, was
richtig ist. Kaum ein Philosoph hat die Voraussetzungen für
ein denkendes Leben noch einfacher bestimmt – vonnöten
sind dafür nämlich weder jahrelange akademische Ausbildung noch ein Dasein in Muße. Es kann doch jeder, der
über Wissbegier und einen wohlgeordneten Verstand ver-
fügt, wenn er einer Ansicht aus dem Repertoire des gesunden Menschenverstands auf den Grund gehen will, mit
einem Freund auf der Straße ein Gespräch beginnen. Folgt
er der sokratischen Methode, so kommt er womöglich in
weniger als einer halben Stunde auf den einen oder anderen
umwälzenden Gedanken.

Die sokratische Methode der Prüfung des gesunden Menschenverstands wird in allen frühen und mittleren Dialogen
Platons vorgeführt. Da sie in immer gleichen Schritten ver-
läuft, lässt sie sich, ohne dass man sie herabsetzt, in der Sprache einer Gebrauchsanweisung oder eines Handbuchs wie-
dergeben und auf jede Überzeugung anwenden, die zu
übernehmen man aufgefordert wird oder gegen die man
sich auflehnen zu müssen glaubt. Auf die Richtigkeit einer
Aussage, behauptet diese Methode, kann nicht daraus
geschlossen werden, dass eine Mehrheit diese Richtigkeit
bejaht oder dass wichtige Personen sie schon lange für ausgemacht halten. Richtig ist eine Aussage, wenn ihr vernünf-
tigerweise nicht widersprochen werden kann. Wahr ist eine
Aussage, wenn sie sich nicht widerlegen lässt. Ist dies aber
möglich, so muss sie falsch sein, ganz gleich, wie viele ihre
Richtigkeit auch bejahen, und wir dürfen sie zu Recht an-
zweifeln.

Die sokratische Denkmethode

1. Suche dir eine Aussage, von deren Vernünftigkeit Menschen im Allgemeinen überzeugt sind:

Tapferkeit zeigt sich daran, dass einer im Kampf nicht zurückweicht.

Zur Tugend braucht der Mensch Geld.

2. Stell dir einen Augenblick lang vor, die Aussage sei trotz der Überzeugung dessen, der sie vorbringt, falsch. Suche nach Situationen oder Zusammenhängen, in denen die Aussage falsch wäre.

Ist es möglich, dass einer tapfer ist und dennoch im Kampf zurückweicht?

Ist es möglich, dass einer auf dem Schlachtfeld nicht weicht und trotzdem feige ist?

Ist es möglich, dass einer Geld hat, aber nicht tugendhaft ist?
Ist es möglich, dass einer kein Geld hat, aber tugendhaft ist?

3. Wird eine Ausnahme gefunden, muss die Definition falsch oder zumindest ungenau sein.

Es ist möglich, tapfer zu sein und den Rückzug anzutreten.
Es ist möglich, auf dem Schlachtfeld nicht zu weichen und trotzdem feige zu sein.

Es ist möglich, Geld zu haben und ein Schuft zu sein.
Es ist möglich, arm und tugendhaft zu sein.

4. Die erste Aussage muss abgewandelt werden, um die Ausnahme zu berücksichtigen.

Tapferkeit kann sich daran zeigen, dass einer auf dem Schlacht-
feld zurückweicht oder vorrückt.

Menschen, die Geld haben, können nur dann als tugendhaft
bezeichnet werden, wenn sie es auf tugendhafte Weise erworben
haben, und Menschen ohne Geld können tugendhaft sein,
wenn sie Situationen erlebt haben, in denen es unmöglich war,
tugendhaft zu sein und Geld zu verdienen.

5. Findet man noch weitere Ausnahmen zu der bereits ab-
gewandelten Aussage, sollte der Vorgang wiederholt werden. Die Wahrheit, sofern ein Mensch so etwas überhaupt erlangen kann, liegt in einer Aussage, die sich nicht
widerlegen läßt. Dadurch, dass man ergründet, was etwas
nicht ist, kommt man dem Erfassen dessen, was es ist, am
nächsten.

6. Ergebnisse des Denkens sind, was immer Aristophanes
auch andeutete, Ergebnissen der Intuition überlegen.

Es ist natürlich auch ohne Philosophieren möglich, zu Wahrheiten zu gelangen. Auch wenn wir nicht die sokratische
Methode anwenden, können wir begreifen, dass Menschen,
die kein Geld haben, tugendhaft zu nennen sind, wenn sie
Situationen erlebt haben, in denen es unmöglich war,
tugendhaft zu sein und Geld zu verdienen, oder dass Tapferkeit im Kampf auch Rückzug bedeuten kann. Wir riskieren
aber, nicht zu wissen, wie wir uns Menschen gegenüber verhalten sollen, die nicht unserer Meinung sind, wenn wir die
Einwände gegen unsere Position zuvor nicht logisch durch-
dacht haben. Bei imposanten Persönlichkeiten kann es uns
die Sprache verschlagen, wenn sie mit Verve behaupten,

Geld sei für die Tugend ganz wesentlich und nur Verweich-
lichte wichen im Kampf zurück. Fehlen uns Gegenargumente, die unsere Position stützen (die Schlacht von Plataiai
oder die Bereicherung in einer korrupten Gesellschaft),
werden wir lahm oder bockig vorbringen müssen, dass wir
uns im Recht fühlen, ohne angeben zu können, warum.

Sokrates bezeichnete eine richtige Auffassung, die jemand vertrat, ohne zu wissen, wie man Einwänden vernünftig begegnen könne, als *wahre Meinung*, und stellte ihr
die höher einzuschätzende *Einsicht* gegenüber, welche ein-
schließt, dass man nicht bloß versteht, warum etwas wahr
ist, sondern auch, warum die Alternativen falsch sind. Er
verglich die beiden Versionen der Wahrheit mit den wun-
derschönen Werken des großen Bildhauers Daidalos. Eine
Wahrheit, hervorgebracht durch Intuition, sei wie eine nicht
am Boden verankerte Statue auf einer Plinthe im Freien.

Ein heftiger Wind konnte sie jederzeit umstürzen. Eine von
der Vernunft und vom Wissen um Gegenargumente ge-
stützte Wahrheit aber war wie eine mit Tauen am Boden
verankerte Statue.

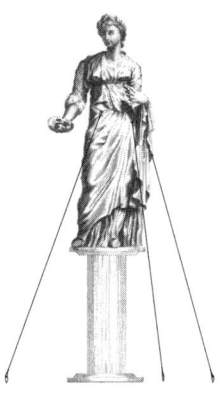

Die sokratische Denkmethode wies uns einen Weg zur Mei-
nungsbildung, auf dem wir uns sicher fühlen konnten, auch
wenn uns einmal ein heftiger Wind entgegenblies.

4

In seinem siebzigsten Lebensjahr geriet Sokrates in einen regelrechten Orkan. Drei Athener – der Dichter Meletos, der Poltiker Anytos und der Orator Lykon – befanden, er sei ein seltsamer und böser Mensch. Sie behaupteten, er ehre die Staatsgötter nicht, habe das gesellschaftliche Gefüge Athens untergraben und junge Männer gegen ihre Väter aufgewiegelt. Sie hielten es für rechtens, wenn er zum Schweigen gebracht und vielleicht sogar getötet wurde.

In der Stadt Athen verfügte man über ein Verfahren zur Unterscheidung von Recht und Unrecht. Auf der Südseite der Agora stand der Gerichtshof, in dem die Heliasten zusammenkamen, ein großes Gebäude mit Holzbänken für die Richterversammlung an einem Ende und einer Plattform für den Ankläger und den Verteidiger am anderen Ende. Die Verhandlungen begannen mit einer Rede des Anklägers, gefolgt von einer Rede der Verteidigung. Danach befanden die Heliasten, ausgeloste Richter, deren Zahl von 200 bis 2500 variieren konnte, durch geheime Abstimmung oder durch Handzeichen, wo die Wahrheit lag. Diese Methode der Unterscheidung zwischen schuldig und unschuldig durch Zählung derer, die für einen Vortrag stimmten, wurde überall im politischen und juristischen Leben Athens angewendet. Zwei- oder dreimal pro Monat wurden alle männlichen Bürger, insgesamt etwa 30 000, zu einer Versammlung auf den Pnyx berufen, einen Hügel südwestlich der Agora, um über wichtige Staatsangelegenheiten per Handzeichen abzustimmen. Für die Stadt war die Meinung der Mehrheit gleichbedeutend mit Wahrheit.

Am Tage des Prozesses gegen Sokrates gehörten dem Heli-
astengericht 500 Männer an. Der Ankläger forderte sie
gleich zu Beginn auf, zu bedenken, dass der vor ihnen stehende Philosoph ein unehrenhafter Mensch sei. Er habe
Dinge in Frage gestellt, die unter der Erde und im Himmel
waren, er sei ein Häretiker, er habe sich zweifelhafte rheto-
rische Kniffe zunutze gemacht, um die schwächere Sache
zur stärkeren zu machen, und er habe einen schädlichen
Einfluss auf die Jugend ausgeübt, sie absichtlich durch seine
Gespräche ins Verderben geführt.

Sokrates bemühte sich, die Vorwürfe zu entkräften. Er
erklärte, dass er niemals Theorien über den Himmel gehabt
noch Dinge erforscht hätte, die unter der Erde waren, er sei
kein Häretiker und glaube fest an das Wirken des Gött-
lichen; er habe die Jugend Athens nicht verdorben – junge
Männer, Abkömmlinge wohlhabender Väter mit viel Frei-
zeit, hätten bloß seine Methode der Menschenprüfung
nachgeahmt und dabei wichtige Leute verärgert, indem sie
sie als Hohlköpfe bloßgestellt hätten. Wenn er jemanden
verdorben hatte, so konnte dies nur unabsichtlich geschehen
sein, denn es habe keinen Sinn, willentlich schlechten Einfluss auf Gefährten auszuüben, riskierte man doch, umgekehrt durch sie geschädigt zu werden. Und wenn er Menschen nur unabsichtlich verdorben hatte, bestehe das kor-
rekte Vorgehen darin, ihn mit einem ruhigen Wort zur
Besinnung zu rufen, aber nicht in einem Gerichtsverfahren.

Er räumte ein, ein Leben geführt zu haben, das manchem
sonderbar erschienen sein mochte, ein Leben

> »... im Gegensatz zu der großen Menge, unbekümmert um
> Gelderwerb, Hauswirtschaft, Heerführer- und Rednertätigkeit
> und sonstige amtliche Tätigkeiten, um Geheimbünde, um Par-
> teiungen, wie sie das öffentliche Leben mit sich bringt ...«

Zum Betreiben der Philosophie habe ihn der schlichte
Wunsch bewogen, das Leben der Athener zu verbessern:

»Ich bemühte mich nämlich, einem jeden von euch die Überzeugung beizubringen, daß er unrecht täte, sich eher um sein
Hab und Gut zu bekümmern als um sich selber und um die
möglichste Förderung seiner sittlichen und geistigen Bildung.«

Er sei, fuhr Sokrates fort, seiner Philsophie auf eine Weise verpflichtet, dass er sie nicht aufgeben könne, selbst wenn das
Gericht dies zur Bedingung für seine Freilassung machen
sollte:

»[Ich werde weiter] jedem von euch, mit dem mich der Zufall
zusammenführt, in meiner gewohnten Weise ins Gewissen
reden: Wie, mein Bester, du, ein Athener, Bürger der größten
und durch Geistesbildung und Macht hervorragendsten Stadt,
schämst dich nicht, für möglichste Füllung deines Geldbeutels
zu sorgen und auf Ruhm und Ehre zu sinnen, aber um Einsicht, Wahrheit und möglichste Besserung deiner Seele küm-
merst du dich nicht und machst dir darüber keine Sorge? Und
bestreitet dies einer von euch und versichert, er sorge allerdings
darum, so werde ich ihn nicht etwa sofort gehen lassen und
mich entfernen, sondern ich werde ihn ausfragen und prüfen
und ins Gebet nehmen … So werde ich's mit jung und alt halten, wer mir auch immer in den Weg kommt, mit Fremden
und Einheimischen.«

Es war nun an den 500 Heliasten, sich ein Urteil zu bilden.
Nach kurzer Beratung gelangten 220 zu dem Schluss, dass
Sokrates nicht schuldig sei, während 280 ihn für schuldig
befanden. »Ich hatte nicht auf einen so geringen Unterschied gerechnet«, antwortete der Philosoph trocken. Er
verlor aber nicht die Zuversicht, wurde nicht schwankend
und nicht unruhig – wurde nicht irre am Glauben an ein
philosophisches Unternehmen, das eine Mehrheit von 56
Prozent seiner Zuhörer endgültig für falsch erklärte.

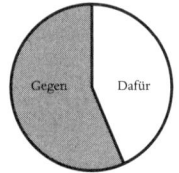

Wenn wir einer solchen Haltung nicht das Wasser reichen können, wenn wir im Gegenteil schon nach wenigen barschen Worten über unseren Charakter oder unsere Leistung fast in Tränen ausbrechen, so liegt das sicher daran, dass unser Glaube, recht zu handeln, wesentlich auf der Billigung dieses Handelns durch andere beruht. Wir nehmen Unbeliebtsein nicht nur aus pragmatischen Gründen ernst, um unseres Vorwärtskommens oder Überlebens willen, sondern – weit wichtiger – weil Verhöhnung ein untrügliches Zeichen dafür sein kann, dass wir geirrt haben.

Sokrates hätte natürlich eingeräumt, dass wir hin und wieder in Irrtümern befangen sind und dazu angehalten werden sollten, unsere Ansichten anzuzweifeln, hätte aber ein entscheidendes Detail hinzugefügt – und damit den Zusammenhang von Wahrheit und Unbeliebtheit in einem ganz anderen Licht erscheinen lassen: Irrtümer in unserem Denken und in unserer Lebensführung lassen sich zu keinem Zeitpunkt und unter keinen Umständen einfach dadurch erklären, dass wir uns in Opposition zu anderen Ansichten befinden.

Sorge bereiten sollte uns nicht die Zahl derer, die uns widersprechen, sondern die Güte der Gründe, mit denen sie es tun. Statt über unsere Unbeliebtheit nachzusinnen, sollten wir lieber ergründen, wodurch sie sich erklären lässt. Es mag beunruhigend sein zu hören, dass ein großer Teil unserer Mitmenschen meint, wir befänden uns im Unrecht; bevor wir unsere Position jedoch aufgeben, sollten wir bedenken, mit welcher Methode sie zu ihrem Schluss gelangt sind. Die Vernünftigkeit ihrer Denkweise sollte das Gewicht bestimmen, das wir ihrer Ablehnung beimessen.

Anscheinend sind wir jedoch von der entgegengesetzten Neigung befallen: wir schenken jedem Glauben, sind aufgebracht über jedes unfreundliche Wort und jede sarkastische

Bemerkung. Die entscheidende und – nebenbei – tröstlichste Frage, auf welcher Grundlage dieses düstere Urteil gefällt wurde, kommt uns gar nicht in den Sinn. Wir behandeln beides mit gleichem Ernst: die Einwände eines Kritikers, der gründlich und aufrichtig nachgedacht hat, und die eines zweiten, den Misanthropie und Neid geleitet haben.

Wir sollten uns Zeit nehmen, Einwände genauer unter die Lupe zu nehmen. Wie Sokrates gemerkt hatte, können die ihnen zugrunde liegenden Ansichten, wenngleich gut verschleiert, vollkommen unsinnig sein. Womöglich sind unsere Kritiker unter dem Einfluss wechselnder Stimmungen zu ihren Schlüssen gelangt. Haben vielleicht aus einer Laune, aus einem Vorurteil heraus gehandelt und ihre Stellung dazu benutzt, ihrem Verdacht den Anstrich von Sachlichkeit zu geben. Haben ihre Gedanken vielleicht zusammengestoppelt wie betrunkene Amateurtöpfer.

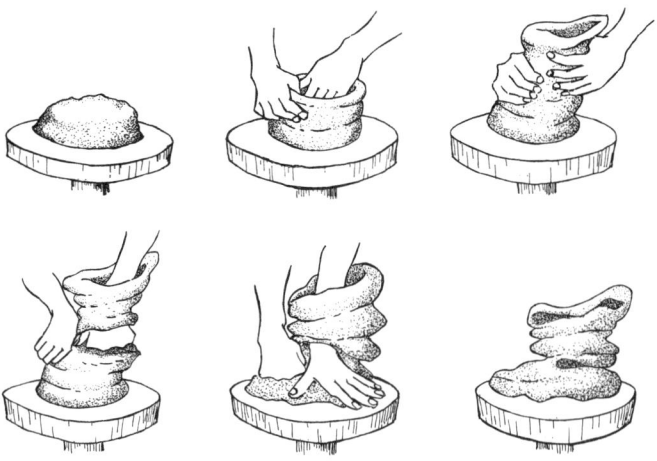

Leider ist es – anders als beim Töpfern – anfangs außerordentlich schwierig, ein gutes Produkt von einem schlechten zu unterscheiden. Das Gefäß des betrunkenen Pfuschers und das seines nüchternen Kollegen zu identifizieren ist nicht schwer.

 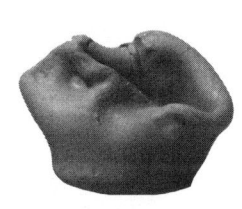

Schwieriger ist es schon, die einer zweiten überlegene Definition auszumachen.

ἡ φρόνιμος καρτερία ἔστιν ἀνδρεία.	ἀνδρεῖός ἐστι ὃς ἂν τῇ τάξει μένων μάχηται τοῖς πολεμίοις.
Tapferkeit ist intelligentes Ausharren.	Der Mensch, der auf dem Felde bleibt und gegen den Feind kämpft, ist tapfer.

Eine unausgegorene Ansicht, mit Autorität, aber ohne Nachweis ihres Zustandekommens vorgebracht, kann für bestimmte Zeit das Gewicht einer vernünftigen annehmen. Der Respekt, den wir anderen zollen, kann jedoch fehl am Platze sein, wenn wir allein auf ihre Schlussfolgerungen achten – genau deshalb hielt Sokrates uns dazu an, uns auch für die Logik zu interessieren, mit der sie zu ihren Schlüssen gelangt sind. Wir müssen dann zwar mit den Folgen leben, die unsere Einwände nach sich ziehen, entgehen aber zumindest dem lähmenden Gefühl, in einem Irrtum befangen zu sein.

Der Gedanke war schon geraume Zeit vor dem Gerichtsverfahren aufgekommen, und zwar während eines Ge-
spräches zwischen Sokrates und Polus, einem bekannten
Rhetoriklehrer, der sich, aus Sizilien kommend, besuchs-
weise in Athen aufhielt. Polus vertrat ein paar äußerst be-
unruhigende politische Ansichten, von deren Richtigkeit
er Sokrates unbedingt überzeugen wollte. Der Lehrer behauptete, ein Mensch könne im Grunde nur als Diktator
glücklich sein, denn nur mit der Macht eines Diktators ausgestattet könne man tun, was einem beliebe: Feinde ins
Gefängnis werfen, ihr Eigentum beschlagnahmen und sie
hinrichten.

Sokrates hörte höflich zu und versuchte dann mit einer
Reihe von logischen Argumenten zu demonstrieren, dass
Glück darin beschlossen liege, Gutes zu tun. Polus jedoch
legte sich ins Zeug und verteidigte seine Auffassung mit
dem Hinweis darauf, dass Diktatoren häufig von einer großen Zahl von Menschen verehrt würden. Er führte Archelaos an, den König von Makedonien, der seinen Onkel, seinen Vetter und einen sieben Jahre alten legitimen Erben
ermordet hatte und sich in Athen weiter ungebrochener
Popularität erfreute. Die Zahl der Menschen, die den
Archelaos mochten, sagte Polus abschließend, sei ein Indiz
für die Korrektheit seiner Theorie über die Diktatur.

Sokrates räumte höflich ein, dass es gewiß leicht sei,
Menschen zu finden, die den Archelaos verehrten, weitaus
schwieriger aber, Verfechter der Ansicht, dass es einem
Menschen Glück bringe, wenn er Gutes tue: »Falls du gegen
die Wahrheit meiner Behauptung Zeugen aufstellen willst,
so werden … dir fast alle Athener und Fremden mit ihrem
Zeugnis für dich zur Seite stehen«, erklärte Sokrates.

»Als Zeugen werden für dich auftreten, wenn du es wünschst,
Nikias, des Nikeratos Sohn, mitsamt seinen Brüdern, von
denen die im Dionysosheiligtum in Reih und Glied aufgestell-

ten Dreifüße stammen, und wenn du es wünschst, auch Aristokrates, des Skellias Sohn …, auch des Perikles ganzes Haus oder eine andere Sippschaft, die du dir beliebig hier auswählen kannst.«

Sokrates verneinte aber entschieden, dass die breite Zustimmung, die Polus' Argument finden würde, an sich schon dessen Richtigkeit bewies:

>»Du versuchst mich nach Rhetorenart zu widerlegen, wie die, welche vor Gericht einen angeblichen Gegenbeweis geben. Denn auch da glauben die einen die anderen zu widerlegen, wenn sie für ihre Behauptungen zahlreiche angesehene Zeugen aufstellen, während der Gegner nur einen einzigen oder auch gar keinen aufstellt. Dieser Gegenbeweis ist aber völlig belanglos im Hinblick auf die Wahrheit. Denn es kann vorkommen, daß einer durch das falsche Zeugnis vieler bei der Menge in Ansehen stehender Männer mundtot gemacht wird.«

Echtes Ansehen erwirbt man sich aber nicht durch die Gefolgschaft der Mehrheit, sondern durch richtigen Gebrauch der Vernunft. Wenn wir Gefäße machen, sollten wir auf den Rat derer hören, die etwas davon verstehen, wie man Glasur bei 800°C in Fe_3O_4 verwandelt; wenn wir ein Schiff machen, sollte uns das Urteil derer interessieren, die Triremen bauen; und wenn wir über moralische Fragen nachdenken – wie es gelingen kann, glücklich und tapfer und gerecht und gut zu sein –, sollten wir uns nicht durch falsches Denken einschüchtern lassen, selbst wenn es aus dem Munde von Lehrern der Rhetorik, mächtigen Feldherren oder fein gekleideten Aristokraten aus Thessalien kommt.

Das klang elitär und war es auch. Nicht jeder ist es wert, Gehör zu finden. Dennoch hatte die elitäre Haltung des Sokrates nichts mit Snobismus oder Vorurteilen gemein. Mag er auch sehr scharf unterschieden haben, welchen Ansichten er sich anschließen wollte und welchen nicht, getroffen hat er diese Unterscheidung jedoch nicht auf der

Grundlage von Klasse oder Reichtum, nicht auf der Grundlage von militärischen Ehren oder von Nationalität, sondern auf der Grundlage der Vernunft, einem Vermögen, das, wie er betonte, allen zugänglich ist.

Wenn wir dem Beispiel folgen wollen, das Sokrates gab, sollten wir es, mit Einwänden konfrontiert, machen wie die Athleten, die für die Olympischen Spiele trainieren. Das erwähnte Buch *See Inside an Ancient Greek Town* enthielt auch Informationen über Sport.

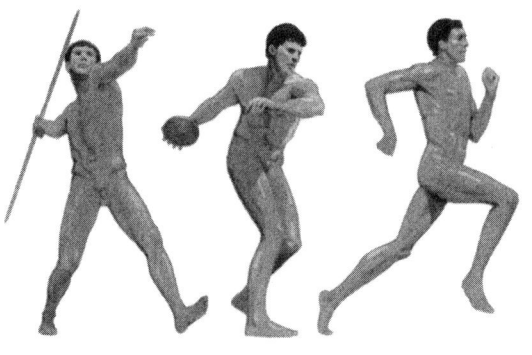

Stellen wir uns vor, wir seien Sportler. Unser Trainer hat uns eine Übung vorgeschlagen, mit der wir unsere Waden für den Speerwurf kräftigen können. Sie verlangt, dass wir, auf einem Bein stehend, Gewichte heben. Auf Außenstehende wirkt das komisch, sie spotten und halten uns vor, wir verschleuderten unsere Erfolgschancen. In den Bädern hören wir, wie ein Mann zu einem anderen sagt, wir seien

ἡμῖν μέλει μᾶλλον τὸ τὰ σκέλη καλὰ ἐπιδεικνύναι ἢ τὸ βοηθεῖν τῇ πόλει πρὸς τὴν ὀλυμπιονίκην.

(Mehr daran interessiert, mit Wadenmuskeln zu protzen, als der Stadt die Spiele gewinnen zu helfen.) Gemein, aber kein Grund zur Beunruhigung, wenn wir Sokrates bei seinem Gespräch mit Kriton zuhören:

SOKRATES: Ein Mann, der nach allen Regeln der Kunst Leibes-
übungen treibt, wird der wohl auf jedermanns Lob und Tadel
und Urteil achten, oder nur auf das jenes Einen, des Arztes
oder Turnmeisters nämlich?

KRITON: Dieses Einen allein.

SOKRATES: Dieses einen Mannes Tadel und Lob muß für ihn
ausschlaggebend sein: seinen Tadel muß er fürchten, sein Lob
dankbar begrüßen, nicht aber das der großen Menge.

KRITON: Offenbar.

SOKRATES: In seinen Handlungen also ebenso wie in seinen Lei-
besübungen und in seinem Essen und Trinken muß er sich
dem Urteil dieses Einen fügen, dieses Meisters und Sachverständigen, der ihm mehr gelten muß als die anderen alle
zusammen.

Der Wert der Kritik hängt von den Gedankengängen der
Kritiker ab, nicht von ihrer Anzahl oder ihrer Stellung.

SOKRATES: Steht es nicht ebenso mit dem Recht oder dem
Unrecht, dem Häßlichen und Schönen, dem Guten und
Schlechten, worauf sich unsere jetzige Beratung bezieht? Müssen wir etwa dem Urteil der Menge folgen und vor ihm
Respekt haben, oder dem jenes Einen, des Sachverständigen –
wenn es einen solchen gibt –, vor dem man mehr Achtung und
Furcht haben muß als vor der ganzen Masse der übrigen? Denn
folgen wir ihm nicht, dann kann es nicht ausbleiben, daß wir
dasjenige zugrunde richten und entwürdigen, was durch
Gerechtigkeit gehoben, durch Ungerechtigkeit aber zugrunde
gerichtet wird … In keinem Falle also … haben wir uns daran
zu kehren, was die große Menge über uns sagt, sondern was
jener Einzige, der über Unrecht und Recht genau Bescheid
weiß.

Die Heliasten auf den Gerichtsbänken waren keine Sachverständigen. Unter ihnen befand sich eine ungewöhnlich
große Zahl von Alten und Kriegsveteranen, die ihr Richter-
amt als willkommene zusätzliche Einkommensquelle be-
trachteten. Die Vergütung betrug drei Obolen pro Tag,
weniger zwar, als man für seiner Hände Arbeit bekam, aber

doch dankbar begrüßt, wenn man dreiundsechzig war und sich zu Hause langweilte. Als Voraussetzungen für das Amt genügte, dass man Athener Bürger, geistig gesund und schuldenfrei war. Die geistige Gesundheit wurde allerdings nicht nach sokratischen Maßstäben beurteilt, sondern eher danach, ob der Betreffende gerade zu gehen imstande war und auf Befragen seinen Namen zu nennen wusste. Teile der Richterschaft schliefen während der Verhandlungen ein, hatten kaum Erfahrungen mit ähnlichen Fällen oder Kenntnis von den einschlägigen Gesetzen und erhielten auch keine Anleitung, wie Urteile zu fällen waren.

Die Richter, die über Sokrates befinden sollten, waren von vornherein stark voreingenommen. Die von Aristophanes gezeichnete Karikatur des Sokrates hatte ihre Wirkung nicht verfehlt, und die Heliasten waren der Meinung, der Philosoph habe eine Rolle bei den Heimsuchungen gespielt, die gegen Ende des Jahrhunderts über die einst mächtige Stadt gekommen waren. Der Peloponnesische Krieg hatte in der Katastrophe geendet, eine Allianz der Spartaner und Perser hatte Athen in die Knie gezwungen, die Stadt hatte eine Blockade über sich ergehen lassen müssen, ihre Flotte war zerstört und ihr Imperium zerschlagen worden. In ärmeren Stadtvierteln war die Pest ausgebrochen, und die Demokratie war von einer Diktatur abgelöst worden, unter der schon tausend Bürger ermordet worden waren. Für Sokrates' Widersacher war es mehr als bloßer Zufall, dass viele der Diktatoren einmal Umgang mit dem Philosophen gepflegt hatten. Kritias und Charmides hatten moralische Fragen mit Sokrates erörtert, und es sah so aus, als hätten sie aus diesen Begegnungen nur Mordlust mitgenommen.

Wen konnte man dafür verantwortlich machen, dass Athen so offensichtlich in Ungnade gefallen war? Warum musste die größte Stadt in Hellas, die fünfundsiebzig Jahre zuvor zu Lande, in Plataiai, und zu Wasser, in Mykale, über die Perser gesiegt hatte, eine Abfolge von Demütigungen über sich ergehen lassen? Der Mann in dem schmutzigen Umhang, der durch die Straßen wanderte und fragte, was sich von selbst verstand, bot sich als sofort verfügbare, wenn auch von Grund auf falsche Erklärung an.

Sokrates wusste, dass er chancenlos war. Er hatte nicht einmal Zeit, zur Sache zu kommen. Der Beschuldigte durfte zu seiner Verteidigung nur wenige Minuten zu den Richtern sprechen, so lange, bis das Wasser in der Uhr im Gerichtsgebäude von einem Gefäß zum anderen gleaufen war:

»Ich bin überzeugt, daß ich nie jemandem vorsätzlich unrecht tat. Euch freilich überzeuge ich davon nicht, weil die Zeit gegenseitiger Aussprache für uns zu kurz war. ... Denn ich glaube wohl, wenn ihr ein Gesetz hättet, wie man es anderswo hat, über Leben und Tod nicht bloß einen Tag zu Gericht zu sitzen, sondern mehrere Tage, so wärt ihr wohl überzeugt worden. So aber, bei so kurzer Zeit, ist es nicht leicht, sich von schweren Verleumdungen reinzuwaschen.«

Ein Athener Gerichtssaal war kein Forum für Wahrheitsfindung. Es war ein Ort flüchtiger Begegnung mit einer Ansammlung von Alten und Einbeinigen, die ihre Überzeugungen keiner rationalen Prüfung unterzogen hatten und darauf warteten, bis das Wasser aus einem Gefäß ins andere gelaufen war.

Dessen immer eingedenk zu sein war sicher schwer; es verlangte Sokrates wohl eine Stärke ab, die er in Jahren der Dispute mit einfachen Athenern erworben hatte: *die Stärke, Ansichten anderer unter bestimmten Umständen nicht ernst zu nehmen.* Sokrates wollte nicht mit dem Kopf durch die Wand, er verwarf diese Ansichten nicht aus Misanthropie, denn das hätte seiner Überzeugung widersprochen, dass jedermann vernunftbegabt ist. Er war aber fast sein Leben lang schon von Morgengrauen an auf den Beinen gewesen und hatte mit den Athenern gesprochen; er wusste, wie sie dachten, und hatte miterlebt, dass sie genau das häufig eben nicht taten, auch wenn er hoffte, dass sie es eines Tages doch noch tun würden. Er hatte ihre Neigung beobachtet, aus einer Laune heraus einen bestimmten Standpunkt einzunehmen und sich überkommenen Meinungen anzuschließen, ohne diese kritisch zu prüfen. Es war nicht Arroganz, wenn er sich dies vor seinen ärgsten Widersachern zugute hielt. Sokrates besaß das Selbstvertrauen eines vernünftigen Menschen, der weiß, dass seine Gegner schludrig denken, dem es aber fern liegt zu behaupten, seine eigene Logik sei stets fehlerfrei. Ihre Missbilligung konnte ihm den Tod bringen, ins Unrecht setzen konnte sie ihn nicht.

Natürlich hätte er seiner Philosophie abschwören und sein Leben retten können. Sogar noch nach dem Schuldspruch hätte er die Todesstrafe abwenden können, verschenkte die Gelegenheit jedoch durch seine Unnachgiebigkeit. Sokrates ist nicht der geeignete Mann, bei dem man um Rat bezüglich der Umgehung der Todesstrafe nachsucht. Wir sollten ihn als extremes Beispiel dafür betrachten, wie man an einer vernünftigen Position auch dann nicht irre wird, wenn sie mit Unlogik und Unvernunft konfrontiert wird.

Die Rede des Philosophen steigerte sich zu einem emotionalen Finale:

> »Nehmt ihr mir das Leben, so werdet ihr nicht leicht einen anderen dieser Art finden, der, mag es auch lächerlich klingen, der Stadt geradezu als Zuchtmittel von der Gottheit beigegeben ist, als wäre sie ein großes, edles Roß, das aber eben wegen seiner Größe zur Trägheit neigt und der Anregung durch den Sporn bedarf ... Darum, wenn ihr mich hört, werdet ihr meiner schonen. Doch wer weiß! Ihr werdet vielleicht, ähnlich einem aus dem Schlummer Geweckten, in eurem Ärger auf mich losschlagen und von Anytos verleitet mich ohne Bedenken zum Tode verurteilen, um dann euer weiteres Leben zu verschlafen.«

Er hatte sich nicht geirrt. Als ein zweites, endgültiges Urteil gefordert wurde, stimmten 360 Mitglieder der Heliasten für den Tod des Philosophen. Die Richter gingen nach Hause; der Verurteilte wurde in den Kerker geführt.

5

Es wird dunkel und eng gewesen sein, und in den von der Straße hereindringenden Lärm werden sich die Stimmen der Athener gemischt haben, die das nahe Ende des Denkers mit dem Satyrgesicht bejubelten. Man hätte ihn sofort getötet, wäre die Urteilsverkündung nicht mit der Reise der Athener Gesandtschaft zu dem alljährlich auf Delos stattfindenden Fest zusammengefallen, während der traditionell niemand zu Tode gebracht werden durfte. Mit seiner Gutmütigkeit gewann Sokrates die Sympathie des Gefängniswärters, der ihm seine letzten Tage erleichterte und ihm Besucher zu empfangen gestattete. Sie strömten in Scharen herbei: Phaidon, Kriton, Kritons Sohn Kritobulos, Apollodoros, Hermogenes, Epigenes, Aischines, Antisthenes, Ktesippos, Menexenos, Simmias, Kebes, Phaidondas, Euklides und Terpsion. Sie konnten ihre Bestürzung nicht verhehlen, als sie einen Mann, der anderen stets mit großer Liebenswürdigkeit und Wissbegierde begegnet war, wie einen Verbrecher auf sein Ende warten sahen.

Auf Davids Leinwand ist Sokrates zwar von tief bedrückten Freunden umringt, doch wir sollten nicht vergessen, dass ihre Treue emporragte aus einem Meer des Missverstehens und des Hasses.

Diderot hätte einige der künftigen Schierlingsmaler vielleicht gedrängt, als Kontrast zur Trübnis der Gefängniszelle und einfach zur Abwechslung auch die Stimmung anderer Athener beim Gedanken an den Tod des Sokrates festzuhalten – herausgekommen wären dabei vielleicht Gemälde mit Titeln wie *Fünf Heliasten, kartenspielend nach einem Tag bei Gericht* oder *Die Ankläger nach beendetem Abendessen* oder *Vorfreude auf die Nachtruhe.* Ein Maler mit Sinn für das Ergreifende hätte als Titel für diese Szenen einfach *Tod des Sokrates* gewählt.

Als der festgesetzte Tag kam, blieb Sokrates als Einziger gefasst. Man brachte seine Frau und die drei Kinder zu ihm, Xanthippe aber weinte so hysterisch, dass Sokrates bat, man möge sie hinausführen. Seine Freunde waren stiller, obwohl sie nicht weniger Tränen vergossen. Sogar der Kerkermeister, der schon viele in den Tod hatte gehen sehen, war so gerührt, dass er verlegen ein Abschiedswort sprach:

>»Dich … habe ich schon die ganze Zeit daher als den edelsten, gelassensten und besten Mann kennengelernt, der je diese Stätte betreten hat … Nun also, du kennst ja meinen Auftrag, lebe wohl und suche das Unvermeidliche so gelassen wie möglich zu tragen.‹ Dabei brachen ihm die Tränen hervor und so wandte er sich um und ging.«

Dann kam der, der ihm das Gift reichen sollte, und brachte den Schierling zerstoßen in einem Becher:

>»Als nun Sokrates den Mann sah, sagte er: Gut, mein Bester, du verstehst dich ja auf diese Dinge; was habe ich zu tun? Nichts anderes, sagte er, als, nachdem du getrunken, umherzugehen, bis du deine Schenkel schwer werden fühlst, und dich dann niederzulegen; so wird die Wirkung von selbst eintreten. Da

reichte er dem Sokrates den Becher. Er ergriff ihn, und ganz heiter ... ohne zu zittern oder die Farbe oder die Miene zu ändern ..., setzte er den Becher an und trank ihn wohlgemut und ruhig aus. Von uns aber waren die meisten bis dahin leidlich imstande gewesen, die Tränen zurückzuhalten, doch als wir ihn trinken und mit dem Tranke fertig sahen, da nicht mehr, sondern auch mir selbst [berichtet Phaidon] brachen die Tränen stromweise hervor ... Kriton war bereits vor mir aufgestanden, da er nicht vermochte die Tränen zurückzuhalten. Apollodoros aber, der schon vorher unaufhörlich geweint hatte, brach nun vollends in lautes Jammern aus und weinte völlig fassungslos, daß es allen Anwesenden tief ins Herz schnitt außer dem Sokrates selbst.«

Der Philosoph bat seine Gefährten, ruhig zu bleiben. »Wie stellt ihr euch an, ihr Toren!«, spottete er, erhob sich und ging in der Gefängniszelle umher, damit das Gift seine Wirkung entfalten konnte. Als ihm die Beine schwer zu werden begannen, legte er sich rücklings nieder, und als die Empfindung seine Füße und Beine verließ und aufwärts wanderte und seine Brust erreichte, verlor er allmählich das Bewusstsein. Sein Atem ging immer langsamer. Als er sah, dass die Augen seines besten Freundes gebrochen waren, drückte Kriton sie ihm zu.

> »So [berichtet Phaidon] ... starb unser Freund, ein Mann, der, wie wir wohl sagen dürfen, von allen Zeitgenossen, die wir kannten, der beste war und an Einsicht und Gerechtigkeit überhaupt von niemand übertroffen wurde.«

Man hat Mühe, nicht selbst in Tränen auszubrechen. Es heißt, Sokrates habe einen kugelförmigen Schädel und weit auseinander stehende Augen gehabt, und vielleicht musste ich deshalb bei der Szene seines Todes an einen Nachmittag denken, als ich mir den Film *Der Elefantenmann* angeschaut und dabei ebenfalls geweint hatte.

Beide Männer hatten wohl eines der traurigsten Schicksale erlitten: gut zu sein und doch als böse angesehen zu werden.

Auch wenn es uns bisher erspart blieb, wegen einer körperlichen Missbildung zur Zielscheibe johlenden Spottes oder zum Tode verurteilt zu werden, enthält das Thema, verkannt zu bleiben, für das diese beiden Geschichten tragische, anrührende Beispiele bieten, dennoch eine universelle Wahrheit. Im gesellschaftlichen Leben tun sich immer wieder Klüfte zwischen dem auf, wie andere uns sehen und wie wir sind. Wir werden der Dummheit geziehen, wo wir bloß vorsichtig sind. Unsere Schüchternheit wird für Arroganz gehalten und unser Wunsch, anderen gefällig zu sein, für Servilität. Wir geben uns Mühe, ein Missverständnis auszuräumen, aber die Kehle wird uns trocken, und die Wörter, die wir finden, drücken nicht aus, was wir sagen wollten. Erbitterte Feinde gelangen in Positionen, in denen sie Macht über uns ausüben können, und schwärzen uns bei anderen an. In dem einen unschuldigen Philosophen treffenden ungerechten Hass erkennen wir die Doppelung des Schmerzes, den wir selber durch die erleiden, die entweder nicht in der Lage oder nicht gewillt sind, uns Gerechtigkeit widerfahren zu lassen.

Versöhnliches hält die Geschichte aber auch bereit. Schon bald nach dem Tode des Philosophen begann die Stimmung umzuschlagen. Isokrates berichtet, dass das Publikum, das sich den *Palamedes* des Euripides ansah, bei der Erwähnung des Namens Sokrates in Tränen ausbrach. Diodoros teilt mit, dass die Ankläger des Sokrates schließlich von den Athenern gelyncht wurden. Plutarch erzählt, dass die Athener einen solchen Abscheu gegen diese Männer fassten, dass sie sich weigerten, gemeinsam mit ihnen das Bad zu betreten, und sie gesellschaftlich so lange ächteten, bis sie sich in ihrer Verzweiflung erhängten. Diogenes Laertios berichtet, dass die Stadt nur kurze Zeit nach dem Tod des Sokrates Meletos zum Tode verurteilte, Anytos und Lykon verbannte und Sokrates zu Ehren eine teure, von dem großen Lysippos geschaffene Bronzestatue errichten ließ.

Der Philosoph hatte vorhergesagt, dass die Athener sich über kurz oder lang zu seiner Ansicht bekehren würden, und so kam es auch. Dass einem nachträglich doch noch Gerechtigkeit widerfährt, ist manchmal kaum zu glauben. Wir vergessen, dass unter Umständen erst Zeit vergehen muss, bis Vorurteile sich auflösen und Neid schwindet. Die Geschichte des Sokrates ermutigt uns, unsere eigene Unbeliebtheit nicht mit dem spöttischen Blick derer zu betrachten, die in unserem Umfeld den Ton angeben. Sokrates wurde von 500 Männern mit beschränktem Verstand verurteilt, weil die Athener den Peloponnesischen Krieg verloren hatten und weil der Angeklagte sonderbar aussah. Trotzdem bewahrte er sich den Glauben an das Urteil eines höheren Gerichts. Ein jeder lebt zwar in seiner Zeit, wir aber können uns dank seines Beispiels in andere Länder und andere Zeiten versetzen, die versprechen, uns mit größerer Objektivität zu beurteilen. Und wenn wir unser Gericht nicht dahin bringen können, uns beizeiten zu helfen, tröstet uns doch die Aussicht auf das Urteil der Nachwelt.

Eine gewisse Gefahr, dass der Tod des Sokrates uns aus den falschen Gründen anrührt, besteht trotzdem, nährt er doch unter Umständen den sentimentalen Glauben, es treffe stets zu, dass der, den die Mehrheit ablehnt, auch im Recht ist. Es könnte der Anschein entstehen, dass es das Los von Genies und Heiligen sei, in ihrer Zeit verkannt zu bleiben und später Bronzestatuen von Lysippos errichtet zu bekommen. Gut möglich, dass wir weder Genies noch Heilige sind, gut möglich auch, dass wir einfach die Trotzhaltung gegenüber guten Gründen vorziehen, in dem Kinderglauben, wir seien niemals so im Recht, wie wenn andere uns mitteilen, dass wir fehlgehen.

Das war die Sache des Sokrates nicht. So naiv es wäre, zu meinen, Unbeliebtheit sei ein Synonym für Wahrheit, so naiv ist es auch, zu glauben, sie sei ein Synonym für Irrtum. Für die Richtigkeit eines Gedankens oder einer Handlung ist nicht ausschlaggebend, ob sie weithin geglaubt oder weithin abgelehnt wird, sondern ob sie den Gesetzen der Logik folgt. Wird eine Behauptung von der Mehrheit nicht geteilt, so ist das kein Beweis für ihre Unrichtigkeit, allerdings auch keiner – es sei denen gesagt, die heroischen Trotz verlockend finden – für ihre Richtigkeit.

Der Philosoph öffnete uns die Augen für zwei gewaltige Irrtümer: immer oder niemals dem Diktat der öffentlichen Meinung zu glauben.

Seinem Beispiel folgen wir am besten, wenn wir uns stattdessen bemühen, immer dem zu glauben, was die Vernunft gebietet.

II
Trost bei Geldmangel

1

Was der Mensch zu seinem Glück braucht

1. Ein neoklassizistisches georgianisches Haus im Zentrum
von London: in Chelsea (am Paradise Walk oder Mark-
ham Square) oder in Kensington (im südlichen Teil der
Campden Hill Road oder in der Hornton Street) oder in
Holland Park (in der Aubrey Road). Von außen anzusehen etwa wie die von den Brüdern Adam (1772–74) ent-
worfene Fassade des Gebäudes der Royal Society of Arts.
Mit großen, von ionischen Säulen flankierten venezia-
nischen Fenstern (und einem gewölbten Tympanon mit
Anthemien).

Im Salon Decke und Kamin nach dem Vorbild der von
Robert Adam für die Bibliothek in Kenwood House ent-
worfenen.

2. Ein in Farnborough oder Biggin Hill stationiertes Flugzeug (eine Dassault Falcon 900C oder eine Gulfstream
IV) mit Avionik-Regelungssystem für den nervösen
Fluggast, Bodenannäherungs-Warnsystem, einem Wet-
terradar, der Turbulenzen anzeigt, und CAT-II-Autopi-
lot. Anstelle der üblichen Streifen auf der Heckflosse ein
Detail aus einem Stillleben, ein Fisch von Velásquez oder
drei Zitronen aus Sánchez Cotáns Gemälde *Früchte und
Gemüse im Prado*.

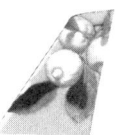

3. Die Villa Orsetti in Marlia in der Nähe von Lucca. Vom
Schlafzimmer Blick auf Wasser und das Geräusch von
Springbrunnen. An der Rückseite des Hauses eine Ma-
gnolia delavayi, die an der Hauswand wächst, eine Ter-
rasse für den Winter, einen großen Baum für den Sommer und einen Rasen zum Spielen. Geschützte Gärten,
in denen Feigen und Nektarinen gedeihen. Zypressen,
Lavendelreihen, Orangenbäume und ein Olivenhain.

4. Eine Bibliothek mit einem großen Schreibtisch und Blick auf einen Garten. Erstausgaben mit dem tröstlichen Geruch alter Bücher und mit vergilbten Blättern, die sich rau anfassen. Auf den Regalen Büsten großer Denker und astrologische Globen. Insgesamt wie der Entwurf zu einer Bibliothek für ein Haus von Wilhelm III. von Holland.

5. Ein Speisezimmer wie das in Belton House in Lincolnshire. Ein langer Eichentisch, der zwölf Personen Platz bietet. Häufige Abendessen mit denselben Freunden. Die Tischgespräche geistvoll, aber vergnügt. Immer liebevoll. Ein umsichtiger Koch und aufmerksame Hausangestellte, die alle organisatorischen Probleme aus der Welt schaffen (der Koch versiert in der Zubereitung von Pfannkuchen mit Zucchini, Tagliatelle mit weißen Trüffeln, Fischsuppe, Risotto, Wachteln, Heringskönig und gebratenem Huhn). Ein kleiner Salon, in den man sich zu Tee und Schokolade zurückzieht.

6. Ein Alkoven in der Wand mit einem Bett darin (wie das von Jean-François Blondel in Paris). Gestärktes Leinen, das täglich gewechselt wird und sich an der Wange kühl anfühlt. Das Bett riesig; die Zehen stoßen unten nicht an, man *suhlt* sich regelrecht darin. Eingebaute Schränkchen für Wasser und Gebäck, dazu eines extra für den Fernseher.

61

7. Ein riesengroßes Badezimmer, die Wanne in der Mitte auf einem Marmorsockel mit kobaltblauem Muschel- muster. Wasserhähne, die sich mit der Fußsohle bedienen lassen und aus denen das Wasser in einem breiten, sanften Strahl fließt. Ein Oberlicht, das man von der Wanne aus sieht. Der Boden aus Kalkstein mit eingebauter Heizung. An den Wänden Reproduktionen von Fresken, wie man sie um den Tempel der Isis in Pompeji findet.

8. So viel Geld, dass man von den Zinseszinsen leben kann.

9. Für die Wochenenden eine Penthousewohnung an der äußersten Spitze der Ile de la Cité, ausgestattet mit Stü- cken aus der Blütezeit edelster französischer Möbelkunst (gleichzeitig die der schwächsten Regierung), der Zeit Louis' XVI. Eine halbmondförmige Kommode von Gre-

venich, eine Konsole von Saunier, ein Bonheur du jour von Vandercruse-La Croix. Die Vormittage mit der Lektüre von *Pariscope* und bei *pain au chocolat*, das auf Sèvres-Porzellan serviert wird, im Bett vertrödeln. Über das Dasein plaudern – und gelegentlich plänkeln – mit einer Reinkarnation von Giovanni Bellinis *Madonna* (aus der Galleria dell'Accademia in Venedig), deren schwermütiger Ausdruck nichts von ihrem trockenen Humor und ihrer Spontaneität verrät und die sich für Spaziergänge im Marais in Agnès B. und Max Mara hüllt.

2

Eine Ausnahmeerscheinung gab es in der oft lustfeindlichen und strengen Zunft der Philosophen, einen, der offenbar verstanden hatte und helfen wollte: »Ich wenigstens weiß nicht, was ich mir als das Gute vorstellen soll«, schrieb er, »wenn ich die Lust des Geschmackes, die Lust der Liebe, die Lust des Gehörs und auch die lustvollen Bewegungen beim Anblick einer schönen Gestalt beiseite lasse.«

Epikur wurde 341 v. Chr. auf der grünen Insel Samos geboren, wenige Kilometer vor der Westküste Kleinasiens. Der Philosophie wandte er sich schon frühzeitig zu. Bereits im Alter von vierzehn Jahren begab er sich auf Reisen, um den Platoniker Pamphilos und den atomistischen Philosophen Nausiphanes zu hören, musste jedoch feststellen, dass er einem großen Teil ihrer Lehren nicht zustimmen konnte, und beschloss mit Ende zwanzig, seine Gedanken in eine eigene Lebensphilosophie zu fassen. Von ihm heißt es, er habe sich in mehr als 300 Schriften über nahezu alle Gegenstände geäußert, darunter *Über die Liebe, Über Musik, Über gerechtes Handeln, Über das Leben des Menschen* (in vier Büchern) und *Über die Natur* (in siebenunddreißig Büchern). Durch eine entsetzliche Folge von Missgeschicken gingen aber fast alle im Laufe der Jahrhunderte verloren, so dass seine Philosophie aus wenigen überlieferten Fragmenten und aus den Zeugnissen späterer Epikureer rekonstruiert werden muss.

Von Anfang an unterschied sich seine Philosophie von der anderer durch das Beharren auf der Bedeutung sinnlicher Lust. Die Lust nannte Epikur »Anfang und Ende des glückseligen Lebens« und bestätigte damit, was viele schon lange dachten, von der Philosophie aber nur selten anerkannt wurde. Der Philosoph gestand eine Vorliebe für vorzügliche Speisen ein: »Der Anfang und die Wurzel alles Guten ist die Lust des Bauches. Denn auch Gelehrtes und Erlesenes bezieht sich auf sie zurück.« Richtig ausgeübte Philosophie war nicht weniger als ein Leitfaden zur Lust:

> »Wer da sagt, die Zeit zum Philosophieren sei noch nicht gekommen oder schon vorübergegangen, gleicht einem Menschen, der behauptet, die Zeit für die Glückseligkeit sei noch nicht da oder schon vorüber.«

Nur wenige Philosophen haben ihr Interesse an einem lustvoll zugebrachten Leben so offen bekundet. Dieses Eingeständnis schockierte viele, vor allem, wenn ihnen zu Ohren kam, Epikur habe Unterstützung bei Wohlhabenden gefunden, zuerst in Lampsakos an den Dardanellen, später auch in Athen, und habe mit deren Geld ein philosophisches Unternehmen zur Förderung des Glücks gegründet. Diese Schule nahm Männer und Frauen auf und regte sie zu gemeinschaftlichem Leben und gemeinsamer Erforschung der Lust an. Die Vorstellung, was in dieser Schule vor sich ging, war erregend und moralisch verwerflich zugleich.

Verärgerte Schüler trugen häufig etwas von dem nach außen, was zwischen den Unterrichtsstunden geschah. Timokrates, der Bruder von Epikurs Gefährten Metrodoros, verbreitete das Gerücht, Epikur müsse sich zweimal am Tag übergeben, so üppig esse er. Und Diotimos der Stoiker ging sogar so weit, fünfzig schlüpfrige Briefe zu veröffentlichen, die der Philosoph angeblich im Zustand der Trunkenheit und der sexuellen Raserei geschrieben hatte.

Trotz dieser Anwürfe zogen Epikurs Lehren immer mehr Menschen an. Sie verbreiteten sich im ganzen Mittelmeerraum; Schulen der Lust wurden in Syrien, Judäa, Ägypten, Italien und Gallien gegründet, und seine Philosophie sollte ihren Einfluss über die nächsten 500 Jahre behalten. Allmählich immer stärker zurückgedrängt wurde sie erst durch den Vorstoß feindlicher, nach Westen drängender Barbaren und Christen während des Niedergangs des Römischen Reiches. Trotzdem fand Epikurs Name in dieser Zeit in adjektivischer Form Eingang in viele Sprachen (Duden: ›epikureisch: genießerisch; auf Genuss gerichtet; die materiellen Freuden des Daseins unbedenklich genießend‹).

2340 Jahre nach Epikurs Geburt stieß ich beim Stöbern in einem Londoner Zeitungsladen auf *Epicurean Life*, eine Vierteljahresschrift, deren Ausgaben mit Artikeln über Hotels, Yachten und Restaurants gefüllt sind, gedruckt auf Papier, das wie ein blank geputzter Apfel schimmert.

Einen Begriff von Epikurs Anliegen vermittelte auch *The Epicurean*, ein Restaurant in einer Kleinstadt in Worcestershire, dessen Kundschaft auf Hochlehnstühlen in einem nur gedämpft beleuchteten Raum saß und aus einem Speisenangebot von kurz gebratenen Jakobsmuscheln und Steinpilzrisotto mit Trüffeln wählen konnte.

3

Epikurs Philosophie weckte über die Jahrhunderte, beginnend bei Diotimos dem Stoiker bis hin zu den Redakteuren des *Epicurean Life*, zwangsläufig immer gleiche Assoziationen. Sie belegen, dass es sich offenbar von selbst versteht, worauf das Wort ›Lust‹, ist es einmal gefallen, hinausgeht. »Was brauche ich für ein glückliches Leben?« ist alles andere als eine knifflige Frage, wenn Geld kein Thema ist.

Die Frage »Was brauche ich für ein *gesundes* Leben?« ist unter Umständen schon schwieriger zu beantworten, plagen einen beispielsweise merkwürdige wiederkehrende Kopfschmerzen oder nach dem Abendessen ein heftiger Druck in der Magengegend. Wir wissen, irgendetwas stimmt nicht, aber des Rätsels Lösung kann in weiter Ferne liegen.

Bei Kopfschmerz ist man geneigt, auch ausgefallene Kuren – Blutegel, Aderlass, Nesselsud, Trepanation – in Betracht zu ziehen. So grässlich pocht er in den Schläfen und an der Schädelbasis, dass man meint, der ganze Schädel klemme zwischen den Backen einer angezogenen Schraubzwinge. Der Kopf fühlt sich an, als wolle er jeden Augenblick zerspringen. Am dringlichsten sei jetzt, meint man intuitiv, dass Luft in den Schädel hineinkommt. Der Leidende legt den Kopf auf einen Tisch und

fordert, der Freund möge ihm doch ein kleines Loch in die Seite bohren. Stunden später stirbt er an einer Hirnblutung. Wenn es trotz der düsteren Atmosphäre, die in vielen Wartezimmern herrscht, im Allgemeinen für ratsam gehalten wird, einen Arzt aufzusuchen, dann deshalb, weil einer, der vernünftig und tiefgründig über die Funktionsweise des Körpers nachgedacht hat, vermutlich zu besseren Schlüssen über gesunde Lebensführung gelangen wird als einer, der einer Eingebung gefolgt ist. Voraussetzung für die Heilkunst ist das Gefälle zwischen der Unsicherheit des Laien über die Ursache seines Unwohlseins und dem exakteren Wissen, das methodisch vorgehenden Ärzten zu Gebote steht. Ärzte sind dazu da, den Mangel ihrer Patienten an Wissen um den eigenen Körper – der zuweilen tödliche Folgen hat – auszugleichen.

Kern der epikureischen Philosophie ist die Einsicht, dass wir die Frage »Was macht mich glücklich?« intuitiv keinen Deut besser zu beantworten vermögen als die Frage »Was macht mich gesund?«. Was einem hier am ehesten in den Sinn kommt, ist wahrscheinlich genauso falsch. Unsere Seele äußert sich nicht klarer über ihre Kümmernisse als unser Körper, und unsere intuitiven Diagnosen sind auch nicht treffender. Insofern taugt die Trepanation zum Symbol für die Schwierigkeit, unser seelisches und unser körperliches Ich zu verstehen.

Ein Mann ist unzufrieden. Er hat Mühe, morgens aus dem Bett zu finden, ist im Kreise seiner Familie missmutig und geistesabwesend. Intuitiv schiebt er die Schuld auf den Beruf, den er gewählt hat, und beginnt trotz der damit verbundenen hohen Kosten nach einer Alternative zu suchen. Ein letztes Mal schlug ich das Buch *See Inside an Ancient Greek Town* auf.

Schmied   Schuhmacher   Fischhändler

Flugs meint der Mann, er wäre in der Fischbranche glücklich, und kauft ein Netz und einen teuren Verkaufsstand in
der Markthalle. Seine Schwermut klingt trotzdem nicht ab.

Wir gleichen oft dem, der, »weil er, krank, nicht kennt
den Grund seines Leidens«, wie der epikureische Dichter
Lukrez es ausgedrückt hat.

Wir suchen Ärzte auf, weil sie von körperlichen Gebrechen
mehr verstehen als wir. Aus dem gleichen Grunde sollten
wir uns an die Philosophen wenden, wenn unserer Seele
unwohl ist – und sie nach dem gleichen Kriterium wie die
Ärzte beurteilen:

> »Wie nämlich die Heilkunst keinen Nutzen hat, wenn sie nicht
> die Krankheiten aus dem Körper vertreibt, so hat auch die Phi-
> losophie keinen Nutzen, wenn sie nicht die Leidenschaft der
> Seele vertreibt.«

Epikur sah es als Aufgabe der Philosophie an, dem Menschen zu helfen, unklare Anzeichen von Not und Begierde
zu deuten und ihn dadurch vor falschen Glücksvorstellungen
zu bewahren. Wir sollten nicht aus spontanen Eingebungen
heraus handeln und lieber die Vernünftigkeit dessen prüfen,
was wir begehren. Die von Epikur vorgeschlagene Untersu-
chungsmethode entsprach in vielem der, die Sokrates mehr

als hundert Jahre zuvor für die Beurteilung von moralischen Urteilen anwendete. Gerade dadurch, dass die Philosophie uns etwas anbietet, was sich zuweilen wie eine kontra-intuitive Diagnose unserer Gebrechen ausnehmen mag, kann sie uns den Weg zu besseren Heilmitteln und zu wahrer Glückseligkeit weisen.

Epikur 341–270 v. Chr.

4

Wer vorher nur die Gerüchte kannte, dürfte überrascht gewesen sein, als er feststellte, woran der Philosoph der Lust wirklich Gefallen fand. Ein pompöses Haus gab es nicht. Die Speisen waren einfach. Epikur trank lieber Wasser als Wein und kam mit einer Mahlzeit aus Brot, Gemüse und einer Hand voll Oliven aus. Schick mir einen Topf Käse, damit ich ein Festmahl halten kann, wann immer mir danach zumute ist, soll er einen Freund gebeten haben. Dies waren die Genüsse eines Mannes, der die Lust als den Zweck des Lebens beschrieben hatte.

Andere zu täuschen lag ihm fern. Seine Hingabe an die Lust übertraf bei weitem das Vorstellungsvermögen derer, die ihm Orgien vorwarfen. Er war nur eben nach nüchterner Analyse zu einigen verblüffenden Schlüssen darüber gelangt, wodurch das Leben tatsächlich lustvoll wurde, und es sah ganz so aus, als seien die wichtigsten Bestandteile der Lust, wie flüchtig sie auch war, nicht besonders kostspielig – Glück für die, die über kein großes Einkommen verfügten.

Was der Epikureer zu seinem Glück braucht

1. Freundschaft

Bei seiner Rückkehr nach Athen im Jahre 306 v. Chr. – Epikur war fünfunddreißig Jahre alt – gründete er einen ungewöhnlichen Hausstand. Er machte ein großes Gebäude ausfindig, ein paar Kilometer vom Zentrum Athens entfernt im Bezirk Melite, zwischen dem Marktplatz und dem Hafen von Piräus gelegen, und zog mit einer Gruppe von Freunden dort ein. Angeschlossen hatten sich ihm: Metrodoros und dessen Schwester, der Mathematiker Polyainos, Hermarchos, Leonteos mit seiner Frau Themista und ein Kaufmann namens Idomeneos (der bald darauf die Schwester des Metrodoros heiratete). In dem Haus war so viel Platz, dass jeder der Freunde seinen eigenen Bereich hatte und außerdem Gemeinschaftsräume für Mahlzeiten und Gespräche zur Verfügung standen.

Epikur bemerkte:

> »Von allem, was die Weisheit für die Glückseligkeit des ganzen Lebens bereitstellt, ist bei weitem das Größte die Gewinnung der Freundschaft.«

Vom Zusammensein mit Gleichgesinnten hielt Epikur so viel, dass er sogar riet, man möge niemals allein speisen:

> »Man hat eher darauf zu achten, mit wem man esse und trinke, als was man esse und trinke. Denn ohne Freund ist das Leben eine Abfütterung des Löwen und des Wolfes.«

Epikurs Haushalt ähnelte also einer Großfamilie, offenbar kannte man dort aber weder Missmut noch das Gefühl von Enge, sondern nur Mitgefühl und Liebenswürdigkeit.

Wir existieren erst, wenn jemand unsere Existenz wahrnimmt; was wir sagen, hat erst Bedeutung, wenn jemand unsere Worte versteht. Von Freunden umgeben zu sein heißt also, dass unsere Identität fortwährend bestätigt wird: Ihr Wissen und ihre Anteilnahme vermögen uns aus unserer Nichtigkeit zu ziehen. Mit kleinen, oftmals spöttischen Bemerkungen geben sie zu verstehen, dass sie über unsere Eigenheiten im Bilde sind und sie akzeptieren und damit auch bejahen, dass wir einen Platz in der Welt haben. Wir können sie fragen: »Ist er nicht zum Fürchten?« oder: »Findet ihr manchmal auch, dass ...?« und werden verstanden, bekommen nicht das verblüffte »Nein, nicht besonders« zu hören, bei dem wir uns – zumal in Gesellschaft – so einsam fühlen wie Polarforscher.

Wahre Freunde beurteilen uns nicht nach Allerweltsmaßstäben, sie sind vielmehr am Kern unseres Wesens interessiert; wie bei idealen Eltern hat unsere Erscheinung oder unsere Stellung in der gesellschaftlichen Hierarchie keinen Einfluss auf ihre Zuneigung zu uns, und deshalb haben wir keine Bedenken, in alten Kleidern vor sie hinzutreten und einzugestehen, dass wir in diesem Jahr wenig Geld verdient haben. Das Verlangen nach Reichtümern sollte vielleicht nicht immer als simple Gier nach einem Leben in Luxus verstanden werden; ein noch wichtigeres Motiv könnte der Wunsch sein, geschätzt und nett behandelt zu werden. Vielleicht wünschen wir uns ein Vermögen aus keinem anderen Grund als dem, uns den Respekt und die Beachtung von Menschen zu sichern, für die wir sonst Luft wären. Epikur wusste um dieses Bedürfnis, wusste aber auch, dass eine Hand voll wahrer Freunde einem Liebe und Respekt eintragen konnte, wie es kein Vermögen vermochte.

2. Freiheit

Epikur und seine Freunde führten eine zweite radikale Neuerung ein. Damit sie nicht für Menschen arbeiten mussten, die sie nicht mochten, und nicht gezwungen waren, auf demütigende Launen einzugehen, gaben sie ihre Tätigkeit in der Athener Geschäftswelt auf (»Befreien muss man sich aus dem Gefängnis des Alltagslebens und der Politik«) und begannen etwas, was sich wohl am besten als Kommune beschreiben lässt – nahmen ein einfacheres Leben als Preis für ihre Unabhängigkeit hin. Sie verfügten fortan zwar über weniger Geld, mussten aber nie mehr nach der Pfeife verhasster Vorgesetzter tanzen.

74

Sie kauften einen Garten in der Nähe ihres Hauses, etwas
außerhalb des Dipylon-Tors, und bauten verschiedene Gemüse an, wahrscheinlich *bliton* (Kohl), *kromnyon* (Zwiebeln)
und *kinara* (einen Vorläufer der modernen Artischocke,
deren unterer Teil, nicht jedoch die Blätter, essbar war). Ihre
Kost war weder luxuriös noch üppig, dafür aber würzig und
nahrhaft. Der Weise, erläuterte Epikur seinem Freund
Menoikeus, »legt bei den Speisen jedenfalls nicht auf die
größte Menge Wert, sondern auf den angenehmsten Geschmack«.

Die Einfachheit ihrer Lebensweise untergrub das Selbstwertgefühl der Freunde keineswegs, denn dadurch, dass sie sich
von den Werten Athens distanziert hatten, trat das Kriterium des Besitzes bei der gegenseitigen Beurteilung in den
Hintergrund. Keiner brauchte sich leerer Wände zu schämen, und mit Gold zu prunken brachte nichts ein. In einem
Kreis von Freunden, der außerhalb des politischen und öko-
nomischen Zentrums der Stadt lebte, brauchte der Einzelne
– im finanziellen Sinne – nichts zu beweisen.

3. Besinnung

Es gibt kaum ein besseres Gegenmittel gegen Besorgnis als
Besinnung. Wenn wir ein Problem niederschreiben oder im
Gespräch darlegen, treten seine wesentlichen Seiten zum
Vorschein. Und wenn wir nun seine Eigenart kennen, können wir, wenn schon nicht das Problem selbst, so doch seine
unangenehmen Begleiterscheinungen – Verwirrung, Ver-
drängung, Überraschung – loswerden.

Die Idee, im Garten nachzudenken, fand große Zustimmung, als Epikurs Gemeinschaft bekannter wurde. Viele der
Freunde waren Schriftsteller. Diogenes Laertios zufolge ver-

fasste allein schon Metrodoros zwölf Werke, darunter das verloren gegangene *Von dem Wege zur Weisheit* und *Über Epikurs Kränklichkeit*. In den Gemeinschaftsräumen des Hauses in Melite und im Gemüsegarten muss es ununterbrochen Gelegenheit gegeben haben, mit Menschen, die ebenso klug wie sympathisch waren, Probleme zu erörtern.

Epikur lag besonders daran, dass er und seine Freunde ihren Besorgnissen im Zusammenhang mit Geld, Krankheit, Tod und dem Übernatürlichen auf den Grund gingen. Wenn man vernünftig über die eigene Sterblichkeit nachdachte, gelangte man zu der Einsicht, dass nach dem Tode nichts folgte als die Vergessenheit. »Denn was uns nicht belästigt, wenn es geschieht«, so Epikur, »ruft ohne Grund Schmerz hervor, wenn wir es bloß erwarten.« Es war also unsinnig, sich im Voraus über einen Zustand zu beunruhigen, den man niemals kennen lernen würde:

> »Denn nichts ist im Leben für den Menschen furchtbar, der wahrhaft begriffen hat, daß im Nichtleben nichts Furchtbares liegt.«

Nüchterne Analyse beruhigte das Gemüt; sie ersparte Epikurs Freunden verstohlene Blicke auf Schwierigkeiten, die ihnen in der gedankenlosen Umgebung außerhalb des Gartens zu schaffen gemacht hätten.

★

Es ist natürlich unwahrscheinlich, dass Wohlstand einen Menschen je richtig unglücklich machen wird. Der springende Punkt von Epikurs Behauptung ist der: Besitzen wir zwar Geld, aber keine Freunde, sind unfrei und leben gedankenlos, so werden wir niemals *wirklich glücklich* sein. Und haben wir das alles und fehlt uns nur das Vermögen, so werden wir niemals *wirklich unglücklich* sein.

Um herauszustellen, was für das Glück wesentlich ist und worauf man ohne großes Bedauern verzichten kann, wenn soziale Ungerechtigkeit oder wirtschaftliche Umbrüche einem den Wohlstand versagen, teilte Epikur unsere Bedürfnisse in drei Klassen:

> »Von den Begierden sind die einen natürlich und notwendig, die anderen natürlich, jedoch nicht notwendig, wieder andere sind weder natürlich noch notwendig.«

WAS FÜR DAS GLÜCK WESENTLICH IST UND WAS NICHT

Natürlich und notwendig	Natürlich, aber nicht notwendig	Weder natürlich noch notwendig
Freunde	ein großes Haus	Ruhm
Freiheit	private Bäder	Macht
Nachdenken	Bankette	
(über die wich-	Diener	
tigsten Quellen	Fisch, Fleisch	
der Besorgnis: Tod,		
Krankheit, Armut,		
Aberglauben)		
Nahrung, Obdach,		
Kleidung		

Epikurs Dreiteilung zeigte – entscheidend für Menschen, die nicht in der Lage sind, Geld zu verdienen, oder sich fürchten, ihr Geld zu verlieren –, dass Glück zwar von vielfältigen psychologischen Gütern abhängig war, relativ unabhängig aber von materiellen Gütern, insofern sie über die Mittel hinausgingen, die man brauchte, um sich warme Kleidung, ein Obdach und Nahrung zu verschaffen – ein Gefälle von Dringlichkeiten, geeignet, denen Denkanstöße zu vermitteln, die Glück mit dem Ertrag aus großartigen Geldbewegungen und Unglück mit bescheidenen Einkünften gleichgesetzt hatten.

Wenn wir den epikureischen Zusammenhang von Geld und Glück grafisch veranschaulichen, wird deutlich, dass die Eigenschaft des Geldes, uns glücklich zu machen, schon bei kleinen Einkünften vorhanden ist und bei den höchsten nicht stärker ausgeprägt ist. Wir werden, geben wir mehr aus, zwar nicht aufhören, glücklich zu sein, unser Glücksgefühl wird aber, so Epikurs Überzeugung, über ein bestimmtes Maß nicht hinausgehen, das uns schon mit begrenzten Mitteln zuteil wird.

VERHÄLTNIS VON GLÜCK ZU GELD

BEI EINEM MENSCHEN, DER FREUNDE HAT, FREI IST ETC.

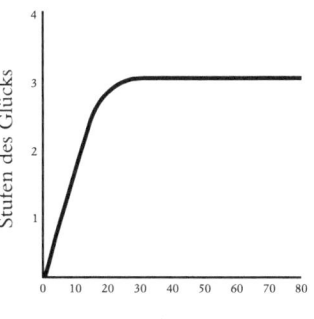

Ausgegebenes Geld

Der Analyse lag ein besonderes Verständnis von Glück zugrunde. Nach Epikurs Auffassung sind wir glücklich, wenn wir keinen Schmerz empfinden. Weil wir aber Schmerz empfinden, wenn es uns an Nahrung und Kleidung mangelt, müssen wir über genügend Geld verfügen, um das uns Mangelnde zu kaufen. Schmerz empfinden ist jedoch ein zu starkes Wort für das, was geschieht, wenn wir gezwungen sind, eine gewöhnliche Strickjacke zu tragen anstelle einer aus Cashmere oder ein belegtes Brot zu essen anstelle von Jakobsmuscheln. Daher Epikurs Behauptung,

»daß einfache Speisen die gleiche Lust erzeugen wie ein kostspieliges Mahl, wenn das schmerzende Gefühl der Entbehrung beseitigt ist«.

Ob wir regelmäßig Mahlzeiten wie die rechts oben oder links oben abgebildeten zu uns nehmen, kann nicht der entscheidende Faktor für unseren Gemütszustand sein.

»So hebt das Fleischessen keinerlei natürliches Bedürfnis und bewirkt nur, was in Schmerzgefühl enden muß … denn zur wechselvollen Leidenschaft drängt es hin, gerade wie … das Trinken fremder Weine, ohne welche unsere Natur recht wohl bestehen kann.«

Nun könnte man versucht sein, diese Geringschätzung des Luxus der Primitivität der Waren zuzuschreiben, die den Reichen in der wenig entwickelten Wirtschaftswelt des hellenistischen Griechenlands zur Verfügung standen. Die Unverhältnismäßigkeit von Preis und Glück bei Erzeugnissen späterer Epochen ist aber eher ein Beweis für die Richtigkeit der These.

Wir wären nicht glücklich, besäßen wir zwar das Fahrzeug auf der linken Seite, aber keine Freunde, oder besäßen eine Villa, aber keine Freiheit, oder hätten leinene Betttücher, fänden aber vor Sorge keinen Schlaf. Solange wesentliche immaterielle Bedürfnisse ungestillt sind, steigt die Glückskurve keinen Millimeter an.

VERHÄLTNIS VON GLÜCK ZU GELD
BEI EINEM MENSCHEN OHNE FREUNDE, FREIHEIT ETC.

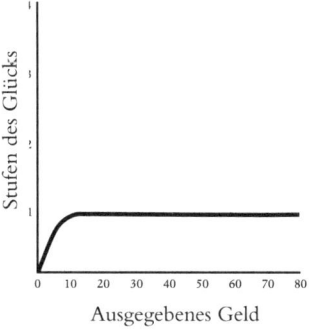

Ausgegebenes Geld

»Nichts ist dem genug, dem das Genügende zu wenig ist.«

Um zu vermeiden, dass wir kaufen, was wir nicht brauchen, oder beklagen, was wir uns nicht leisten können, sollten wir uns, wenn wir einen kostspieligen Gegenstand begehren, auf der Stelle genau befragen, ob das richtig ist. Wir sollten ein paar Experimente durchführen und uns gedanklich in die Zeit versetzen, wo unsere Begierden gestillt sind, um so das wahrscheinliche Maß unseres Glücksgefühls abzuschätzen.

»An alle Begierden muß man die folgende Frage richten: Was geschieht mir, wenn erfüllt wird, was das Begehren erstrebt, und was, wenn es nicht erfüllt wird?«

Dieses Gedankenexperiment, für das keine Beispiele überliefert sind, dürfte in fünf Schritten durchgeführt worden sein, die sich, ohne es herabzuwürdigen, in der Sprache einer Bedienungsanleitung oder eines Rezeptbuches darstellen lassen.

1. Denke dir ein Vorhaben, das Glück verspricht.

   Um im Urlaub glücklich zu sein, muss ich in einer Villa logieren.

2. Stell dir vor, dass das Vorhaben falsch wäre. Suche nach Ausnahmen für die angenommene Relation zwischen dem Begehrten und Glück. Könnte es sein, dass man das Begehrte besitzt, aber nicht glücklich ist? Könnte es sein, dass man glücklich ist, aber das Begehrte nicht besitzt?

   Könnte es sein, dass ich das Geld für eine Villa ausgebe und trotzdem nicht glücklich bin?

   Könnte es sein, dass ich im Urlaub glücklich bin, ohne so viel Geld wie für eine Villa auszugeben?

3. Wird eine Ausnahme gefunden, so kann das Begehrte kein notwendiger und hinreichender Grund für Glück sein.

   Könnte es sein, dass ich in der Villa traurig bin, etwa weil ich mich isoliert fühle, ohne Freunde?

   Könnte es sein, dass ich in einem Zelt glücklich bin, etwa gemeinsam mit einem Menschen, den ich liebe und von dem ich mich geachtet fühle?

4. Um das erstrebte Glück ganz genau zu bestimmen, muss das anfängliche Vorhaben abgewandelt werden, damit die ermittelte Ausnahme berücksichtigt werden kann.

Wenn ich in einer kostspieligen Villa überhaupt glücklich sein kann, so hängt dies davon ab, dass ich mit einem Menschen zusammen bin, den ich liebe und von dem ich mich geachtet fühle.

Es könnte sein, dass ich glücklich bin, ohne das Geld für eine Villa auszugeben, solange ein Mensch bei mir ist, den ich liebe und von dem ich mich geachtet fühle.

5. Die tatsächlichen Bedürfnisse können nun ganz anders aussehen als das erste vage Begehren.

Das Glück hängt mehr vom Zusammensein mit einem Gleichgesinnten ab als von einer schön ausgestatteten Villa.

»Die Befreiung von der Verwirrung der Seele und die nennenswerte Freude erzeugt nicht der größte Reichtum.«

5

Wenn kostspielige Dinge uns also keine nennenswerte Freude bereiten, weshalb ziehen sie uns dann so machtvoll an? Weil wir, ähnlich einem an Migräne Leidenden, der sich ein Loch in den Schädel bohren lässt, ebenfalls einem Irrtum erliegen, dem nämlich, dass kostspielige Dinge Bedürfnisse stillen, die wir nicht verstehen. Gegenstände stellen in dinglicher Form dar, was wir seelisch brauchen. Wir müssen zu einer anderen Denkweise finden, werden aber von neuen Warenregalen angelockt. Wir kaufen eine Cashmere-Strickjacke als Ersatz für den Rat von Freunden.

An unserer Verwirrung tragen nicht allein wir die Schuld. Zum mangelnden Wissen um unsere Bedürfnisse tritt hinzu, was Epikur als »leere Einbildung« der Menschen unserer Umgebung bezeichnete, die nicht über die natürliche Hierarchie unserer Bedürfnisse nachdenken, Luxus und Reichtümer betonen, nur selten aber Freundschaft, Freiheit und Reflexion. Die Vorherrschaft leerer Einbildung ist kein Zufall. Es dient den Interessen der Wirtschaftsunternehmen, die Hierarchie unserer Bedürfnisse auf den Kopf zu stellen, eine materielle Sicht des Guten zu fördern und eine unverkäufliche abzuwerten.

Und geködert werden wir durch die schlaue Kopplung von überflüssigen Dingen mit unseren anderen, vergessenen Bedürfnissen.

Es kann sein, dass wir schließlich einen Jeep erwerben, gestrebt aber haben wir – so Epikur – nach Freiheit.

Es kann der Aperitif sein, den wir kaufen, aus waren wir aber – so Epikur – auf Freundschaft.

Es kann die schöne Badeausstattung sein, die wir uns zulegen, zur Ruhe gekommen wären wir aber – so Epikur – durch Besinnung.

Epikureer, die der Macht der Bilder vom Luxusleben etwas entgegensetzen wollten, hatten die Bedeutung der Werbung erkannt.

Auf dem Marktplatz im Zentrum von Oinoanda, einer etwa 10 000 Einwohner zählenden Stadt an der südwestlichen Spitze Kleinasiens, wurde im vorletzten Jahrzehnt des 1. Jh. v. Chr. eine riesige Steinkolonnade, 80 Meter lang und fast 4 Meter hoch, errichtet und mit epikureischen Sentenzen beschrieben. Sie sollten die Aufmerksamkeit der Käufer erregen und diesen mahnend vor Augen führen, dass sich das Endziel, die Lust, das Freisein von körperlichem Schmerz und seelischer Unruhe, nicht durch die Lüste der Schlemmer, nicht durch üppiges Leben und Tafelluxus erreichen ließ.

»Den Menschen nützt der unnatürliche Reichtum nicht mehr als Wasser einem vollen Gefäß. Man wird mit Notwendigkeit bemerken, daß beide außen überlaufen.«

»Ich behaupte, daß das, ... was Frohsinn, begleitet von heiterer Ausgeglichenheit der Seele, schafft, nicht die Theater sind und die Bäder ... und Salben, sondern das Studium der Natur.«

Für die Kosten dieser Mauer aufgekommen war Diogenes von Oinoanda, einer der wohlhabendsten Einwohner der Stadt. Vierhundert Jahre nachdem Epikur und seine Freunde in Athen ihren Garten eröffnet hatten, wollte Diogenes seinen Mitbürgern den Weg zum Glück aufzeigen, den er in Epikurs Philosophie gefunden hatte. In einer Ecke der Mauer erklärte er:

»Da sich infolge meines Alters mein Leben schon dem Ende zuneigt und bald der Augenblick kommen wird, wo ich aus ihm scheiden werde mit einem schönen Loblied auf die Fülle der genossenen Lust, faßte ich den Entschluß, damit mir nicht der Tod zuvorkommt, unverzüglich denen zu helfen, die eine gute Veranlagung haben. Wenn sich nun nur einer oder zwei, drei oder vier, fünf oder sechs oder wie viel mehr auch immer ... in einer schlechten seelischen Verfassung befänden, würde ich, indem ich jeden einzeln zu mir rufe, alles in meinen Kräften Stehende tun, um den besten Rat zu erteilen. Aber, wie ich schon sagte, kranken die meisten Menschen wie an einer Seuche gemeinsam an dieser falschen Auffassung von den Dingen, ja es werden sogar immer noch mehr, denn in ihrer Sucht, es einer dem andern nachzutun, stecken sie einander an wie die Schafe ... Da ... faßte ich den Entschluß, vermittels dieser Säulenhalle die hilfreichen Heilmittel allgemein zugänglich zu machen.«

Auf der massiven Kalksteinmauer standen ungefähr 25 000 Wörter, die alle Aspekte des epikureischen Denkens berührten, darunter auch die Bedeutung der Freundschaft und die Analyse der Besorgnisse. Die in den Läden von Oinoanda einkaufenden Bewohner der Stadt wurden davor gewarnt, sich von solchem Tun etwa Glück zu versprechen.

Reklame begegnete uns nicht auf Schritt und Tritt, wären wir nicht so empfängliche Wesen. Wir wollen die Dinge haben, die auf Wänden schön präsentiert werden, und verlieren das Interesse an solchen, die nicht beachtet werden oder schlecht beleumundet sind. Lukrez beklagte, dass wir es »vorziehn, Dinge dem Hören nach zu erstreben statt eigner Empfindung«.

Leider mangelt es nicht an Bildern von erstrebenswerten luxuriösen Dingen und kostspieligen Plätzen, wohingegen gewöhnliche Aufenthaltsorte und Menschen selten gezeigt werden. Fast völlig fehlen Anstöße, auf bescheidenere Glücksmomente zu achten: auf das Spielen mit einem Kind, das Gespräch mit einem Freund, einen Nachmittag in der

Sonne, ein sauberes Haus, Käse, der auf frisches Brot gestrichen wird (um ein Festmahl zu halten, wann immer einem danach zumute ist). Diese kleinen Dinge werden auf den Seiten des *Epicurean Life* nicht gefeiert.

Kunst kann dazu beitragen, Vorurteile abzubauen. Lukrez verlieh Epikurs Verteidigung der Einfachheit in vorzüglichen lateinischen Versen Nachdruck, die uns helfen, Freude an Dingen zu empfinden, die nichts kosten:

Für des Körpers Natur also ist weniges, wie wir	Ergo corpoream ad naturam pauca videmus
sehen, not überhaupt, was Schmerzen zu nehmen imstande,	esse opus omnino, quae demant cumque dolorem,
so daß Genüsse es gar zu verbreiten viele vermöchten.	delicias quoque uti multas substernere possint.
Lieber ist's gar bisweilen und sicher verlangt's die Natur nicht,	gratius interdum, neque natura ipsa requirit,
wenn im Hause sich nicht goldne Jünglingsstatuen finden,	si non aurea sunt iuventum simulacra per aedes
mit ihrer rechten Hand umklammernd brennende Leuchten,	lampadas igniferas manibus retinentia dextris,
daß dem nächtlichen Mahl das Licht zuströme in Fülle,	lumina nocturnis epulis ut suppeditentur,
nicht von Silber das Haus erglänzt, im Golde erschimmert,	nec domus argento fulget auroque renidet
widerhallen der Zither getäfelte, goldene Decken,	nec citharae reboant laqueata aurataque templa,
während man doch unter sich, auf weichen Rasen gebettet,	cum tamen inter se prostrati in gramine molli
nahe dem fließenden Bach, im Schatten des ragenden Baumes,	propter aquae rivum sub ramis arboris altae
ohne viel Aufwand erquicklich es wohl sein lässet dem Körper,	non magnis opibus iucunde corpora curant,
dann zumal, wenn das Wetter lacht, die Zeiten des Jahres	praesertim cum tempestas adridet et anni
reich mit Blüten bestreuen das Grün der schimmernden Matten.	tempora conspergunt viridantis floribus herbas.

Welche Wirkung das Gedicht von Lukrez auf das wirtschaftliche Geschehen in der griechisch-römischen Welt hatte, lässt sich nur schwer feststellen. Wir wissen nicht, ob die Kauflustigen in Oinoanda dank der riesigen Reklamebotschaft in ihrer Mitte erkannten, welches ihre wirklichen Bedürfnisse waren, und aufhörten, Dinge zu kaufen, die sie nicht brauchten. Denkbar ist es aber doch, dass eine geschickt angelegte epikureische Werbekampagne das Potential hätte, einen Kollaps der Weltwirtschaft herbeizuführen. Da die meisten Unternehmen unnötige Bedürfnisse in Menschen wecken, die nicht wissen, was sie eigentlich brauchen, sänke bei mehr Selbsterkenntnis und Hinwendung zur Einfachheit das Konsumniveau. Epikur hätte das nicht beunruhigt:

> »Armut, deren Maß vom naturgemäßen Endziel bestimmt ist, ist ein großer Reichtum. Reichtum, der keine Grenze hat, ist große Armut.«

Dies stellt uns vor die Wahl: entweder Gesellschaften, die unnötige Begierden anstacheln, als Folge davon aber eine gewaltige Wirtschaftskraft erlangen, oder epikureische Gesellschaften, in denen zwar materielle Grundbedürfnisse befriedigt würden, der Lebensstandard aber nie über das Existenzminimum hinausginge. Es gäbe keine monumentalen Denkmäler in einer epikureischen Welt, keinen technischen Fortschritt und kaum Anreiz, mit fernen Kontinenten Handel zu treiben. Eine Gesellschaft, in der die Menschen ihre Bedürfnisse stärker einschränkten, wäre auch eine mit geringeren Ressourcen. Trotzdem wäre eine solche Gesellschaft – wenn wir dem Philosophen Glauben schenken wollen – nicht unglücklich. Lukrez sprach die Alternative aus. In einer Gesellschaft ohne epikureische Werte

> »müht sich der Menschen Geschlecht vergebens und fruchtlos immer und zehrt sein Leben auf in nichtigen Sorgen, weil es nämlich nicht weiß, was Ziel und Maß des Besitzes, und durchaus nicht, wie weit die wahrhafte Freude noch zunimmt.«

Diese Unzufriedenheit freilich »hat mählich geführt das Leben hinaus auf die hohe See, tief aufgewühlt des Krieges gewaltiges Branden . . . «

Wir können uns Epikurs Antwort vorstellen. Wie beeindruckend unsere Wagnisse auf hoher See auch sein mögen, ihr Nutzen läßt sich nur an der Lust ermessen, die wir dabei finden:

> »Auf sie gehen wir zurück, indem wir jedes Gut nach der Empfindung als dem Maßstab beurteilen.«

Und da zunehmender Wohlstand in einer Gesellschaft kein Garant dafür ist, dass damit einhergehend auch das Glück zunimmt, hätte Epikur zu bedenken gegeben, dass es nicht die durch kostspielige Güter befriedigten Bedürfnisse sein können, von denen unser Glück abhängt.

6

Was der Mensch zu seinem Glück braucht

1. Eine Behausung

2.

3. Als Schlupfloch vor Vorgesetzten, gönnerhafter
   Herablassung, Nahkampf und Konkurrenz:

4. Besinnung

5. Eine Reinkarnation von Giovanni Bellinis *Madonna* (aus der Galleria dell'Accademia in Venedig), deren schwermütiger Ausdruck nichts von ihrem trockenen Humor und ihrer Spontaneität verrät und die handgefertigte Kleider von der Stange preislich moderater Kaufhäuser trägt.

Gut möglich, dass das Glück schwer zu erjagen ist. Die Hindernisse sind jedoch nicht in erster Linie finanzieller Natur.

III

Trost bei Frustration

1

Dreizehn Jahre bevor er seinen *Tod des Sokrates* malte, hatte sich Jacques-Louis David schon einmal mit einem antiken Philosophen beschäftigt. Auch dieser hatte seinem Ende mit großer Gelassenheit entgegengesehen, während Freunde und seine Familie ihn in Tränen aufgelöst umstanden.

Der *Tod des Seneca*, 1773 vom damals fünfundzwanzigjährigen David gemalt, zeigt die letzten Momente im Leben des Stoikers in einer Villa vor den Toren Roms im April 65 v. Chr. Wenige Stunden zuvor war ein Zenturio in dem Haus erschienen und hatte den Befehl des Kaisers überbracht, dass Seneca sich unverzüglich das Leben nehmen solle. Man hatte eine Verschwörung aufgedeckt, durch die der achtundzwanzigjährige Nero von seinem Thron gestürzt werden sollte, und der Kaiser, rasend und außer sich vor Wut, sann wahllos auf Rache. Obwohl sich kein Beweis für Senecas Beteiligung an der Verschwörung erbringen ließ, obwohl er

fünf Jahre lang als Erzieher des Kaisers tätig gewesen war
und ihm zehn Jahre lang treu gedient hatte, ordnete Nero
sicherheitshalber Senecas Tod an. Die Ermordung seines
Halbbruders Britannicus, seiner Mutter Agrippina und seiner Frau Octavia, die Beseitigung einer großen Zahl seiner
Senatoren und Ritter dadurch, dass er sie Krokodilen und
Löwen zum Fraß vorwarf, das Singen, während Rom bei
dem großen Brand im Jahre 64 in Schutt und Asche versank
– dies alles lag zu diesem Zeitpunkt bereits hinter ihm.

Als Senecas Gefährten Neros Befehl vernahmen, erbleichten
sie und begannen zu weinen, der Philosoph aber blieb, dem
Bericht zufolge, den Tacitus uns gibt und den David gelesen
hatte, mannhaft und suchte sie

> »von ihren Tränen bald durch Gespräch, bald eindringlicher im
> Ton … zu einer festen Haltung zurückzuführen mit der Frage,
> wo denn die Leitsätze der Philosophie geblieben seien, wo die
> so viele Jahre eingeübte Verhaltensweise gegenüber drohenden
> Gefahren? Wem sei denn Neros Grausamkeit unbekannt gewe-
> sen? Es bleibe ihm ja nichts anderes übrig nach dem Mutter-
> und Brudermord, als seines Erziehers und Lehrers Ermordung
> hinzuzufügen.«

Seneca wandte sich an seine Frau Paulina, umarmte sie sehr
zärtlich (»entgegen seiner augenblicklichen Mannhaftigkeit
ein wenig weicher geworden«, wie Tacitus vermerkt) und
forderte sie auf, Trost daraus zu schöpfen, dass er tugendhaft
gelebt hatte. Sie jedoch konnte einem Leben ohne ihn
nichts abgewinnen und bat, sich gleichfalls die Adern öffnen
zu dürfen. Seneca schlug ihr den Wunsch nicht ab:

> »Ich werde dir die vorbildliche Haltung nicht neiden. Mag bei
> diesem tapferen Lebensende die Seelenstärke bei uns beiden
> gleich sein, an glänzendem Ruhm überlegen ist *dein* Tod.«

Weil der Kaiser aber nicht wollte, dass sich die Kunde von
seiner Grausamkeit noch weiter verbreitete, entrissen die

Wachen Paulina das Messer, das sie sich schon an die Adern hielt, gegen ihren Willen und verbanden ihr die Handgelenke.

Unterdessen zog sich das Sterben ihres Mannes hin. Seneca hatte sich sogar schon an den Füßen und in den Kniekehlen die Adern geöffnet, doch noch immer floss das Blut nicht schnell genug aus seinem gealterten Leib. In ganz bewusstem Anklang an den Todesfall in Athen 464 Jahre zuvor bat Seneca daher den Arzt, ihm einen Schierlingsbecher zu bereiten. Schon lange galt ihm Sokrates als beispielhaft dafür, wie ein Mensch sich vermittels der Philosophie über äußere Umstände erheben kann. In einem Brief, geschrieben wenige Jahre vor Neros Befehl, hatte er die Gründe für seine Bewunderung formuliert:

> »Laßt euch auf den Sokrates hinweisen, den greisen Dulder, der alles mögliche Ungemach über sich ergehen lassen mußte, aber sich nicht beugen ließ ... die häuslichen Störungen, magst du nun an das ungebärdige Auftreten und die zügellose Zunge seiner Frau oder an seine unbegabten, der Mutter mehr als dem Vater ähnlichen Kinder denken. Entweder stand er im Felde oder unter dem Drucke der Tyrannei ... Das erschütterte den Sokrates so wenig, daß er keine Miene darüber verzog. Bis zum letzten Augenblick bewahrte er jenen bewundernswerten und einzigartigen Vorzug: weder heiterer noch trauriger sah irgend jemand den Sokrates. Er blieb sich gleich bei aller Ungleichheit seines Schicksals.«

Senecas Wunsch, es dem Athener nachzutun, erfüllte sich jedoch nicht. Er trank den Schierling, der indes keine Wirkung zeigte. Nach zwei vergeblichen Versuchen bat er schließlich, in ein Dampfbad gesetzt zu werden, wo er einen langsamen Erstickungstod starb, unter Qualen, aber in Gleichmut, unberührt von den Wechselfällen seines Geschicks.

Davids Darstellung dieser Szene im Geiste des Rokoko war
weder die erste noch die gelungenste. Seneca lässt auf dem
Bild mehr an einen sich räkelnden Pascha denken als an
einen sterbenden Philosophen. Paulina, die ihre entblößte
rechte Brust nach vorn schiebt, ist eher für einen Opernbe-
such gekleidet als nach dem Brauch im kaiserlichen Rom.
Dennoch ist Davids unbeholfene Schilderung des Augenblicks Teil einer langen Geschichte der Bewunderung für die
Haltung, mit der dieser Römer sein entsetzliches Schicksal
ertrug.

Rubens, 1608

Loyset Liedet, 1462

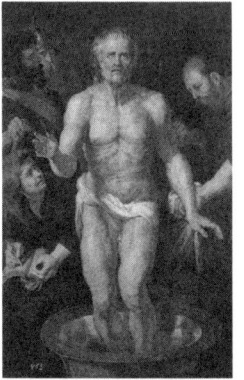

Ribera (Jusepe), 1632

Luca Giordano, ca. 1680

Obwohl seine Wünsche ganz plötzlich in krassen Widerspruch zur Wirklichkeit geraten waren, hatte Seneca nicht gewöhnlichen Schwächen nachgegeben, sondern war den schockierenden Anforderungen der Realität mit Würde nachgekommen. Durch seinen Tod trug Seneca – neben anderen Denkern der Stoa – dazu bei, dass wir bis heute das Wort »philosophisch« gedanklich mit einer maßvollen, selbstbeherrschten Reaktion auf Unglück verbinden. Seneca hatte die Philosophie von Anfang an als eine Disziplin verstanden, die Menschen half, Konflikte zwischen ihren Wünschen und der Realität zu überwinden. Wie wir oben sahen, veranlasste das Weinen seiner Gefährten Seneca zu der Frage, wo denn ihre *Philosophie* geblieben sei, ihr seit Jahren eingeübtes *Verhalten* bei drohender Gefahr – ganz so, als sei beides dem Wesen nach eins.

Sein ganzes Leben hindurch war Seneca Augen- und Ohrenzeuge außergewöhnlicher Katastrophen gewesen. Erdbeben hatten Pompeji erschüttert; Rom und Lugdunum waren bis auf die Grundmauern niedergebrannt; die Bewohner Roms und seines Reiches waren unter die Herrschaft Neros und vor ihm schon Caligulas geraten, des »Scheusals«, wie Sueton diesen treffender nannte, der einmal zornig ausgerufen hatte: »Hätte doch das römische Volk nur *einen* Hals!«

Auch von persönlichem Unglück war Seneca nicht verschont geblieben. Er hatte eine Ausbildung absolviert, mit der er eine politische Laufbahn einschlagen konnte, erkrankte jedoch, kaum zwanzig, an einer Tuberkulose, die sechs Jahre dauerte und ihn in eine so tiefe Depression stürzte, dass er sich sogar das Leben nehmen wollte. Sein später Eintritt in die Politik fiel mit Caligulas Aufstieg zur Macht zusammen. Auch nach der Ermordung des Scheusals im Jahre 41 blieb Senecas Lage prekär. Ein Komplott der Kaiserin Messalina hatte zur Folge, dass der völlig unbeteiligte Seneca verleumdet und für acht Jahr auf die Insel Korsika

verbannt wurde. Als man ihn schließlich nach Rom zu-
rückrief, musste er gegen seinen Willen die verhängnis-
vollste Aufgabe am Kaiserhof übernehmen und Lucius
Domitius Ahenobarbus, den damals zwölfjährigen Sohn
Agrippinas, erziehen, der fünfzehn Jahre später anordnete,
Seneca solle sich vor den Augen seiner Frau und seiner
Familie selbst töten.

Seneca wusste, warum er all diesen Beschwernissen standzu-
halten vermocht hatte:

> »Der Philosophie ... danke ich mein Leben, und das ist noch
> das Allergeringste, das ich ihr danke.«

Seine Erfahrungen hatten ihn ein ganzes Kompendium von
Frustrationen gelehrt, sein Verstand eine Reihe von Reakti-
onsmöglichkeiten. Jahre der Philosophie hatten ihn auf den
Unglückstag vorbereitet, an dem Neros Zenturio an die Tür
von Senecas Haus klopfte.

Doppelherme von Seneca und Socrates

2

Ein senecanisches Kompendium
der Frustrationen

Einführung

Das Terrain der Frustration mag zwar riesig sein – es reicht von einem angeschlagenen Zeh bis zu einem verfrühten Tod –, doch ihrem Wesen nach lässt sich jede Enttäuschung auf einen Konflikt zurückführen: auf die Kollision eines Wunsches mit einer unnachgiebigen Realität.

Diese Kollisionen beginnen in frühester Kindheit: Wir entdecken, dass wir keine Macht über die Quellen unserer Befriedigung haben und dass die Welt sich nicht stets und ständig nach unseren Wünschen richtet.

Weisheit, sofern wir überhaupt imstande sind, sie zu erlangen, besteht für Seneca nun darin, dass wir lernen, den Widerstand der Welt durch unsere Reaktionen, durch Ausbrüche von Wut, Selbstmitleid, Angst, Bitterkeit, Selbstgerechtigkeit und Paranoia, nicht noch zusätzlich zu verstärken.

Ein Gedanke durchzieht sein gesamtes Werk: Am besten ertragen wir die Enttäuschungen, gegen die wir uns gewappnet haben und die wir verstehen; am meisten schmerzen uns die, die wir am wenigsten erwarteten und die uns unerklärlich bleiben. Die Philosophie muss uns mit den wahren Dimensionen der Realität aussöhnen und uns so, wenn schon nicht vor Enttäuschungen selbst, wenigstens aber vor dem Wust der mit ihnen einhergehenden schädlichen Emotionen bewahren.

Sie soll die Voraussetzungen dafür schaffen, dass unsere Wünsche so weich wie möglich an der steinharten Mauer der Realität auftreffen.

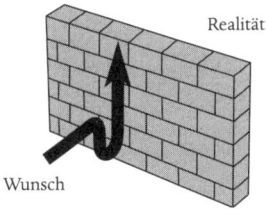

Realität

Wunsch

Zorn

Die infantile Kollision schlechthin. Wir finden die Fernbedienung oder die Schlüssel nicht, die Straße ist gesperrt, das Restaurant voll – und schlagen deshalb Türen zu, reißen Pflanzen aus der Erde und brüllen herum.

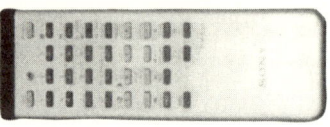

1. Der Philosoph hielt ihn für eine Form von Wahnsinn:

   »Es gibt keinen schnelleren Weg zum Wahnsinn. Viele sind daher im Zorn stecken geblieben ... Auf ihre Kinder flehen sie den Tod herab, auf sich selbst die Armut, auf ihr Haus den Einsturz, und dabei leugnen sie ihren Zorn ab wie die Rasenden ihren Wahnsinn. Ihren besten Freunden werden sie Feind ... die Gesetze, außer soweit sie die Handhabe bieten, anderen zu schaden, vergessen sie, die geringste Kleinigkeit bringt sie in Harnisch, sie lassen nicht mit sich reden, sich keine Gefälligkeit erweisen, alles soll gewaltsam geschehen ... Denn das größte Übel, gegen das alle anderen Laster zurücktreten, hat sich ihrer bemächtigt.«

2. In ruhigeren Momenten bittet der Zornige dann vielleicht um Verzeihung und erklärt, eine Macht habe ihn überwältigt, stärker als er selbst, das heißt, stärker als seine Vernunft. Er, sein vernünftiges »Ich«, habe keine Beleidigung beabsichtigt und bereue das Schreien, habe die Beherrschung an dunklere Mächte in seinem Innern verloren. Die Zornigen appellieren damit an die vorherrschende Auffassung vom Denken, nach welcher die Vernunft, der Sitz des wahren Ichs, hin und wieder von leidenschaftlichen Gefühlen bestürmt wird, mit denen sich

der Verstand weder identifiziert noch für die er verantwortlich gemacht werden kann.

Diese Ansicht läuft Senecas Vernunftbegriff diametral zuwider. Ihm zufolge resultiert Zorn nämlich nicht aus einem unbeherrschbaren Ausbruch der Leidenschaften, sondern aus einem fundamentalen (und korrigierbaren) Denkfehler. Wohl räumte Seneca ein, dass nicht immer Vernunft unsere Handlungen bestimmt: Wenn wir mit kaltem Wasser bespritzt werden, lässt unser Körper uns keine andere Wahl als zu schaudern; wenn jemand dicht vor unseren Augen mit den Fingern schnipst, müssen wir blinzeln. Der Zorn indes fällt nicht in die Kategorie unwillkürlicher körperlicher Regungen. Ausbrechen kann er nur auf dem Boden bestimmter verstandesmäßig akzeptierter Vorstellungen, und wenn wir diese *Vorstellungen* ändern, wird sich auch unsere Anfälligkeit für Zorn ändern.

3. Und zornig macht uns, so Seneca, ein gefährlicher Optimismus in Bezug auf die Beschaffenheit der Welt und die anderer Menschen.

4. Für die Heftigkeit unserer Reaktion auf Enttäuschung ist das, was wir für normal halten, von entscheidender Bedeutung. Wir sind ja vielleicht enttäuscht, weil es regnet, doch unsere Vertrautheit mit Regengüssen bewirkt auch, dass wir wahrscheinlich niemals mit Zorn auf einen solchen reagieren werden. Unsere Enttäuschungen werden gemildert durch das, was wir gemäß unserer Vorstellung von der Welt erwarten, durch unser erfahrungsmäßiges Wissen um das, was wir hoffen dürfen. Zorn übermannt uns nicht regelmäßig dann, wenn uns ein Gegenstand versagt bleibt, den wir begehren, sondern nur in Fällen, in denen wir uns zu seinem Besitz berechtigt glauben. Die heftigsten Zornesausbrüche werden

ausgelöst von Ereignissen, die unser Verständnis von den Grundregeln des Lebens verletzen.

5. Wer Geld besaß, konnte im alten Rom davon ausgehen, dass ihm ein bequemes Leben offen stand. Viele Freunde Senecas besaßen große Häuser in der Hauptstadt und Villen auf dem Lande. Diese verfügten über Bäder und Gärten und waren mit Kolonnaden, Springbrunnen, Mosaiken, Fresken und vergoldeten Diwanen ausgestattet. Ein ganzes Heer von Sklaven bereitete die Mahlzeiten zu, betreute die Kinder und versorgte den Garten.

6. Nichtsdestotrotz war der Wutpegel unter den Privilegierten besonders hoch: »Bei jeder Erhöhung der Stellung [wächst] die Neigung zum Zorn«, schrieb Seneca, nachdem er erlebt hatte, wie seine wohlhabenden Freunde wetterten, weil das Leben nicht ihren Hoffnungen entsprechend verlief.

Seneca wusste von einem Reichen namens Vedius Pollio, einem Freund des Kaisers Augustus, dessen Sklave einmal während eines Festes eine Kristallschale fallen gelassen hatte. Vedius hasste das Geräusch zerbrechenden Glases und wurde so wütend, dass er den Sklaven in einen Tümpel voller Neunaugen werfen ließ.

7. Solche Wutausbrüche lassen sich immer analysieren. Vedius Pollio war zornig aus einem erkennbaren Grund: Er glaubte an eine Welt, in der bei Festen keine Gläser zu Bruch gehen. Wir brüllen, wenn wir die Fernbedienung nicht finden, weil es zu unserer Vorstellung von der Welt gehört, dass in ihr Fernbedienungen nicht verlegt werden. Wut beruht auf der an ihrer Wurzel fast komischen (in ihren Auswirkungen freilich tragischen) Überzeugung, dass eine gegebene Enttäuschung im Lebensvertrag nicht vorgesehen war.

8. Wir sollten mehr nachdenken. Seneca bemühte sich, die Waage unserer Erwartungen neu zu justieren, damit wir nicht so laut brüllten, wenn sie zunichte gemacht wurden.

Wenn das Essen ein paar Minuten zu spät kommt:
»Wozu die Tische umwerfen? Wozu die Becher zerschlagen? Wozu mit dem Kopf gegen die Säulen rennen?«
Wenn wir irgendwo etwas summen hören:
»Was hat es doch für einen Sinn, wenn einen das Husten oder Niesen irgend jemandes in Wut versetzt oder eine Fliege, die man nicht mit der gehörigen Achtsamkeit vor ihm verscheucht hat, oder ein Hund, der einem zwischen die Beine läuft, oder ein Schlüssel, den ein unachtsamer Diener hat aus der Hand fallen lassen?«
Wenn etwas die Ruhe des Speisezimmers stört:
»Was belferst du? greifst gar mitten während der Tafel nach der Geißel, weil die Sklaven sich durch Sprechen bemerklich machen?«

Wir müssen uns mit der notwendigen Unvollkommenheit des Lebens abfinden:

»Wie kann man sich darüber wundern, daß Schurken Schurkereien verüben? Ist es denn etwas Unerhörtes, wenn ein Feind schadet, ein Freund einen Vorstoß macht, ein Sohn einen Fehltritt tut, ein Sklave sich etwas zuschulden kommen läßt?«

Wir werden weniger zornig sein, wenn wir weniger erhoffen.

Bestürzung

Eine Maschine der nationalen Fluggesellschaft der Schweiz startet mit 229 Menschen an Bord in New York zu einem Linienflug nach Genua. Fünfzig Minuten nach dem Abflug vom Kennedy Airport, die Stewardessen schieben ihre Trolleys durch die Gänge der McDonald Douglas MD-11, meldet der Captain Rauch im Cockpit. Zehn Minuten später verschwindet das Flugzeug vom Radar. Die riesige Maschine, jede ihrer Tragflächen ist 52 Meter lang, stürzt in die ruhige See vor Halifax, Nova Scotia, und alle Insassen finden den Tod. Die Rettungskräfte sprechen von Schwierigkeiten bei der Identifizierung dessen, was nur Stunden zuvor Menschen mit einem Leben und Plänen waren. Geldbörsen werden im Wasser treibend gefunden.

1. Wenn wir nicht permanent an das Risiko einer plötzlichen Katastrophe denken und einen Preis für unsere Unschuld bezahlen, so deshalb, weil die Realität zwei einander krass widersprechende Eigenheiten in sich vereint: einerseits Kontinuität und Stabilität, die über Generationen hinweg gewahrt bliebt, andererseits jähes Unheil, das ohne Vorwarnung hereinbricht. Wir sind hin- und hergerissen zwischen der plausiblen Annahme, dass es morgen nicht wesentlich anders sein wird als heute, und der Möglichkeit, dass uns etwas Entsetzliches wider-

fährt, wonach nichts mehr sein wird wie vorher. Weil es uns so sehr reizt, Letzteres einfach auszublenden, rief Seneca eine Göttin an.

2.

Sie befand sich auf der Rückseite vieler römischer Münzen, ein Füllhorn in der einen und ein Ruder in der anderen Hand. Sie war wunderschön, trug gewöhnlich eine leichte Tunika und lächelte spröde. Ihr Name war Fortuna. Ursprünglich war diese Erstgeborene des Jupiter eine Fruchtbarkeitsgöttin, der zu Ehren am 25. Mai ein Fest stattfand. In ganz Italien waren ihr Tempel geweiht, zu denen Bauern kamen und um Regen baten. Nach und nach hatte sich ihr Zuständigkeitsbereich jedoch erweitert, und man brachte sie nun auch mit Geld, Vorankommen, Liebe und Gesundheit in Verbindung. Das Füllhorn war das Symbol ihrer Macht, Gunst zu gewähren, das Ruder hingegen das Symbol ihrer dunkleren Macht, in Schicksale einzugreifen. Sie konnte Gaben in verschwenderischer Fülle verteilen und danach beängstigend schnell das Ruder herumwerfen. Mit unergründlichem Lächeln schaute sie zu, wenn wir uns an einer Fischgräte verschluckten und starben oder in einer Erdspalte verschwanden.

3. Weil das Unerwartete uns die tiefsten Wunden schlägt und wir mit allem rechnen müssen, weil »das Schicksal vor keinem Wagnis zurückschreckt«, dürfen wir, sagte Seneca, niemals vergessen, dass eine Katastrophe jederzeit

hereinbrechen kann. Niemand sollte eine Autofahrt unternehmen, eine Treppe hinabsteigen oder sich von einem Freund verabschieden, ohne sich dessen bewusst zu sein, dass das Schlimmste geschehen kann, ein Wissen, das nach Senecas Willen weder schauerlich noch übertrieben dramatisch zu sein brauchte.

»Wir müssen auf alles gefaßt sein und unsere Gedanken
nicht etwa bloß auf das richten, was zu geschehen pflegt,
sondern was geschehen kann.«

4. Zum Beweis dafür, wie wenig nötig ist, damit alles zunichte wird, brauchen wir bloß unsere Arme hochzuhalten und für einen Augenblick das Pulsieren des Blutes in unseren zarten, grünlichen Adern zu betrachten:

»Was ist der Mensch? Ein schwaches Gefäß, das zu zerbrechen ein bloßes Schütteln und Rütteln genügt ... Ein schwächlicher und gebrechlicher Körper, nackt, wie ihn die Natur geschaffen, wehrlos, fremder Hilfe bedürftig, jeder bösen Laune des Schicksals preisgegeben.«

5. Lugdunum war eine der prosperierendsten römischen Siedlungen in Gallien. Am Zusammenfluss von Arar und Rhone erfreute sie sich einer privilegierten Lage an der

Kreuzung von Handels- und Militärwegen. Innerhalb ihrer Stadtmauern befanden sich elegante Bäder und Theater und eine kaiserliche Münzanstalt. Dann, es war im August 64, fiel ein brennender Holzspan aus einer Hand. Aus ihm wurde ein Feuer, und es breitete sich durch die schmalen Gassen aus, deren entsetzte Bewohner sich bei seinem Nahen aus Fenstern herabließen. Die züngelnden Flammen krochen Haus um Haus die Wände hinauf, und bis Sonnenaufgang war ganz Lugdunum, vom Vorort bis zum Markt, vom Tempel bis zu den Bädern, zu Asche verbrannt. Die Überlebenden standen, mittellos geworden, in ihren rußgeschwärzten Kleidern, ihre vornehmen Gebäude waren nach dem Brand nicht wieder zu erkennen. Der Feuersturm hatte weniger lange gedauert, als die Nachricht von der Katastrophe brauchte, bis sie Rom erreicht hatte.

»›Ich hätte nicht geglaubt, daß es so kommen würde.‹ Glaubst du von irgend etwas, daß es nicht eintreten werde, wenn du doch weißt, daß es vielen zustoßen kann, und wenn du mit eigenen Augen siehst, daß es vielen zugestoßen ist?«

6. Am 5. Februar 62 hatte ein ähnliches Unglück die Provinz Campania heimgesucht. Die Erde bebte, und große Teile von Pompeji stürzten ein. In den folgenden Monaten beschlossen viele Einwohner, das Gebiet zu verlassen und sich in anderen Teilen der Halbinsel anzusiedeln. Aus ihrem Umzug zog Seneca den Schluss, dass sie glaubten, irgendwo auf der Erde, in Ligurien oder Kalabrien vielleicht, gäbe es einen Platz, an dem sie vor den Launen des Schicksals vollkommen sicher seien. Darauf erhebt er den in geologischer Hinsicht zwar zweifelhaften, aber doch plausibel klingenden Einwand:

»Wer bürgt ihnen denn dafür, daß dieser oder jener andere Boden auf besserem Grund steht? Alles unterliegt demselben Los, und wenn es noch nicht gebebt hat, kann es doch beben, und die Stelle, auf der du allzu sicher stehst, kann diese Nacht oder der heutige Tag noch vor der Nacht aufspalten. Woher weißt du, daß nicht die Orte besser daran sind, an denen das Glück seine Kraft schon ausließ und die gerade ihr Einsturz für die Zukunft sichert? Wir irren nämlich, wenn wir meinen, irgendeine Stelle auf Erden sei von dieser Gefahr ausgenommen und frei. Alle unterliegen demselben Gesetz, und nichts hat die Natur so geschaffen, daß es unveränderlich bliebe.«

7. Um die Zeit, als Caligula den Thron bestieg, verlor fern von der hohen Politik in einem Haus in Rom eine Mutter ihren Sohn Metilius, einen außerordentlich viel versprechenden jungen Mann, knapp fünfundzwanzig Jahre alt. Er und seine Mutter Marcia hatten sich sehr nahe gestanden und sein Tod schmetterte sie nieder. Sie zog sich aus der Öffentlichkeit zurück und vergrub sich in ihre Trauer. Ihre Freunde sahen es voller Mitgefühl und hofften auf den Tag, an dem sie sich wieder einigermaßen gefasst haben würde. Dieser Tag kam nicht. Ein Jahr verging, danach ein zweites und ein drittes, und noch immer war Marcia der Überwindung ihres Kummers keinen Schritt näher gekommen, war sie in Tränen aufgelöst wie am Tag des Begräbnisses. Seneca schickte ihr einen Brief. Er versicherte sie seines tiefen Mitgefühls, schloss aber behutsam die Frage an, »ob der Schmerz groß oder unaufhörlich sein soll«.

Marcia rebellierte gegen ein Ereignis, das sie für furchtbar und selten zugleich hielt – furchtbar umso mehr, als es selten war. Sie war von Müttern umgeben, die ihre Söhne noch hatten, junge Männer, die ihre berufliche Laufbahn begannen, in der Armee dienten oder in die Politik eintraten. Warum war ihr der ihre genommen worden?

8. Metilius' Tod war außer der Ordnung und schrecklich, aber er war nicht – erlaubte sich Seneca zu sagen – unnormal. Hätte Marcia über einen eng begrenzten Kreis hinausgeblickt, wäre sie auf eine schmerzlich lange Reihe von Söhnen gestoßen, die das Schicksal getötet hatte: Octavia hatte ihren Sohn verloren, Livia den ihren, desgleichen Cornelia; Xenophon, Paulus, Lucius Bibulus, Lucius Sulla, Augustus und Scipio war das Nämliche widerfahren. Dadurch, dass sie frühe Tode nicht zur Kenntnis genommen hatte, hatte Marcia ihnen – verständlich zwar, aber verhängnisvoll – einen Platz in ihrer Vorstellung von Normalität verweigert.

»Wir [machen] uns nicht im voraus eine Vorstellung von dem Übel, sondern warten, bis es uns trifft ... So viele Leichenzüge sehen wir an unserem Hause vorüberziehen, und wir denken nicht an den Tod; so viele bittere Todesfälle ereignen sich. Und wir? Wir denken an die Toga unserer Kinder, an ihren künftigen Kriegsdienst, an ihren Entritt in das väterliche Erbe.«

Wohl lebten die Kinder, aber wie naiv war der Glaube, es gebe eine Garantie, dass sie die Reife des Erwachsenwerdens erlebten – ja selbst das nächste Abendessen:

»Ihr habt keine Gewähr für die heutige Nacht – doch diese Frist ist schon zu lang gedacht –, nein auch nur für die nächste Stunde.«

Es ist gefährlich naiv, eine Zukunft zu erwarten, allein gegründet auf Wahrscheinlichkeit. Jedes zufällige Geschick, das einen Menschen ereilen kann, wie selten auch immer, wie fern in der Zeit, ist eine Möglichkeit, auf die wir uns vorbereiten müssen.

9. Da wir uns nur zu gern einlullen lassen, wenn die Schicksalsgöttin es lange Zeit gut mit uns meint, bat Seneca uns inständig, jeden Tag eine kurze Weile für den Gedanken an sie zu reservieren. Wir wissen nicht, was als Nächstes geschehen kann; wir sind aufs Erwarten an-

gewiesen. Frühmorgens sollten wir unternehmen, was Seneca als *praemeditatio* bezeichnete, sollten uns schon im Voraus auf alle Prüfungen der Seele und des Leibes besinnen, die uns die Göttin hernach auferlegen mochte.

EINE SENECANISCHE PRAEMEDITATIO:

»Der Weise [verläßt] täglich sein Haus mit dem Gedanken ...«:
»Nichts gibt das Schicksal zu festem Besitz.«
»Weder der Einzelne noch der Staat hat einen festen Halt. Menschen wie ganze Gemeinden verfallen der Macht des Schicksals.«
»Was eine lange Reihe von Geschlechtern unter mancherlei Anstrengungen, doch von der Huld der Götter begünstigt, aufgerichtet hat, das läßt ein einziger Tag in alle Winde verfliegen. Lange Frist gewährt dem heraneilenden Unglück der, der von einem Tage spricht; eine Stunde aber schon, ja ein Augenblick genügt, um große Reiche zu zerstören.«
»Wie oft sind Städte Asiens, wie oft Städte Achajas durch ein einziges Erdbeben zertrümmert worden. Wie viele Städte Syriens und Mazedoniens sind versunken, wie oft ist Cypern von diesem Unglück heimgesucht worden?«
»Alles Menschenwerk ist zur Vergänglichkeit verurteilt, wir leben inmitten einer Umgebung, der keine Dauer beschieden ist.«
»Sterblich bist du geboren, Sterbliche hast du geboren.«
»Sei auf alles gefaßt und innerlich vorbereitet.«

10. Dasselbe hätte natürlich auch anders ausgedrückt werden können. Philosophisch nüchterner könnte man formulieren, dass das Handeln des Subjekts nur einer der kausalen Faktoren ist, welche die Geschehnisse in seinem Leben determinieren. Seneca hingegen gab immer wieder der Hyperbel den Vorzug:

»So oft einer neben dir oder hinter dir niedergefallen ist, rufe aus: ›Du täuschst mich nicht, o Schicksal, du wirst mich nicht unvorbereitet und unachtsam überraschen. Ich weiß, was du vorhast: einen anderen zwar hast du getroffen, aber mich hast du gemeint.«

(Das Original endet mit einer letzten, noch emphatischeren Alliteration:

»Quotiens aliquis ad latus aut pone tergum ceciderit, exclama: ›Non decipies me, fortuna, nec securum aut neglegentem opprimes. Scio quid pares; alium quidem percussisti, sed me petisti.‹«)

11. Wenn die meisten Philosophen es nicht für nötig befinden, so zu schreiben, dann deshalb, weil sie darauf vertrauen, dass der Stil für ein dem Leser vorgetragenes Argument unerheblich ist, solange dieses nur logisch ist. Seneca hatte eine gänzlich andere Vorstellung vom Denken. Argumente gleichen Aalen: Auch wenn sie logisch sind, bekommt das schwache Denken sie erst zu fassen, wenn Bildhaftigkeit und Stil ihnen Haftung verschaffen. Wir brauchen Metaphern, damit wir aus dem, was nicht gesehen oder berührt werden kann, einen Sinn ableiten können, sonst wird es vergessen.

Fortuna hatte ihre Wurzeln zwar nicht in der Philosophie, sondern in der Religion, doch ihr Bild war vorzüglich geeignet, uns ständig vor Augen zu führen, dass wir dem Zufall unterworfen sind, vereinte es in sich doch eine ganze Reihe von Bedrohungen unserer Sicherheit in einem grausig anthropomorphen Feind.

Ungerechtigkeitsempfinden

Ein Gefühl, dass die Grundsätze der Gerechtigkeit verletzt wurden, Grundsätze, die bestimmen, dass wir für ehrenhaftes Handeln belohnt, für unehrenhaftes jedoch bestraft werden – ein Gerechtigkeitsgefühl, das Kindern schon in frühester Erziehung vermittelt wird und das in den meisten religiösen Texten zum Ausdruck kommt, zum Beispiel im Psalter, an dessen Beginn es heißt, der Gottlose ist »wie ein Baum, gepflanzt an den Wasserbächen, der seine Frucht bringt zu seiner Zeit … Und was er macht, das gerät wohl. Aber so sind die Gottlosen nicht, sondern wie Spreu, die der Wind verstreut.«

Gutes tun ➔ Belohnung
Böses tun ➔ Bestrafung

Tut man das Rechte und gerät trotzdem ins Unglück, so ist man bestürzt und unfähig, das Geschehene als Teil einer gerechten Ordnung zu begreifen. Die Welt erscheint einem absurd. Man schwankt zwischen dem Zweifel, ob man letztlich vielleicht doch böse war und dafür nun bestraft wird, und der Gewissheit, dass dies wirklich nicht zutrifft und man daher einem katastrophalen Versagen bei der Herstellung von Gerechtigkeit zum Opfer gefallen sein muß. Schon in der Klage, etwas sei nicht mit rechten Dingen zugegangen, klingt der perennierende Glaube an, dass die Welt ihrem Wesen nach gerecht sei.

1. Gerechtigkeit war eine Ideologie, die Marcia nicht geholfen hatte.

2. Sie nötigte Marcia zu permanentem Hin und Her zwischen dem lähmenden Gefühl, ihr Sohn Metilius sei ihr wegen ihrer Schlechtigkeit genommen worden, und heftiger Empörung über die Welt, weil Metilius gestorben

war, obwohl sie, seine Mutter, doch im Wesentlichen immer gut gewesen war.

3. Unser Schicksal lässt sich jedoch nicht immer unter Verweis auf unseren moralischen Wert erklären; auf uns kann ein Fluch oder ein Segen liegen, ohne dass dies auf Gerechtigkeit beruht. Nicht alles, was uns *zustößt*, geschieht aufgrund unserer *Eigenart*.

Metilius war nicht gestorben, weil seine Mutter böse war, und auch die Welt war nicht ungerecht, weil seine Mutter gut und er trotzdem gestorben war. Sein Tod war, wie Seneca es sah, Fortunas Werk, und die Göttin fällte ihren Richterspruch nicht nach moralischen Kriterien. Sie beurteilte ihre Opfer nicht wie der Gott der Psalmen und erteilte Lohn nicht nach Verdienst. Sie fügte Leid zu mit der moralischen Blindheit eines Orkans.

4. Seneca kannte von sich selbst den immer wieder sich regenden Drang, Ungemach darauf zurückzuführen, dass eine gerechte Ordnung aus den Fugen geraten war. Bei der Thronbesteigung des Claudius zu Beginn des Jahres 41 wurde er zum lebenden Pfand in einem Plan der Kai-

serin Messalina, die sich Julia Livillas, der Schwester des Claudius, entledigen wollte. Die Kaiserin beschuldigte Julia eines ehebrecherischen Verhältnisses und benannte Seneca fälschlich als ihren Liebhaber. Im Nu war er um alles – Familie, Geld, Freunde, Ansehen und politische Karriere – gebracht und auf die Insel Korsika, eines der trostlosesten Gebiete im riesigen römischen Reich, ins Exil verbannt.

Er hätte Zeiten durchgemacht, in denen Selbstvorwürfe mit Gefühlen der Bitterkeit abwechselten. Er hätte sich dafür gescholten, dass er die politische Konstellation in Bezug auf Messalina falsch eingeschätzt hatte, und Abscheu davor empfunden, wie Claudius ihm seine Treue und seine Talente gelohnt hatte.

Beide Stimmungen erwuchsen aus der Vorstellung von einem moralischen Universum, in dem äußere Umstände innere Eigenschaften widerspiegelten. Es verschaffte ihm Erleichterung von diesem Modell der Bestrafung, sich auf Fortuna zu besinnen:

»Über den Ausgang entscheidet das Schicksal, dem ich keine Stimme über mich einräume.«

Senecas politischer Sturz brauchte nicht als Vergeltung für Sünden gedeutet zu werden; er war keine rationale Strafe, von einer Vorsehung, der nichts entging, nach Würdigung aller Beweise in einem Gerichtssaal verhängt; er war ein zwar grausames, aber moralisch bedeutungsloses Nebenprodukt der Machenschaften einer intriganten Kaiserin. Seneca war also nicht per se ein schändlicher Mensch, hatte aber auch als kaiserlicher Beamter, der er gewesen war, nicht automatisch ob seines Ranges Anerkennung verdient.

Fortunas Walten, ob nun wohlwollender oder diabolischer Natur, führte ein Element des Zufalls ins menschliche Schicksal ein.

Besorgnis

*Zustand der Erregung über eine ungewisse Situation, die sich,
wünscht man, zum Guten, oder, fürchtet man, zum Schlechten
wenden kann. Der sich in diesem Zustand Befindliche vermag in
der Regel aus Betätigungen, die als angenehm gelten, seien sie kultureller, sexueller oder gesellschaftlicher Natur, keine Freude mehr
zu schöpfen.*

*Noch in der herrlichsten Umgebung nimmt der Besorgte nichts als
den drohenden eigenen Untergang wahr und zieht es womöglich
sogar vor, allein in einem Zimmer zu bleiben.*

1. Die übliche Form der Tröstung ist gutes Zureden. Man
   erklärt dem Besorgten, dass seine Befürchtungen übertrieben sind und dass die Dinge gewiss die gewünschte
   Wendung nehmen werden.

2. Gutes Zureden kann aber ein sehr grausames Mittel
   gegen Besorgnis sein. Aufgrund unserer rosigen Vorhersagen ist der Besorgte auf das Schlimmste nicht vorbereitet, zudem wird durch sie unabsichtlich unterstellt, dass
   es eine Katastrophe wäre, träte das Schlimmste wirklich
   ein. Seneca fordert Klügeres von uns, nämlich zu bedenken, dass Schlimmes durchaus geschehen kann, fügt
   jedoch hinzu, kaum aber wohl so Schlimmes, wie wir
   befürchten.

3. Im Februar 63 erfuhr Senecas Freund Lucilius, ein auf Sizilien tätiger Staatsbeamter, von einer Klage gegen ihn, die das Aus für seine Karriere bedeutet und seinen Namen für immer besudelt hätte. Er schrieb an Seneca.

»Du denkst dir, ich werde dir raten«, erwiderte der Philosoph, »die Sache auch schon deinerseits mit günstigerem Auge zu betrachten und dich freundlicher Hoffnung zu getrösten … ich aber will dich auf einem anderen Wege zur Gemütsruhe führen« –

was auf folgenden Rat hinauslief:

»Wenn du aller Bekümmernis ledig werden willst, so stelle dir vor, daß alles, dessen Eintreten du befürchtest, auch unbedingt eintreten wird.«

Seneca setzte also darauf, dass wir bei vernünftiger Betrachtung dessen, was geschieht, wenn unsere Hoffnungen sich nicht erfüllen, mit ziemlicher Sicherheit feststellen werden, dass die damit verbundenen Probleme kleiner sind als die von ihnen erzeugten Ängste. Lucilius hatte zwar Grund zur Traurigkeit, nicht aber zur Hysterie:

»Stelle dir vor, du würdest verurteilt: was kann dir Härteres zustoßen als daß du in die Verbannung geschickt oder in den Kerker geworfen wirst? Was hätte einer noch Schlimmeres zu befürchten? ›Ich soll arm werden?‹ Dann werde ich die Mehrzahl zu meinen Genossen haben. ›Ich soll verbannt werden?‹ Ich werde den Ort meiner Verbannung als meine Heimat betrachten. ›Ich soll mich in Ketten legen lassen?‹ Was hat es damit auf sich? Bin ich denn jetzt frei?«

Gefängnis und Exil waren schrecklich, aber – der Dreh- und Angelpunkt des Arguments – nicht so schrecklich, wie der verzweifelte Lucilius vor genauer Prüfung seiner Angst befürchtet hatte.

4. Daraus folgt, dass man Wohlhabenden, die den Verlust ihres Vermögens fürchten, niemals versichern sollte, ihr

Ruin sei unwahrscheinlich. Sie sollten vielmehr ein paar
Tage in einem zugigen Raum hinbringen, als Speise
nichts als dünne Suppe und trocken Brot. Seneca hatte
den Rat von einem seiner Lieblingsphilosophen über-
nommen:

»Epikur, dieser Lehrer der Lust, hatte bestimmte Tage, an
denen er seinen Hunger kärglich stillte. Er wollte damit erkun-
den, ob ihm zur vollen und höchsten Lust noch etwas fehle,
oder wieviel noch fehle, und ob dies letztere es wert sei, daß
man es mit großer Mühe ausgleiche.«

Wohlhabende würden, versprach Seneca, schon bald eine
wichtige Einsicht gewinnen:

»Das also ist es, wovor einem bange war? [das Feldbett, der kurze Mantel, das harte und grobe Brot]? ... halte das drei bis vier
Tage aus, zuweilen auch noch länger ... Dann ... wirst du ...
begreifen, daß man des Schicksals Gunst nicht nötig hat, um
der Sorgen ledig zu sein.«

5. Viele Römer fanden es verblüffend, ja sogar lachhaft, als
sie entdeckten, dass der Philosoph, der solchen Rat gab,
selber in beträchtlichem Luxus lebte. Zu Beginn seines
fünften Lebensjahrzehnts hatte Seneca durch seine politische Tätigkeit so viel Geld angehäuft, dass er Villen und
Ländereien erwerben konnte. Er speiste gut und ent-
wickelte einen Hang zu kostspieligen Möbeln, besonders
zu Tischen aus Zitrushölzern und mit Füßen aus Elfen-
bein.

Gegen Andeutungen, sein Verhalten habe etwas Un-
philosophisches, verwahrte er sich:

»Laß ... ab davon, den Philosophen das Geld zu verbieten.
Niemand hat die Weisheit zur Armut verdammt.«

Und bemerkte mit ergreifendem Pragmatismus:

»Das ganze Reich des Schicksals ist in meinen Augen nichtig;
aber, habe ich die Wahl, so entscheide ich mich für das Günsti-
gere.«

6. Das war nicht geheuchelt. Der Stoizismus propagiert nicht die Armut – er propagiert, dass wir sie weder fürchten noch verachten. Er betrachtet den Reichtum, technisch ausgedrückt, als *productum*, als etwas, das man vorzieht – nichts Entscheidendes, aber auch kein Verbrechen. Stoiker mögen mit so vielen Geschenken Fortunas leben wie die Törichten. Ihre Häuser dürfen genauso großartig sein, ihre Möbel genauso schön. Nur ein Detail entscheidet darüber, ob der Wohlhabende auch klug ist: seine Reaktion auf plötzlich hereinbrechende Armut. Er würde Haus und Dienerschaft ohne Wut oder Verzweiflung aufgeben.

7. Die Vorstellung, dass ein Kluger imstande sein sollte, auf *alle* Gaben Fortunas gelassen zu verzichten, war die extreme, eigenartigste Forderung des Stoizismus und beruhte darauf, dass Fortuna uns nicht nur Häuser und Geld gewährt, sondern auch unsere Freunde, unsere Familien, ja sogar unsere Leiber:

»Der Weise … kann nichts verlieren; er hat alles sicher in sich geborgen.«

»Der Weise ist sich selbst genug … Hat ihn Krankheit oder der Feind um eine Hand gebracht, hat er durch einen Unfall ein Auge verloren, so nimmt er doch vorlieb mit dem, was ihm übrig geblieben.«

Das klingt absurd, es sei denn, wir schärfen unsere Vorstellung dessen, was Seneca mit »vorlieb nehmen« meinte. Selbstverständlich freuen wir uns nicht darüber, wenn wir ein Auge verlieren, aber selbst wenn dies einträte, wäre Leben weiter möglich. Die richtige Anzahl von Augen und Händen ist ein *productum*. Zwei Beispiele für diese Position:

»Der Weise wird sich nicht verächtlich vorkommen, auch wenn er noch so klein von Natur ist; gleichwohl würde er es gern sehen, wenn er hohen Wuchses wäre.«

»Der Weise wünscht zwar nicht ohne Freund zu sein, aber vermag es doch. Darin besteht seine Selbstgenügsamkeit.«

8. Senecas Weisheit war alles andere als bloße Theorie. Nach Korsika verbannt, fand er sich unvermittelt aller Luxusgüter beraubt. Die Insel war seit 238 v. Chr. in römischem Besitz, hatte jedoch von den Annehmlichkeiten der Zivilisation nicht profitiert. Die wenigen Römer auf der Insel siedelten nur selten außerhalb der Kolonien Aleria und Mariana, beide an der Ostküste gelegen, und es ist nicht anzunehmen, dass Seneca hier wohnen durfte, denn er klagte darüber, um sich herum nur »barbarische Sprache« zu hören. Gemeinhin wird angenommen, dass er sein Exil in einem düsteren, an der Nordspitze der Insel nahe Luris befindlichen Gebäude zubrachte, das seit der Antike als »Senecaturm« bekannt ist.

Senecas dortige Lebensumstände müssen sich deutlich von denen in Rom unterschieden haben. In einem Brief an seine Mutter teilte der ehemals wohlhabende Diplomat aber mit, dass es ihm dank morgendlicher *praemeditatio* und Zeiten mit dünner Suppe gelungen sei, sich an die Umstände anzupassen:

»Niemals habe ich dem Schicksal getraut, auch wenn es Frieden zu halten schien; allem, was es mir mit freundlichster Güte spendete, Geld, Ehrenstellen, Einfluß, habe ich einen Platz angewiesen, von dem es mir durch seine Hand wieder genommen werden konnte, ohne daß ich dadurch im geringsten beunruhigt wurde. Ich ließ einen großen Zwischenraum zwischen diesen Geschenken und mir; so hat es mir dieselben zwar weggenommen, aber nicht gewaltsam von mir losgerissen.«

Das Empfinden, verhöhnt zu werden durch

a) unbelebte Gegenstände

Das Gefühl, die eigenen Absichten würden durch einen vom Tisch fallenden Stift oder durch eine Schublade, die sich nicht öffnen lassen will, mit Fleiß vereitelt. Die durch einen unbelebten Gegenstand ausgelöste Frustration wird noch verstärkt durch das Gefühl, dass der Gegenstand einen verachtet. Er handelt auf frustrierende Weise, um zu demonstrieren, dass ihm an unserer Intelligenz oder an der Stellung, die wir innehaben, und zwar auch nach Meinung anderer zu Recht, nichts liegt.

b) belebte Dinge

Ein nicht minder heftiger Schmerz, ausgelöst durch den Eindruck, andere machten sich insgeheim über unseren Charakter lustig.

Nach der Ankunft in einem Hotel in Schweden werde ich von einem Angestellten, der sich erbötig macht, mein Gepäck zu tragen, zu meinem Zimmer begleitet. »Für einen Mann wie Sie ist das doch viel zu schwer«, sagt er lächelnd und betont das »Mann«, um das genaue Gegenteil davon anzudeuten. Er hat nordisch blondes Haar (vielleicht ein Skifahrer, ein Elchjäger; in früheren Jahrhunderten ein Krieger) und wirkt entschlossen. »Das Zimmer wird Monsieur gefallen«, sagt er. Es ist unklar, warum er mich »Monsieur« nennt, weiß er doch, dass ich aus London komme, und das verwendete Futur schmeckt nach einer Anweisung. Vollends unverständlich und zum starken Indiz für eine Verschwörung wird die Bemerkung, als sich herausstellt, dass man in dem Zimmer den Verkehrslärm deutlich hört, dass die Dusche nicht funktioniert und der Fernseher kaputt ist.

Bei ansonsten schüchternen, zurückhaltenden Menschen kann das Gefühl, insgeheim zum Besten gehalten zu werden, derart hoch- und schließlich überkochen, dass sie urplötzlich zu brüllen anfangen oder zur Grausamkeit – sogar zum Mord – fähig sind.

1. Wenn wir verletzt sind, unterstellen wir dem, das uns verletzte, nur zu gern eine *Absicht*. Es ist verlockend, von einem Satz, dessen Prädikate durch »und« verbunden sind, zu einem Satz fortzuschreiten, dessen Prädikate ein »um zu« verbindet, in Gedanken also von: »Der Stift fiel vom Tisch, *und* nun bin ich verärgert« fortzuschreiten zu: »Der Stift fiel vom Tisch, *um* mich zu ärgern.«

2. Seneca trug Beispiele für solche Gefühle des Verfolgtwerdens durch unbelebte Gegenstände zusammen. Eines lieferten Herodots »*Histories Apodexis*«. Kyros, der König von Persien und Begründer des persischen Großreiches, besaß ein edles weißes Pferd, auf dem er immer in die Schlacht ritt. Im Frühjahr 539 v. Chr. erklärte König Kyros den Assyrern den Krieg in der Hoffnung, sein Territorium erweitern zu können, und setzte eine große Armee in Richtung Babylon, die assyrische Hauptstadt am Ufer des Euphrat, in Bewegung. Die vorrückende Armee kam gut voran, bis sie den Fluss Gyndes erreichte, der, von den Bergen kommend, in den Tigris mündete. Der Gyndes war bekanntermaßen selbst im Sommer tückisch und zu dieser Jahreszeit braun und schäumend, vom Winterregen angeschwollen. Die Generäle des Königs rieten zum Warten, Kyros aber gab unverzagt den Befehl, sogleich überzusetzen. Als jedoch die Boote bereitgemacht wurden, entlief unbemerkt das Pferd des Kyros und versuchte den Fluss zu durchschwimmen. Das Tier wurde von der Strömung erfasst, umgerissen und stromabwärts in den Tod getrieben.

   Kyros war fuchsteufelswild. Der Fluss hatte es gewagt, ihm sein geheiligtes weißes Pferd zu nehmen, das Pferd des Kriegers, der Krösus in den Staub gezwungen und den Griechen Angst und Schrecken eingejagt hatte. Kyros tobte und fluchte und beschloss auf dem Höhepunkt seiner Raserei, dem Gyndes seine Dreistigkeit

heimzuzahlen. Er schwor, den Fluss zu bestrafen, indem
er ihn so schwächte, dass ihn künftig sogar eine Frau
durchschreiten konnte, ohne dass ihr mehr als die Knie
nass wurden.

Kyros stellte die Pläne zur Ausdehnung seines Reiches
zurück, teilte das Heer in zwei Abteilungen, bezeichnete
je 180 kleine Kanäle, die von beiden Flussufern in verschiedene Richtungen abzweigten, und befahl seinen
Männern zu graben, was sie einen ganzen Sommer hindurch taten, ihre Moral gebrochen, alle Hoffnung auf
eine schnelle Unterwerfung der Assyrer erloschen. Und
als sie die Arbeit beendet hatten, war der einst schnelle
Gyndes in 360 Kanäle aufgeteilt, durch die das Wasser so
gemächlich rann, dass die erstaunten Frauen der Gegend
tatsächlich durch den dahinrieselnden Strom waten
konnten, ohne die Röcke heben zu müssen. Sodann
befahl der König von Persien, dessen Zorn gestillt war,
seiner erschöpften Armee, den Marsch nach Babylon
fortzusetzen.

3. Seneca sammelte ähnliche Beispiele für das Gefühl, durch
andere Menschen verfolgt zu werden. Eines betraf den
Statthalter Roms in Syrien, Gnäus Piso, einen tapferen
General, aber unglücklichen Menschen. Als ein Soldat
von einem Urlaub ohne den Freund zurückkehrte, mit
dem er aufgebrochen war, und behauptete, nicht zu wissen, wohin dieser gegangen sei, zieh Piso den Soldaten
der Lüge: Der Mann habe seinen Freund getötet und
müsse dafür mit dem Leben bezahlen.

Der Verurteilte schwor, er habe niemanden ermordet,
und erflehte Aufschub, um eine Untersuchung anzustel-
len, Piso aber wusste es besser und ließ den Soldaten
unverzüglich zur Richtstätte führen.

Als der verantwortliche Zenturio Anstalten traf, dem
Mann den Kopf abzuschlagen, traf der vermisste Gefährte

am Tor des Lagers ein. Die Soldaten spendeten spontan Beifall, und der erleichterte Zenturio sagte die Hinrichtung ab.

Piso nahm die Nachricht weniger gut auf. Als er den Jubel hörte, meinte er, sie verhöhnten ihn wegen seines Urteils. Er lief rot an und wurde zornig, so zornig, dass er die Wachen herbeirief und befahl, beide Männer hinzurichten, den Soldaten, der keinen Mord begangen hatte, und den, der nicht ermordet worden war. Und da Pisos Paranoia zu diesem Zeitpunkt bereits weit fortgeschritten war, schickte er obendrein noch seinen Zenturio in den Tod.

4. Der Statthalter von Syrien hatte den Beifall seiner Soldaten prompt als Wunsch gedeutet, seine Autorität zu untergraben und sein Urteil anzuzweifeln. Kyros hatte im Anschlag des Flusses auf sein Pferd prompt einen Mord erkannt.

Seneca hatte eine Erklärung für solche Fehleinschätzungen. Sie ergaben sich aus der »kleinlichen Sinnesart« von Männern wie Kyros oder Piso. Hinter ihrer vorschnellen Annahme, man habe sie kränken wollen, lauerte die Furcht, Hohn zu verdienen. Wenn wir wähnen, zu Recht Zielscheibe von Spott zu sein, so fehlt nicht mehr viel und wir glauben auch, dass etwas oder jemand es darauf abgesehen hat, uns zu kränken:

»Dieser Herr hat mich heute nicht vorgelassen, während er die Besuche anderer annahm‹, oder: ›Er hat meine Worte entweder mit Nichtachtung gestraft oder sich vor allen Leuten darüber lustig gemacht‹, oder: ›Er hat mir nicht den Platz in der Mitte, sondern den untersten Platz angewiesen.‹«

Es können ganz harmlose Gründe sein. Er hat mich heute nicht empfangen, weil er mich lieber in der folgenden Woche sehen wollte. Es sah so aus, als lache er über mich, aber in Wahrheit war es ein Gesichtszucken. Solche

Erklärungen kommen uns nicht zuerst in den Sinn, wenn wir von kleinlicher Sinnesart sind.

5. Wir sollten uns also darum bemühen, unsere ersten Eindrücke im Zaum zu halten, und nicht prompt nach dem handeln, was sie uns eingeben. Wir sollten uns fragen, ob einer, der einen Brief nicht beantwortet hat, *unbedingt* darauf aus war, uns zu ärgern, oder ob die fehlenden Schlüssel *unbedingt* gestohlen sein müssen:

»[Der Weise] legt nicht alles zum Schlechten aus.«

6. Den Grund, weshalb er darauf verzichten kann, berührte Seneca indirekt in eincm Brief an Lucilius, und zwar an einem Tag, als er auf einen bestimmten Satz in den Werken des Philosophen Hekaton gestoßen war:

»[Ich will] dir mitteilen, was ich heute zu meiner Freude bei Lektüre des Hekaton fand. ›Du fragst‹, sagt er, ›was ich gewonnen habe? Ich habe begonnen, mein Freund zu sein.‹ Er hat viel gewonnen: er wird niemals allein sein. Wisse, alle haben an ihm einen Freund.«

7. Wie es um unsere Kleinlichkeit und unsere Freundlichkeit gegen uns selbst bestellt ist, läßt sich ganz einfach ermitteln: durch eine Prüfung nämlich, wie gut wir mit Lärm fertig werden. Seneca wohnte in direkter Nachbarschaft eines *gymnasiums*. Die Wände waren dünn, und der Krach nahm kein Ende. Seneca schilderte Lucilius das Problem:

»Stelle dir das bunte Stimmengewirr vor, das einen dazu bringen könnte, die eigenen Ohren zu verfluchen. Wenn Leute kräftigeren Schlages ihre Übungen anstellen und ihre mit Blei beschwerten Hände nach allen Richtungen hin in Bewegung setzen, wenn sie sich anstrengen, sei es wirklich oder bloß dem Anschein nach, dann vernehme ich allerhand Stöhnen, und wenn sie den angehaltenen Atem wieder von sich geben, mancherlei Zischen unter schwerem Aufatmen. Gerate ich in die Nähe eines energielosen Menschen von der Sorte derjenigen, die sich auf die übliche Einsalberei beschränken, dann vernehme ich das Klatschen der auf die Schultern aufprallenden Hände ... Dazu noch all das Gezänk, der Lärm bei der Ergreifung eines Diebes und die Stimmproben der gesangessüchtigen Badenden ... [den] dienstbeflissenen Haarzupfer, der, um sich nach Möglichkeit bemerkbar zu machen, immer wieder seine dünne und schrille Stimme vernehmen läßt ... Dazu nimm nun noch das Stimmengewirr der Kuchenbäcker, der Wursthändler, der Süßigkeitskrämer und aller der im Dienste der Garküchen stehenden Krämer, die alle ihre Ware, ein jeder in seiner besonderen Tonart, feilbieten.«

8. Wer gegen sich selbst nicht freundlich ist, kann sich auch kaum vorstellen, dass der Kuchenbäcker schreit, um *Kuchen zu verkaufen.* Der Bauarbeiter im Erdgeschoss eines Hotels in Rom (1) mag ja so tun, als wolle er eine Mauer ausbessern, in Wahrheit hat er es jedoch darauf abgesehen, den Mann zu ärgern, der in einem Zimmer weiter oben (2) ein Buch lesen will.

Kleinliche Deutung: Der Bauarbeiter hämmert, *um* mich zu verärgern.

Freundliche Deutung: Der Bauarbeiter hämmert, *und* ich bin verärgert.

9. Um in lauten Straßen wieder zur Ruhe zu kommen, sollten wir davon ausgehen, dass die Lärmenden nichts von uns wissen. Wir sollten eine schützende Barriere zwischen dem Lärm draußen und dem Empfinden, dass wir Strafe verdienen, aufrichten. Wir sollten die Beweggründe anderer in Situationen, wo dies fehl am Platze ist, nicht mit pessimistischen Deutungen befrachten. Lärm wird dann zwar weiter unerfreulich sein, aber er wird uns nicht mehr in Rage versetzen.

»Mag immerhin draußen alles von Lärm erfüllt sein: wenn nur im Innern kein Aufruhr tobt.«

3

Natürlich hätte der Mensch nur selten Großes erreicht, wenn wir alle Frustrationen hinnähmen, treibt doch die Frage »Muss es so sein?« unseren Erfindungsgeist an. Hieraus erwachsen die politischen Reformen, wissenschaftlichen Neuerungen, verbesserten Beziehungen, besseren Bücher. Die Römer mochten Frustrationen nirgends hinnehmen. Sie verabscheuten die winterliche Kälte und ersannen so die Fußbodenheizung. Sie gingen nicht gern auf schlammigen Straßen, also pflasterten sie sie. Mitte des 1. Jahrhunderts v. Chr. verlangte es die römischen Bewohner von Nîmes in der Provence nach mehr Wasser, als die Natur ihnen zugebilligt hatte, und so gaben sie hundert Millionen Sesterzen für den Bau eines außergewöhnlichen Symbols menschlichen Widerstands gegen den Status quo aus. Nördlich von Nîmes, in der Nähe von Uzès, entdeckten römische Bau-

meister eine Wasserquelle, stark genug, die Bäder und Springbrunnen ihrer Stadt zu speisen. Sie entwarfen Pläne, um das Wasser mittels Aquädukten und unterirdischen Röhren 80 Kilometer weit durch Gebirge und Täler zu leiten. Als die Baumeister an die höhlenartige Schlucht des Gard stießen, verzweifelten sie an dem natürlichen Hindernis nicht, sondern errichteten einen gewaltigen dreistöckigen Aquädukt, 360 Meter lang und 48 Meter hoch, über den pro Tag 35 000 Kubikmeter Wasser geleitet werden konnten – und die Bewohner von Nîmes brauchten nie die Enttäuschung einer nur flach gefüllten Wanne zu erleben.

Leider lassen sich die geistigen Kräfte, die so beharrlich nach Alternativen suchen, nur schwer dingfest machen. Sie spielen unaufhörlich weiter Szenarien des Wandels und des Fortschritts durch, auch wenn keine Hoffnung besteht, die Realität zu verändern. Die Energie, die nötig ist, uns zum Handeln zu treiben, gewinnen wir aus dem Unbehagen – aus Angst, Schmerz, Empörung, Kränkung – an einer Realität, die nicht so ist, wie wir sie uns wünschen. Solche Wahrnehmungsschocks sind allerdings umsonst, wenn wir anschließend keine Verbesserung zustande bringen, wenn wir zwar die Seelenruhe verlieren, Flüsse aber nicht umzulenken vermögen. Aus diesem Grunde besteht für Seneca Weisheit im rechten Erkennen, wo wir frei sind, die Wirklichkeit entsprechend unseren Wünschen umzugestalten, und wo wir das Unabänderliche mit Gleichmut hinnehmen müssen.

Unsere Lage als Wesen, die zuweilen Veränderung herbeiführen können und dabei doch immer äußeren Notwendigkeiten unterworfen sind, veranschaulichten die Stoiker noch mit einem zweiten Bild. Wir sind wie Hunde, die an einen Karren gespannt sind und nicht wissen, wohin er fährt. Unsere Leine ist lang genug, uns ein wenig Spielraum zu geben, aber nicht so lang, dass wir gehen könnten, wohin es uns beliebt.

Formuliert worden war das Gleichnis von den stoischen Philosophen Zenon und Chrysippos; überliefert wurde es von dem römischen Bischof Hippolytos:

> »Wird ein Hund an einen Karren gespannt, mit dem er mit will, so wird der Hund gezogen *und* folgt – sein spontanes Tun fällt zusammen mit der Notwendigkeit. Will der Hund aber nicht mit, so wird er allemal genötigt. Nicht anders ist es beim Menschen: Auch wenn er nicht will, ist er genötigt, dem zu folgen, was bestimmt ist.«

Ein Hund hofft naturgemäß, gehen zu können, wohin er will. Kann er das aber nicht, wie das Gleichnis von Zenon und Chrysippos zeigt, ist es für das Tier allemal besser, hinter dem Wagen herzutrotten, als mit zugeschnürtem Hals hinter ihm hergezerrt zu werden. Der Hund wird zwar instinktiv versuchen, sich gegen den plötzlichen Zug des Wagens in die ungeliebte Richtung zu sträuben, doch wird sein Kummer durch seinen Widerstand nur vergrößert.

In Senecas Worten:

> »So zieht das Wild die Schlingen durch sein Schütteln nur um so straffer an … Kein Joch ist so eng anschließend, daß es nicht den Ziehenden weniger verletzte als sein Widerstreben; es gibt nur ein Erleichterungsmittel gegen den Druck schwersten Unglücks: Geduld und Fügsamkeit in das Unvermeidliche.«

Die Heftigkeit unseres Sträubens gegen Dinge, die sich
nicht unseren Absichten gemäß entwickeln, wird gemildert,
wenn wir bedenken, dass auch wir niemals ohne Halsband
durchs Leben gehen. Der Weise wird das Notwendige
erkennen und ihm sofort folgen, anstatt seine Kräfte im Protest zu verschleißen. Erhält ein Weiser die Kunde, sein Kof-
fer sei auf dem Transportweg abhanden gekommen, wird er
sich binnen Sekunden mit der Tatsache abfinden. Seneca
berichtet, wie der Begründer des Stoizismus den Verlust seiner Besitztümer aufnahm:

> »Als unser Zeno die Nachricht von einem Schiffbruch erhielt,
> durch den all sein Hab und Gut untergegangen war, ließ er sich
> so vernehmen: ›Das Schicksal will mir freiere Bahn zum Philoso-
> phieren geben.‹«

Diese Aufforderung, sich mit Enttäuschungen abzufinden,
die überwindbar gewesen wären, mag wie ein Rezept für
Passivität und Stillhalten klingen. Nimmt sie uns nicht den
Mut, wenigstens einen kleinen Aquädukt wie den in Bornè-
gre, in einem Tal wenige Kilometer nördlich des Pont du
Gard, bescheidene 17 Meter lang und 4 Meter hoch, zu
errichten?

Senecas Argument ist jedoch diffiziler. Es ist nicht unver-
nünftiger, etwas Notwendiges als solches hinzunehmen,
wenn es nicht notwendig ist, als gegen etwas zu rebellieren,
was wirklich notwendig ist. Dadurch, dass wir Unnötiges
hinnehmen und Mögliches leugnen, können wir genauso
leicht in die Irre gehen wie dadurch, dass wir Notwendiges
leugnen und Unmögliches ersehnen. Es ist Sache der Vernunft, die Unterscheidung zu treffen.

Wie groß die Ähnlichkeiten zwischen uns und dem Hund
an der Leine auch sein mögen, wir haben einen entscheidenden Vorteil: wir haben Verstand, der Hund nicht. Der

Hund begreift erst gar nicht, dass er sich an der Leine befindet, genauso wenig wie er den Zusammenhang zwischen dem Rucken des Karrens und dem Schmerz an seinem Hals begreift. Die Richtungsänderungen verwirren ihn, er hat Mühe, den Weg zu erkennen, den der Karren einschlagen wird, und erleidet so bei jedem Rucken Schmerz. Uns aber befähigt der Verstand, die Wahrscheinlichkeit des Weges, den unser Karren nehmen wird, genau vorherzusagen. Dadurch haben wir die unter den Lebewesen einmalige Chance, unsere Freiheit zu erhöhen, das heißt, die Leine, mit der wir an die Notwendigkeit geknüpft sind, hübsch locker zu halten. Der Verstand lässt uns erkennen, wann unsere Wünsche sich in unvereinbarem Gegensatz zur Realität befinden, und fordert uns auf, uns dem Notwendigen aus freien Stücken, und eben nicht zornig oder verbittert, unterzuordnen. Und sind wir außerstande, bestimmte Dinge zu ändern, bleiben wir doch frei, eine Einstellung zu ihnen zu wählen. Unsere unverwechselbare Freiheit finden wir in ebendieser spontanen Hinnahme des Notwendigen.

Im Februar 62 wurde Seneca mit einer solchen unveränderlichen Realität konfrontiert. Nero hörte nicht mehr auf seinen ehemaligen Erzieher, er scheute dessen Gesellschaft, unterstützte dessen Verleumdung vor Gericht und setzte einen blutrünstigen Präfekten namens Ofonius Tigellinus ein, der ihm helfen sollte, seinen Gelüsten nach willkürlichem Mord und sexueller Grausamkeit zu frönen. Jungfrauen wurden auf den Straßen Roms entführt und in die Gemächer des Kaisers verschleppt. Die Frauen von Senatoren wurden zur Teilnahme an Orgien gezwungen und mussten mit ansehen, wie ihre Ehemänner vor ihren Augen umgebracht wurden. Nero streifte nächtens, als gewöhnlicher Bürger verkleidet, durch die Stadt und schnitt in Seitengassen Passanten die Kehle durch. Er verliebte sich in einen Knaben, den er sich noch lieber als Mädchen gewünscht hätte und deshalb kastrierte, um darauf mit ihm eine Hochzeitszeremonie nachzuäffen. Unter den Römern kursierte der trockene Witz, ihr Leben würde sich erträglicher gestalten, hätte Neros Vater Demitius eine Frau vom Schlage Neros geehelicht. Seneca wusste um die große Gefahr, in der er sich befand, und wollte den Hof verlassen und sich in seine Villa außerhalb Roms zurückziehen. Zweimal bot er seinen Rücktritt an, zweimal lehnte Nero ab, umarmte ihn fest und schwor, er würde eher sterben als seinem geliebten Lehrer Unheil zufügen. Seine Erfahrung erlaubte es Seneca nicht, diesen Versprechungen Glauben zu schenken.

Er wandte sich der Philosophie zu. Nero entkam er nicht, und was er nicht ändern konnte, hieß die Vernunft ihn hinnehmen. Über Jahre hinweg, stets in unerträglicher Angst lebend, widmete Seneca sich dem Studium der Natur. Er begann ein Buch über die Erde und die Planeten zu schreiben. Er betrachtete den Himmel und die Konstellation der Gestirne, er erforschte das grenzenlose Meer und die Gebirge. Er beobachtete Wetterleuchten und Blitze und stellte Vermutungen über ihre Entstehung an.

> »Wetterleuchten ist weithin verbreitetes Feuer, der Blitz dagegen ein konzentriertes und scharf geschleudertes Feuer. Wir falten doch manchmal beide Hände zusammen, fassen Wasser damit und spritzen es durch Zusammendrücken der beiden Handflächen hoch wie eine Pumpe. Einen ähnlichen Vorgang mußt du dir auch in den Wolken vorstellen: Die engen Öffnungen zwischen zusammengeballten Wolken stoßen Luft zwischen sich aus, entzünden sie gerade dadurch und schießen sie wie ein Geschütz ab.«

Er untersuchte Erdbeben und kam zu dem Schluss, sie entstünden dadurch, dass Luft, die entweichen wolle, in der Erde festgehalten werde, eine Art geologischer Flatulenz:

»Unter die Beweise dafür, daß die Luft Erdbeben verursacht, kann man ohne Zögern auch folgendes rechnen: Wenn ein besonders mächtiges Erdbeben stattfand, das gegen Städte und Länder wütete, kann ihm kein zweites gleiches folgen, sondern auf ein sehr schweres Beben folgen unbedeutende Stöße.«

Dass Senecas Erkenntnisse wissenschaftlich unhaltbar waren, tat nichts zur Sache; wichtiger war, dass ein Mann, dessen Leben jederzeit durch die Laune eines mordlustigen Kaisers ausgelöscht werden konnte, dem Schauspiel der Natur Trost abzugewinnen vermochte – vielleicht weil die Naturgewalten an all das gemahnen, was zu ändern nicht in unserer Macht liegt, an all das, in das wir uns fügen müssen. Gletscher, Vulkane, Erdbeben und Orkane sind beeindruckende Symbole für das, was größer ist als wir. In der Sphäre des Menschen wähnen wir unser Schicksal allezeit ändern zu können und hoffen und sorgen uns entsprechend. Der zeitlose Wellenschlag des Ozeans aber, der Flug der Kometen durch den nächtlichen Himmel führen uns vor Augen, dass es Kräfte gibt, die vollkommen gleichgültig gegen unsere Wünsche sind. Diese Gleichgültigkeit ist nicht auf die Natur beschränkt, können Menschen doch in gleicher Weise blinde Macht über andere ausüben; die Natur aber erteilt uns eine sehr schöne Lektion über die Notwendigkeiten, denen wir unterworfen sind:

»Der Winter bringt Frost: man muß frieren; der Sommer führt uns die Wärme zurück: man muß schwitzen. Die Unbilden der Witterung setzen der Gesundheit zu: man muß sich in das Kranksein fügen. Auch ein wildes Tier wird uns vielleicht der Quere kommen oder ein Mensch, der gefährlicher ist als alle Tiere … Diesen Gang der Dinge können wir nicht ändern … Diesem Gesetz [der Natur] soll unsere Seele sich anpassen, ihm soll sie folgen, ihm gehorchen … Das Beste ist, zu ertragen, was man nicht besser machen kann.«

Seneca begann sein Buch über die Natur unmittelbar nachdem er Nero zum ersten Mal seinen Rücktritt angeboten hatte. Ihm sollten noch drei Jahre Zeit bleiben. Im April 65 dann wurde die Verschwörung des Piso gegen den Kaiser aufgedeckt und ein Zenturio zur Villa des Philosophen gesandt. Seneca war bereit. Mochten auch die kopflose Paulina und ihre Dienerinnen in Tränen ausgebrochen sein – er hatte gelernt, dem Karren gehorsam zu folgen. Er öffnete sich die Pulsadern ohne Protest, hatte er doch schon Marcia beim Verlust ihres Sohnes Metilius ins Gedächtnis gerufen:

> Was hat es für einen Sinn, einzelnes zu beklagen?
> Das ganze Leben ist beklagenswert.

Quid opus est partes deflere?
Tota flebilis vita est.

IV

Trost bei Unvollkommenheit

1

Die Weisheit der griechischen und römischen Klassik, die
jahrhundertelang missachtet, zuzeiten sogar abgelehnt wurde, die verstreut und verbrannt war und in Rudimenten nur
in den Gewölben und Bibliotheken von Klöstern überdau-
ert hatte, gelangte im sechzehnten Jahrhundert wieder zu
Ansehen. Unter den intellektuellen Eliten Europas entstand
Einigkeit darüber, dass die bis dato bedeutendsten Denkleis-
tungen von einer Hand voll von Genies in den Stadtstaaten
Griechenlands und auf der italienischen Halbinsel in der
Zeit zwischen dem Bau des Parthenon und dem Sacco di
Roma erbracht worden waren und dass nichts für die gebil-
deten Stände dringlicher war, als sich mit dem Reichtum
dieser Werke vertraut zu machen. Wichtige Neuausgaben
wurden vorbereitet, darunter die der Werke von Platon,
Lukrez, Seneca, Aristoteles, Catull, Longinus und Cicero,
außerdem fanden Ausgaben mit einer Auswahl aus den
Klassikern – die *Apophthegmata* und *Adages* von Erasmus, die
Sententiae von Stobaios und Antonio de Guevaras *Horologium
Principum* – in ganz Europa Eingang in die Bibliotheken.

Im Südwesten Frankreichs stand auf dem Gipfel eines
bewaldeten Hügels etwa 50 Kilometer östlich von Bordeaux
ein hübsches Schloss aus gelbem Stein mit dunkelrotem
Dach.

Es war das Zuhause eines Edelmanns in mittleren Jahren,
seiner Frau Françoise, seiner Tochter Léonor, ihres Gesindes
und ihrer Tiere (Hühner, Ziegen, Hunde und Pferde).
Michel de Montaignes Großvater hatte das Anwesen im

Jahre 1477 aus den Erträgen des Salzfischhandels gekauft, den die Familie betrieb, Montaignes Vater hatte weitere Flügel angebaut und die Anbauflächen durch Kultivierung vergrößert, und der Sohn verwaltete das Anwesen, seit er 35 war, obwohl er sich kaum für Haushaltsführung interessierte und von der Landwirtschaft so gut wie nichts verstand (*»In meinem Garten vermag ich Kraut- und Salatköpfe nur mit Mühe auseinanderzuhalten«*).

Er verbrachte seine Zeit lieber in einer kreisrunden Bibliothek im zweiten Stock eines Eckturmes: *»Hier verbringe ich die meisten Tage meines Lebens und die meisten Stunden der Tage.«*

Die Bibliothek hatte drei Fenster (»mit großartiger freier Aussicht«, wie Montaigne vermerkt), einen Schreibtisch, einen Stuhl und beherbergte auf fünf im Halbkreis angeordneten Regalen ungefähr eintausend Werke der Philosophie, Geschichte, Dichtung und Religion. Hier las Montaigne die Ansprache des unbeugsamen Sokrates (des »weiseste[n] Mann[es], den es je gab« an die ungeduldigen Richter Athens in einer lateinischen Platon-Ausgabe, übersetzt von Marsilio Ficino; hier belas er sich in Diogenes Laertios' *Leben und Meinungen berühmter Philosophen* und im *De Rerum Natura* des Lukrez, 1563 von Denys Lambin herausgegeben, über Epikurs Vision eines glücklichen Lebens; hier las er immer wieder Seneca, einen der Autoren, »die mir am meisten gefallen«, in einer neuen, 1557 in Basel gedruckten Werkausgabe.

Schon in jungen Jahren war Montaigne an die Klassiker herangeführt worden. Er hatte Latein als erste Sprache gelernt. Mit sieben oder acht hatte er bereits die *Metamorphosen* des Ovid gelesen. Er war noch keine sechzehn, da hatte er sich schon eine Ausgabe des Vergil gekauft und kannte nicht nur die *Äneis* genau, sondern auch Terenz, Plautus und Caesars *Commentarii*. Die Bücher hatten es ihm so angetan, dass er sich nach dreizehnjähriger Tätigkeit aus dem Parlamentsrat von Bordeaux zurückzog, um sich hinfort ganz der Lektüre zu widmen. Bücher waren die Freude seiner Tage:

> »Der Umgang mit Büchern ... tröstet mich im Alter und in der Einsamkeit. Er entlastet mich von der Bürde eines öden Müßiggangs und hält mir zu jeder Stunde unerwünschte Gesellschaft vom Leibe. Er stumpft die stechenden Schmerzen, falls sie nicht zu übermächtig werden. Um einen lästigen Gedanken loszuwerden, brauche ich bloß zu den Büchern zu greifen.«

Die gefüllten Regale, die auf eine grenzenlose Bewunderung geistigen Lebens schließen ließen, erzählten aber nicht die ganze Geschichte. Man musste sich etwas genauer in der

Bibliothek umsehen, sich in die Mitte des Raumes stellen, den Kopf neigen und zur Decke schauen: Mitte der 70er Jahre des 16. Jahrhunderts hatte Montaigne siebenundfünfzig kurze, der Bibel und den Klassikern entnommene Sentenzen an die Holzbalken schreiben lassen, die dann doch auf grundsätzliche Zweifel hinsichtlich des Nutzens menschlicher Denkfähigkeit schließen ließen:

Welcher Mensch besitzt an Glück mehr, als ihm der Wahn verleiht, bis der Wahn verschwindet? – Sophokles

Wenn du einen siehst, der sich weise dünkt, da ist für einen Toren mehr Hoffnung als für ihn. – Sprichwörter

Nichts ist sicher als die Unsicherheit, nichts elender und stolzer als der Mensch. – Plinius

Ein Mensch kann das Tun nicht ergründen, das unter der Sonne geschieht. – Prediger

Die antiken Philosophen hatten geglaubt, unsere Verstandeskräfte gewährten uns ein Glück und eine Größe, die anderen Lebewesen versagt bleiben. Die Vernunft versetze uns in die Lage, unsere Leidenschaften zu zügeln und falsche, vom Instinkt geweckte Vorstellungen zu korrigieren; sie dämpfe das fordernde Ungestüm unserer Leiber und sorge als Gegenkraft zu unseren Gelüsten nach Nahrung und nach Sexualität für Ausgleich. Die Vernunft sei ein erhabenes, beinahe heiliges Werkzeug, das uns Herrschaft über die Welt und über uns selbst ermögliche.

In den *Gesprächen in Tusculum*, von denen sich ein Exemplar
in der runden Bibliothek befand, hatte Cicero den Nutzen
geistiger Arbeit gepriesen. Montaigne merkt an:

> »'Nichts ist so süß wie die Beschäftigung mit den Wissenschaf-
> ten', behauptet Cicero, 'jenen Wissenschaften, sage ich, durch
> welche die Unendlichkeit der Dinge, die grenzenlose Größe
> der Natur, selbst die Himmel dieser Welt, ihre Erdteile und
> Meere uns enthüllt werden; sie sind es, die uns den Glauben,
> die Mäßigung, die Weitherzigkeit gelehrt und unsere Seele der
> Finsternis entrissen haben, um sie alle hohen und niedrigen,
> alle ersten, letzten und mittleren Dinge schauen zu lassen; sie
> sind es, die uns befähigen, rechtschaffen und glücklich zu
> leben, und die uns anleiten, unsere Erdentage ohne Mißver-
> gnügen und Ungemach zu verbringen.'«

Trotz der eintausend Bände in seinem Besitz und trotz der
umfassenden klassischen Bildung, die ihm zuteil geworden
war, versetzte diese dem Geist der Deckenbalken in der
Bibliothek krass widersprechende Lobhudelei Montaigne so
in Zorn, dass er seiner Empörung mit für ihn untypischer
Heftigkeit Ausdruck verlieh:

> »Hört nur, wie dieses arme und unglückselige Geschöpf sich
> in die Brust wirft ... Scheint der gute Mann nicht geradezu
> vom Wesen des all-lebendigen und allmächtigen Gottes zu
> sprechen? In Wirklichkeit aber haben tausend Weiblein auf
> ihrm Dorf ein gleichmäßigeres, friedlicheres und beständigeres
> Leben geführt, als es das seine war.«

Der römische Philosoph hatte verkannt, wie tiefunglücklich
die meisten Gelehrten waren; er hatte in seinem Dünkel die
entsetzlichen Schwierigkeiten ausgeblendet, denen zu begegnen unter allen Lebewesen einzig dem Menschen bestimmt ist – Schwierigkeiten, die uns in dunklen Stunden
vielleicht sogar bedauern lassen, dass wir nicht als Ameisen
oder Schildkröten geboren wurden.

145

Oder als Ziegen. Diese hier sah ich auf einem Bauerngehöft wenige Kilometer von Montaignes Schloss entfernt in dem Dorf Les Gauchers.

Sie hatte die *Gespräche in Tusculum* oder Ciceros *Über die Gesetze* nicht gelesen. Trotzdem sah sie ganz zufrieden aus, als sie ein paar ihr hingeworfene Salatblätter fraß und gelegentlich den Kopf schüttelte wie eine alte Frau, die stumm ihr Missfallen bekundet. Man kann nicht behaupten, dass dies ist ein durchweg freudloses Leben war.

Montaigne seinerseits äußerte sich ebenfalls über die verblüffenden Vorteile, die das Dasein eines Tieres vor denen eines vernunftbegabten Menschen mit großer Bibliothek besaß. Tiere spürten instinktiv, wie sie sich bei Krankheit helfen konnten: Ziegen wussten Dost zwischen tausend anderen Pflanzen ausfindig zu machen, wenn sie verletzt waren, Schildkröten suchten automatisch nach Oreganum, wenn sie von Vipern gebissen wurden, und Störche konnten sich selber einen Salzwassereinlauf verabreichen. Im Gegensatz dazu waren Menschen auf teure, törichte Ärzte angewiesen – in Arzneischränken befanden sich die absurdesten Mittel: »Eidechsenharn, Elefantenkot und Maulwurfsleber, unter dem rechten Flügel einer Taube abgezapftes Blut – und für uns Steinkranke … zerstoßner Rattendreck«.

Tiere erfassten instinktiv auch komplexe Sachverhalte, ohne diese erst umständlich studieren zu müssen. Thunfische sind spontan Experten in Astronomie: »Sie unterbrechen ihre Züge jeweils da, wo die Wintersonnenwende sie überrascht, und bis zur folgenden Tagundnachtgleiche rühren sie sich nicht mehr von der Stelle«, berichtet Montaigne. Sie beherrschten auch die Geometrie und die Arithmetik,

> »denn sie geben ihrem Schwarm stets eine kubische Form ... und als solch würfelartiger Verband, hinten ebenso breit wie vorn, schwimmen sie los, so daß jeder, der sie erblickt und nur eine Reihe zählt, leicht die Zahl des ganzen Schwarms berechnen kann, da ja Tiefe gleich Breite und Breite gleich Höhe ist«.

Den Hunden war Sinn für dialektische Logik wesenseigen. Montaigne erwähnt einen, der, als er seinen Herrn suchte, auf eine sich dreifach gabelnde Straße geriet. Der Hund schaute erst die eine Gabelung hinab, dann die andere und rannte, zu dem Schluss gekommen, sein Herr müsse wohl diese gewählt haben, schließlich die dritte entlang:

> »Wenn der Hund ... diesen rein logischen Gedankengang anhand zerlegter und verbundner Sätze mit einer hinreichenden Anzahl von Gliedern seinem eigenen Wissen verdankt – ist das nicht genausoviel wert, als wenn er es von Georgios Trapezuntios geborgt hätte?«

Tiere behielten auch in der Liebe häufig die Oberhand. Montaigne las voller Neid von einem Elefanten, der sich in eine Blumenverkäuferin aus Alexandria verliebt hatte. Wenn er durch den Markt geführt wurde, wusste der Elefant genau, wie er den faltigen Rüssel durch die Träger ihres Kleids schieben musste, und massierte ihr die Brüste so geschickt, wie es kein Mensch je fertig brächte.

Und noch das bescheidenste Tier auf einem Bauernhof stellte in puncto philosophischen Gleichmuts die klügsten Weisen der Antike in den Schatten – und zwar mühelos. Der griechische Philosoph Pyrrhon war einmal mit einem Schiff unterwegs, als ein heftiger Sturm losbrach. Um ihn herum gerieten die Mitreisenden in Panik vor Angst, die aufrührerischen Wellen könnten ihr leichtes Gefährt zerstören. Ein Passagier indes verlor die Beherrschung nicht und saß weiter still, einen friedlichen Ausdruck auf dem Gesicht, in der Ecke. Es war ein Schwein:

»Wollen wir uns etwa erkühnen zu sagen, der Vorzug des Verstands, von dem wir soviel Aufhebens machen und dessentwegen wir uns für die Herren und Meister aller anderen Geschöpfe halten, sei uns zur Selbstquälerei eingepflanzt worden? Was nützt uns denn alle Kenntnis der Dinge, wenn wir darüber Ruhe und Gelassenheit verliern und sie uns in eine schlechtere Verfassung bringt als Pyrrhons Schwein?«

Ob wir von unserem Verstand etwas haben, das uns zu Dank verpflichtet, ist noch nicht ausgemacht:

»In Wirklichkeit haben wir … den Wankelmut, die Ratlosigkeit und den Zweifel als unser Teil, den Kummer, den Aberglauben und das Bangen um die später (und sei es nach unserm Tod) auf uns zukommenden Dinge, den Ehrgeiz und die Habsucht, den Neid und die Eifersucht, die Neugier und die Niedertracht, die maßlosen, wahnwitzigen und bezähmbaren Begierden, die Lüge, die Untreue und den Krieg. Unseren so großartigen Verstand, dessen wir uns rühmen, und unsere Urteils- und Erkenntnisfähigkeit um den Preis dieser Unzahl von Leiden und Leidenschaften erkauft zu haben, die uns ohne Unterlaß beuteln, heißt doch, daß uns die Sache wahrhaftig allzu teuer zu stehn kommt.«

Hätte er wählen können, so hätte Montaigne zuletzt vielleicht doch nicht dafür optiert, als Ziege zu leben – aber nur knapp. Cicero hatte ein verklärendes Bild von der Vernunft gezeichnet. Gut anderthalb Jahrtausende später war es an Montaigne, das genaue Gegenteil zu verkünden:

»Einzusehen, daß man eine Dummheit geäußert oder getan hat, besagt noch gar nichts – man muß einsehn, daß man von Grund auf dumm ist: eine wesentlich umfassendere und wichtigere Einsicht.«

… wobei die größten Dummköpfe von allen Philosophen wie Cicero seien, die nie auf den Gedanken gekommen wären, dass sie Dummköpfe sein könnten. Unbegründetes Vertrauen in die Vernunft sei die Quelle der Idiotie – und indirekt auch der Unzulänglichkeit.

Die beschrifteten Balken über sich, skizzierte Montaigne
eine neue Philosophie, eine Philosophie, die anerkannte,
wie wenig wir mit den vernünftigen, heiteren Geschöpfen
zu tun haben, für welche die Denker der Antike uns hielten.
Wir waren größtenteils hysterische und verblödete, plumpe
und aufgeregte Wesen, verglichen mit denen Tiere in vieler
Hinsicht Muster an Gesundheit und Tugend waren – eine
traurige Realität, der sich die Philosophie eigentlich hätte
zuwenden müssen, was sie aber kaum tat:

> »Wer über unser Leben, das teils aus Vernunft, teils aus Torheit
> besteht, nur ehrerbietig und den Anstandsregeln folgend
> schreibt, läßt mehr als die Hälfte weg.«

Und wenn wir unsere Unvollkommenheit hinnähmen und
aufhörten, uns eine Überlegenheit anzumaßen, die wir
nicht besitzen – würden wir – Montaignes großzügiger,
befreiender Philosophie zufolge – begreifen, dass wir auf
unsere eigene, teils kluge und teils dumme Art letzten Endes
doch ganz passabel sind.

2
Über sexuelle Unzulänglichkeit

Wie misslich, einen Leib und eine Seele zu haben, steht Ersterer doch in geradezu ungeheuerlichem Widerspruch zur Würde und Intelligenz Letzterer. Unsere Körper riechen, schmerzen, erschlaffen, pulsieren, pochen und altern. Sie zwingen uns zu furzen und zu rülpsen, vernünftige Vorhaben zurückzustellen und uns mit anderen Leuten in ein Bett zu legen, zu schwitzen und laute Geräusche von uns zu geben, die an Hyänen denken lassen, welche einander in den kahlen Weiten der amerikanischen Wüsten rufen. Unsere Körper haben unsere Seelen zu Geiseln ihrer Launen und Rhythmen genommen. Unsere ganze Lebenseinstellung kann durch die Verdauung eines schweren Mittagessens umgeworfen werden. Auch Montaigne gab zu, dass er sich nach dem Essen als einen andern empfinde:

>»Wenn meine Gesundheit mir lacht oder ein schöner Tag mit seiner Heiterkeit, wie gut bin ich da zu haben! Kaum drückt mich aber ein Hühnerauge, und schon bin ich unfreundlich, mürrisch und nicht mehr ansprechbar.«

Selbst den größten Philosophen blieben die Demütigungen des Leibes nicht erspart. Denen, die die Augen davor verschließen, riet Montaigne,

>»sie sollten sich einmal vorstellen, Platon wäre von der Fallsucht oder einem Schlagfluß getroffen und sie würden ihm zurufen, er möge sich gefälligst mit den so reichen und erhabnen Kräften seiner Seele aufhelfen«,

oder sich vorstellen, Platon hätte mitten in einem Symposion der Drang zu furzen überkommen:

>»Die der Entleerung der Eingeweide dienenden Organe erweitern und verengen sich selbständig, ohne, ja gegen unsere Weisung.«

Montaigne hatte von einem Mann gelesen, der willentlich zu furzen verstand und »genau auf den Tonfall ihm vordeklamierter Verse abgestimmte Fürze habe herunterorgeln können«, doch eine solche Meisterschaft widerlegte nicht seine generelle Beobachtung, dass unsere Körper die Oberhand über unsere Seelen haben und dass es keinen Teil unseres Körpers gibt, der unabhängig von unserem Wollen in Aktion treten kann. Montaigne kannte sogar den tragischen Fall eines Hinterns, »der derart turbulent und ungebärdig ist, daß er seinen Herrn seit vierzig Jahren ohne Unterlaß zu furzen zwingt, so daß er ihn auf diese Weise noch ins Grab bringen wird«.

Kein Wunder, dass wir über unsere unangenehme, beleidigende Koexistenz mit diesen Organen am liebsten den Mantel des Schweigens breiten. Montaigne kannte eine Frau, die sich der Widerwärtigkeit ihrer Verdauungsorgane so schmerzlich bewusst war, dass sie zu leben versuchte, als habe sie keine. Sie sei, schrieb er,

> »eine Dame, eine der höchsten, die der Meinung ist, daß Kauen die Gesichtszüge entstellt und Anmut und Schönheit der Frauen wesentlich mindre; wenn sie Hunger hat, läßt sie sich deshalb ungern in der Öffentlichkeit sehn. Und einen Mann kenne ich, der andern beim Essen zuzuschauen ebensowenig erträgt, wie selber hierbei Zuschauer zu haben; aus diesem Grunde meidet er, wenn er sich füllt, jede Gesellschaft noch mehr, als wenn er sich leert.«

Montaigne kannte Männer, die so gepeinigt wurden von ihren sexuellen Begierden, dass sie ihren Qualen durch Kastration ein Ende bereiteten. Andere unterdrücken ihre Lust dadurch, dass sie Schnee-und-Essig-Kompressen auf ihre überaktiven Testikel auflegten. Kaiser Maximilian, der seine Herrscherwürde als Widerspruch zu seiner Leiblichkeit empfand, befahl, dass niemand ihn nackt sehen dürfe, vor allem nicht von der Taille an abwärts. In seinem Testament verfügte er ausdrücklich, dass man ihn in einer leinenen Unterhose zu begraben habe. »Er hätte in einem Nachtrag hinzusetzen sollen«, merkt Montaigne an, »daß man dem, der sie ihm anzieht, die Augen verbinde!«

Drängt es uns auch noch so sehr zu solch radikalen Maßnahmen, so ist Montaignes Philosophie doch eine der Versöhnung. »Die schrecklichste unserer Krankheiten aber ist die Verachtung unsres Seins.« Anstatt uns mit uns selbst zu entzweien, sollten wir den Krieg gegen unsere bestürzende körperliche Hülle einstellen und lernen, sie als unveränderliches Faktum unserer Existenz hinzunehmen, das gar nicht so schrecklich oder so demütigend ist.

Im Sommer 1993 fuhren L. und ich nach Nordportugal in Urlaub. Wir fuhren durch die Dörfer des Minho und verbrachten anschließend ein paar Tage südlich von Viana do Castelo. Hier, in der letzten Nacht unseres Urlaubs, in einem kleinen Hotel mit Meerblick, stellte ich – ganz unerwartet – fest, dass ich den Liebesakt nicht mehr vollziehen konnte. Es wäre mir kaum möglich gewesen, diese Erfahrung zu überwinden, geschweige denn zu erwähnen, wenn ich nicht wenige Monate vor der Portugalreise die ersten einundzwanzig Kapitel des ersten Buchs der *Essais* in die Finger bekommen hätte.

Der Autor berichtet darin, einer seiner Freunde habe einen Mann schildern hören, wie er seine Erektion just in dem Moment verlor, als er sich anschickte, in eine Frau einzudringen. Die Peinlichkeit der Detumeszenz machte Montaignes Freund derart zu schaffen, dass er sie, als er das nächste Mal mit einer Frau im Bett war, nicht aus seinen Gedanken zu vertreiben vermochte. Die Furcht, ihm könne dieselbe Katastrophe widerfahren, wurde so übermächtig, dass sie das Steifwerden seines eigenen Penis verhinderte. Von da an brachte der Freund keine Erektion mehr zustande, ganz gleich, wie sehr er eine Frau auch begehrte, und die unwürdige Erinnerung an jedes einzelne Misslingen verfolgte und tyrannisierte ihn immer heftiger.

Montaignes Freund war impotent geworden, nachdem sein Penis einmal nicht der ständigen Forderung seines Kopfes nachgekommen war, was er aber als unverzichtbares Merkmal normaler Männlichkeit ansah. Montaigne gab dem Penis keine Schuld: »Wer auch nur einmal mit einer potent war, ist bei ihr nie mehr impotent (es sei denn im Zustand einer allgemeinen Körperschwäche).« Es waren die Zwangsvorstellung, wir besäßen absolute mentale Kontrolle über unsere Leiber, und das Grauen einer Abweichung von diesem Bild der Normalität, welche diesen Mann impotent hatten werden lassen. Die Lösung bestand darin, das Bild neu zu zeichnen: Dadurch, dass ein Mann den Verlust der Herrschaft über seinen Penis als eine Lappalie hinnahm, die beim Sexualakt vorkommen kann, konnte er diesem Vorkommnis vorbeugen – wie der bestürzte Mann schließlich herausfand. Im Bett mit einer Frau kam ihm der rettende Gedanke:

> »Er gestand die Wahrscheinlichkeit seines Versagens selbst offen ein und kündigte es sogar lauthals an, so daß der Druck auf seine Seele nachließ und er durch den Hinweis auf das zu erwartende Mißgeschick die Anforderung an ihn als weniger ängstigend empfand.«

Dank Montaignes Freimut ließ die Anspannung in der Psyche seines Lesers nach. Die jähen Stimmungsschwankungen des Penis wurden aus den kimmerischen Kammern wortloser Beschämung entlassen und mit dem unerschütterlichen, weltklugen Auge eines Philosophen, den nichts Körperliches abstieß, neu betrachtet. Das Gefühl persönlicher Schuld wurde gelindert, als der Leser auf diese Stelle stieß:

»Man hat durchaus recht, den häufigen Ungehorsam dieses Glieds zu rügen, das sich die Freiheit herausnimmt, gerade dann sich schamlos vorzudrängen, wenn wir keinerlei Gebrauch dafür haben, und ebenso schamlos zu erschlaffen, wenn wir es am nötigsten brauchen.«

Ein Mann, der bei seiner Geliebten versagt hatte und nicht mehr tun konnte als eine Entschuldigung stammeln, kam wieder zu Kräften und konnte die Ängste seines Lieblings dadurch beschwichtigen, dass er seine Impotenz als Teil eines breiten Spektrums sexueller Missgeschicke hinnahm, die gar nicht so selten und auch nicht so absonderlich sind. Montaigne kannte einen Edelmann aus der Gascogne, der, nachdem er seine Erektion bei einer Frau nicht hatte halten können, nach Hause floh, sich den Penis abschnitt und ihn der Dame »zur Sühne seines Schimpfs« zuschickte. Montaigne gab einen anderen Rat:

»Verheiratete Männer sollten, da ihnen ja genügend Zeit zur Verfügung steht, sich niemals ans Werk begeben oder es gar übereilen, wenn sie dafür nicht gerüstet sind. Es ist besser, man läßt es gegen den Brauch in der Hochzeitsnacht sein … und wartet die eine oder andre ruhigere und weniger zeremonielle Gelegenheit ab, als daß man sich für immer unglücklich macht, weil man aus Verzweiflung über das erste Scheitern völlig gelähmt bleibt.

Ehe der lustleidende Mann von der Gattin Besitz ergreift, sollte er in gewissen Abständen zur Selbstprüfung und als Angebot kleine Vorstöße unternehmen, bei denen er sich jedoch nicht darauf versteifen darf, er müsse jetzt schon die endgültige Bewährungsprobe bestehn.«

Dies war eine neue Sprache, sachlich und persönlich, mit der sich die einsamsten Momente unserer Sexualität artikulieren ließen. Dadurch, dass er ein Licht auf die geheimen Kümmernisse des Schlafzimmers warf, nahm Montaigne ihnen das Schmachvolle und wies uns gleichzeitig einen Weg zur Versöhnung mit unserem leiblichen Ich. Sein Mut, auszusprechen, was im Stillen gelebt wird, wovon aber nur selten zu hören ist, erweitert das Spektrum dessen, was wir vor unseren Geliebten und vor uns selbst zugeben können – ein Mut, der in Montaignes Überzeugung gründete, dass nichts, was Menschen widerfährt, unmenschlich sein kann – »Jeder Mensch trägt die ganze Gestalt des Menschseins in sich« –, eine Überzeugung, zu der auch das Risiko einer gelegentlichen rebellischen Erschlaffung des Penis gehört – derentwegen wir weder zu erröten noch uns zu verachten brauchen.

Montaigne schrieb die Schwierigkeiten, die wir mit unseren Körpern haben, zum Teil dem Fehlen eines offenen Gesprächs darüber in der feinen Gesellschaft zu. Bei den Geschichten und Bildern, die ja ihrer Darstellung gewidmet sind, fallen in der Regel weibliche Anmut nicht mit starkem Interesse am Liebesakt und Autorität nicht mit dem Besitz eines Schließmuskels oder Penis zusammen. Angesichts der Bilder von Königen und adeligen Damen kämen wir gar nicht auf den Gedanken, dass diese bedeutenden Personen Wind lassen oder den Beischlaf vollziehen. Montaigne füllte das leere Bild mit unverblümtem, schönem Französisch aus:

> *Au plus eslevé throne du monde si ne sommes assis que sus nostre cul.*
> Auf dem höchsten Thron der Welt sitzen wir dennoch mit dem Arsch.
> *Les Roys et les philosophes fientent, et les dames aussi.*
> Sowohl die Könige wie die Philosophen scheißen, und die Damen auch.

Er hätte es auch anders, anstelle von ›cul‹ nämlich ›derrière‹ oder ›fesses‹ und anstelle von ›fienter‹ auch ›aller au cabinet‹ sagen können. Randle Cotgraves 1611 in London gedrucktes *Dictionarie of the French and English Tongues*, das sich die *Förderung junger Lernender und das Fortschreiten aller anderen, die eine möglichst genaue Kenntnis der französischen Sprache*

König Henry III.   Katharina von Medici

erstreben, zum Ziel gesetzt hatte, erläuterte, dass ›*fienter*‹ vorzugsweise die Ausscheidungen bei Ungeziefer und Dachsen bezeichne. Wenn Montaigne glaubte, diese drastische Sprache verwenden zu müssen, dann deshalb, um gegen die nicht minder heftige Leugnung des Leibes in den Werken der Philosophie und in den Salons anzugehen. Wenn adelige Damen sich nach allgemeiner Ansicht nie die Hände zu waschen brauchten und wenn Könige kein Gesäß hatten, so war es wohl an der Zeit, die Welt daran zu erinnern, dass sie schissen und Ärsche hatten.

> »Was hat der Geschlechtsakt, dieser so natürliche, nützliche, ja notwendige Vorgang, den Menschen eigentlich angetan, daß sie nicht ohne Scham davon zu reden wagen und ihn aus den ernsthaften und sittsamen Gesprächen verbannen? Wir haben keinerlei Hemmung, die Worte *töten*, *rauben* und *verraten* offen auszusprechen – und da sollen wir uns dieses eine bloß zwischen den Zähnen zu murmeln getraun?«

In der näheren Umgebung von Montaignes Schloss gab es mehrere Buchenwäldchen, eines davon beim nördlich gelegenen Dorf Castillon-la-Bataille, ein zweites östlich in der Nähe von St. Vivien. Deren Schweigen und deren Größe muss Montaignes Tochter Léonor gekannt haben. Auch deren Namen zu kennen wurde sie aber nicht ermuntert: das französische Wort für ›Buche‹ ist ›*fouteau*‹, das für ›*ficken*‹ ist ›*foutre*‹.

»Meine Tochter (und das ist alles, was ich an Kindern habe) befindet sich in dem Alter, wo die Gesetze heißblütigen Mädchen bereits erlauben, sich zu verheiraten«, schrieb Montaigne über die damals ungefähr vierzehnjährige Léonor:

> »Sie ist jedoch von zarter, schwächlicher Konstitution und in der Entwicklung zurückgeblieben; von ihrer Mutter wurde sie deshalb abgesondert und privat erzogen, so daß sie eben erst beginnt, ihre kindliche Naivität abzustreifen. Als sie mir nun aus einem französischen Buch vorlas, kam das Wort *fouteau* darin vor, der provenzalische Name für die Buche. Sogleich fuhr ihr die Gouvernante ziemlich schroff dazwischen und hieß sie diese vermeintlich schlüpfrige Stelle überspringen.«

Zwanzig grobschlächtige Lakaien, fährt Montaigne trocken fort, hätten Léonor nicht besser beibringen können, was sich hinter dem anstößigen Wort verbarg, als die schroffe Weisung, es auszulassen. Für die Gouvernante aber, die »gute Alte«, war die Lücke unerlässlich, hatte eine junge Dame doch Mühe zu begreifen, dass Würde sich durchaus vertrug mit Wissen darüber, was in wenigen Jahren geschehen konnte, wenn sie sich mit einem Mann in einem Schlafzimmer befand.

Montaigne kreidete unseren konventionellen Porträts an, dass sie so vieles von dem aussparten, was wir sind. Sein eigenes Buchs schrieb er auch mit dem Vorsatz, genau hier entgegenzuwirken. Als er mit achtunddreißig aus dem öffentlichen Dienst ausschied, wusste er zwar, dass er schreiben wollte, nicht aber, was er sich zum Thema wählen sollte. Erst nach und nach nahm die Idee für ein Buch Gestalt in seinem Kopf an, das so ungewöhnlich werden sollte, dass es keinem der tausend Bände auf den halbkreisförmigen Regalen glich.

Montaigne warf Jahrtausende von schriftstellerischer Scheu über Bord und schrieb über sich selbst. Er machte sich daran, die Vorgänge in seinem Geist und in seinem Körper ohne Beschönigung zu beschreiben – und teilte seine Absicht im Vorwort zu den *Essais* mit, deren erste zwei Bände 1580 in Bordeaux publiziert und denen in einer Pariser Ausgabe acht Jahre darauf ein dritter hinzugefügt wurde:

> »Hätte ich unter jenen Völkern mein Dasein verbracht, von denen man sagt, daß sie noch in der süßen Freiheit der ersten Naturgesetze leben, würde ich mich, das versichere ich dir, am liebsten rundum unverhüllt abgebildet haben, rundum nackt.«

Bis dato hatte noch kein Autor den Ehrgeiz bekundet, sich seinen Lesern unbekleidet zu präsentieren. Es herrschte kein Mangel an Porträts von Amtspersonen in vollem Ornat, an Berichten über das Leben von Heiligen und Päpsten, von römischen Kaisern und griechischen Staatsmännern. Es gab sogar ein offizielles Porträt Montaignes, gemalt von Thomas de Leu (1562–ca. 1620), das Montaigne in der Robe des Bürgermeisters von Bordeaux mit der ihm von Karl IX. 1571 überreichten Kette des Ordens von Saint-Michel um den Hals und einer unergründlichen, ein wenig strengen Miene zeigt.

Gerade dieses ciceronische Ich im Prunkgewand aber wollte Montaigne in den *Essais* nicht zeigen. Ihm ging es vielmehr um den ganzen Menschen, um eine Alternative zu den Porträts, auf denen ein Großteil dessen, was der Mensch war, ausgelassen wurde. Aus diesem Grund sollte sein Buch Mitteilungen über seine Mahlzeiten, seinen Penis, seinen Stuhl, seine sexuellen Eroberungen und seine Fürze enthalten – Details, die vorher nur selten in einem seriösen Buch abgehandelt worden waren, so krass liefen sie dem Selbstverständnis des Menschen als rationalem Wesen zuwider. Montaigne teilte seinen Lesern mit:

Dass die Regungen seines Penis einen wesentlichen Teil seiner Identität bildeten:
»Jedes meiner Glieder macht mich gleichermaßen zu dem, was ich bin, keins aber mehr als dieses zum Mann. Ich schulde der Öffentlichkeit mein Porträt ohne jeden Abstrich.«
Dass er Sex laut und chaotisch fand:
»Bei allen sonstigen Dingen kann man einen gewissen Anstand wahrn, alle sonstigen Verrichtungen gehorchen gewissen Regeln der Ehrbarkeit; diese aber empfindet man schon in der Vorstellung als lasterhaft oder lächerlich. Probiert doch einmal, ob sie sich mit Sinn und Verstand handhaben läßt!«
Dass er seine Ruhe haben wollte, wenn er auf der Toilette saß:
»Von allen natürlichen Verrichtungen lasse ich mich bei dieser am widerwilligsten unterbrechen.«
Und dass er beim Gang dorthin sehr auf Regelmäßigkeit achtete:
»Ich habe viele Kriegsleute unter der Unbotmäßigkeit ihres Bauchs leiden sehn, während der meine und ich uns niemals beim vereinbarten Stelldichein verpassen; und das findet in dem Augenblick statt, da ich aus dem Bett springe, falls uns nicht irgendeine unabweisbare Beschäftigung oder Krankheit hieran hindert.«

Wenn wir den uns umgebenden Porträts Bedeutung beimessen, so deshalb, weil wir unser Leben nach ihrem Beispiel gestalten, Aspekte unseres Ichs dann akzeptieren, wenn sie mit dem übereinstimmen, was andere von sich selbst bekunden. Wofür wir bei anderen Anzeichen finden, dessen nehmen wir uns auch bei uns selbst an, worüber andere schweigen, vor dem verschließen wir die Augen oder erleben es nur schamhaft.

> »Male ich mir aus, den vergeistigtsten und weisesten Mann im Liebesakt anzutreffen, würde ich ihn als Schelm bezeichnen, wenn er mir aufbinden wollte, er sei vergeistigt und weise am Werk.«

Das soll nicht heißen, dass Weisheit unmöglich ist, nur wollte Montaigne Weisheit anders verstanden wissen. Zu wahrer Weisheit gehört, dass wir uns mit unserem niedrigeren Ich arrangieren, wahre Weisheit muss zu einer bescheideneren Auffassung von der Rolle finden, die Vernunft und Hochkultur im Leben spielen, und die zuweilen höchst unerfreulichen Forderungen unserer sterblichen Hülle anerkennen. Die epikureische wie die stoische Philosophie hatte die Auffassung vertreten, wir könnten Herrschaft über unsere Leiber erlangen und würden niemals von unserem physischen, heißblütigen Ich mitgerissen. Das ist ein nobler Gedanke, der an unsere edelsten Bestrebungen rührt. Ihn zu befolgen ist aber unmöglich, und deshalb ist er kontraproduktiv:

> »Was nützen uns diese erhabnen Gipfel der Philosophie, auf denen sich kein menschliches Wesen niederlassen kann, und diese Regeln, die alles übersteigen, was wir gewöhnt sind und vermögen?«
> »Es spricht kaum für seinen Scharfsinn, daß [der Mensch] sich seine Pflichten nach Maßgabe einer anderen Natur als der eignen zurechtschneidert.«

Der Körper kann nicht geleugnet und nicht überwunden werden, aber es ist – und dies wollte Montaigne der »guten Alten« ins Gedächtnis rufen – auch nicht notwendig, zwischen unserer Würde und einem Interesse an *fouteau* zu wählen:

»Und könnten wir nicht sagen, daß es während dieser irdischen Gefangenschaft nichts rein Körperliches und nichts rein Geistiges in uns gibt und wir daher einen lebendigen Menschen zu Unrecht auseinanderreißen?«

3
Über kulturelle Unzulänglichkeit

Eine weitere Ursache für das Gefühl der Unzulänglichkeit sind die Hast und Arroganz, mit der Menschen die Welt in zwei Lager einteilen, in das Lager des *Normalen* und das des *Unnormalen*. Unsere Erfahrungen und Überzeugungen werden nur zu oft mit einem skeptischen, leicht beunruhigten »Wirklich? Wie seltsam!«, begleitet von einem Hochziehen der Augenbrauen, abgetan – viele Einzelfälle, die sich zu einer Leugnung unserer Legitimität und unseres Menschseins summieren.

Im Sommer des Jahres 1580 erfüllte Montaigne sich einen lebenslang gehegten Wunsch und brach zu Pferde auf zu seiner ersten Reise über die Grenzen Frankreichs hinaus. Sie sollte ihn über Deutschland, Österreich und die Schweiz bis nach Rom führen. Begleitet wurde er von vier jungen Edelleuten, darunter sein Bruder Bertrand de Mattecoulon, und einem Dutzend Bediensteter. Sie sollten 17 Monate fern der Heimat verbringen und fast 5000 Kilometer zurücklegen. Unter anderen machte die Gesellschaft Station in Basel, Baden, Schaffhausen, Augsburg, Innsbruck, Verona, Venedig, Padua, Bologna, Florenz und Siena – und erreichte Rom schließlich in den Abendstunden des letzten Novembertags 1580.

Unterwegs machte Montaigne die Beobachtung, dass sich die Normalitätsvorstellungen der Menschen von Provinz zu Provinz krass unterschieden. In den Herbergen der Schweizer Kantone hielt man es für normal, dass Betten so hoch über dem Boden standen, dass man eine kleine Treppe

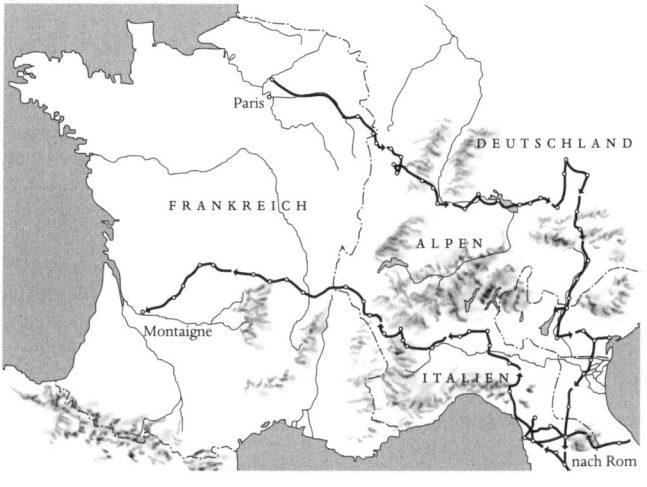

brauchte, um in sie hineinzusteigen, dass hübsche Vorhänge darum aufgehängt waren und dass Reisende Zimmer für sich haben sollten. Nur wenige Kilometer entfernt, in Deutschland, war es normal, dass Betten kaum erhöht waren, keine Vorhänge hatten und dass Reisende zu viert in einem Zimmer nächtigten. Die Herbergsbetreiber offerierten dem Gast dort Federbetten anstelle der Laken, die man in französischen Herbergen erhielt. In Basel mischten sich die Leute kein Wasser in ihren Wein und verzehrten eine aus sechs oder sieben Gängen bestehende Mahlzeit, und in Baden aß man mittwochs ausschließlich Fisch. Noch das kleinste schweizerische Dorf wurde von mindestens zwei Polizisten bewacht; die Deutschen ließen ihre Glocken jede Viertelstunde läuten, in bestimmten Städten sogar jede Minute. In Lindau tischte man Quittensuppe auf, das Fleischgericht kam vor der Suppe, und das Brot war mit Fenchel gebacken.

Französische Reisende taten sich mit diesen Unterschieden oft recht schwer. In Hotels hielten sie sich von Büfetts mit

fremdartigen Speisen fern und verlangten die normalen
Gerichte, die sie von daheim kannten. Sie verzichteten auf
den Versuch, mit jemandem ins Gespräch zu kommen, der
den Fehler begangen hatte, nicht ihrer Sprache mächtig zu
sein, und nestelten mit spitzen Fingern an dem Fenchelbrot.
Montaigne schaute seinen Landsleuten von seinem Tisch aus
zu:

> »Sie fühlen sich, sind sie nicht mehr in ihren Dorf, nicht mehr
> in ihrem Element. Wohin sie auch gehn, klammern sie sich an
> ihre Gepflogenheiten und schütteln sich vor denen der Frem-
> den. Begegnen sie einem Landsmann in Ungarn, feiern sie das
> als großes Ereignis … Sie reisen verschlossen, in ein mißtraui-
> sches und sich jeder Kommunikation versagendes Schweigen
> gehüllt, um ja nicht von der ihnen unbekannten Atmosphäre
> angesteckt zu werden.«

Mitte des fünfzehnten Jahrhunderts war in den südlichen
deutschen Ländern eine neue Methode zur Beheizung von
Häusern entwickelt worden: der Kastenofen, ein frei im
Raum stehender kastenförmiger Eisenofen, der aus recht-
eckigen, miteinander vernieteten Platten bestand und den
man mit Kohle oder Holz befeuerte. In den langen Wintern
hatte dies viele Vorteile. Geschlossene Öfen gaben viermal
so viel Wärme ab wie ein offenes Feuer, kamen dazu noch

mit weniger Brennstoff aus und mußten nicht gekehrt werden. Die Wärme wurde vom Ofenmantel aufgenommen
und langsam und gleichmäßig durch die Luft verteilt. Rings
um den Ofen wurden Stangen angebracht, auf denen man
Wäsche lüftete oder trocknete, und Familien saßen den
ganzen Winter über dort.

Die Franzosen vermochten dem nichts abzugewinnen. Sie
fanden, offene Feuerstellen seien billiger zu bauen; sie war-
fen den deutschen Öfen vor, keine Lichtquelle zu sein, der
Luft zu viel Feuchtigkeit zu entziehen und so die Räume
stickig zu machen.

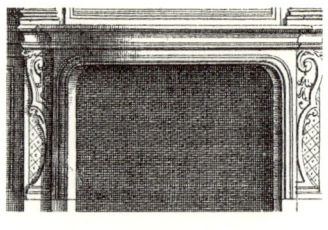

Von Region zu Region wechselte das gegenseitige Unver-
ständnis. In Augsburg begegnete Montaigne im Oktober
1580 einem Deutschen, der in einem langen Vortrag erst
lang und breit Kritik daran übte, dass die Franzosen ihre
Häuser mit offenen Feuern heizten, und der hernach die
Vorzüge des Eisenofens herausstrich. Als der Mann hörte,
dass Montaigne nur ein paar Tage in der Stadt verbrachte (er
war am 15. eingetroffen und sollte am 19. weiterreisen),
drückte er ihm sein Mitgefühl aus, wobei er zu den wichtigsten Unannehmlichkeiten, die Montaigne nach dem Verlassen Augsburg wieder zu gewärtigen habe, den »schweren
Kopf« anführte, an dem er bei seiner Rückkehr zu offenen
Feuern leiden werde – den gleichen »schweren Kopf«, dessen Verursachung die Franzosen längst dem Eisenofen an-
gelastet hatten.

Montaigne schaute sich die Sache genauer an. In Baden gab man ihm ein Zimmer mit einem Eisenofen, und dort verbrachte er, als er sich einmal an einen gewissen Geruch gewöhnt hatte, den der Ofen verströmte, eine geruhsame Nacht. Er stellte fest, dass er dank des Ofens keinen pelzgefütterten Schlafrock anzulegen brauchte, und bedauerte Monate später während einer kalten Nacht in Italien, dass es in dieser Herberge keine Öfen gab.

Wieder zu Hause angelangt, stellte er die Vorzüge des jeweiligen Heizungssystems einander gegenüber:

> »In der Tat steigt den meisten, die nicht daran gewöhnt sind, die dumpfe Wärme und auch der Geruch der erhitzten Kacheln zu Kopf – mir freilich nicht; denn ich finde, daß diese Wärme den Vergleich mit der unsern keineswegs zu scheuen braucht, da sie sich gleichmäßig und anhaltend rundum ausbreitet, ohne flackernde Flamme, ohne Rauch und ohne die Zugluft, der wir durch die Öffnung unserer Kamine ausgesetzt sind.«

Ärgerlich fand Montaige die feste, ungeprüfte Überzeugung der Augsburger wie der französischen Herren, dass ihr eigenes Heizungssystem das überlegene war. Hätte Montaigne nach seiner Rückkehr aus Deutschland in seiner Bibliothek einen Augsburger Eisenofen installiert, hätten seine Landsleute das Ding mit dem Misstrauen betrachtet, das sie allem Neuen entgegenbrachten:

> »Jedes Volk hat viele Sitten und Gebräuche, die irgendeinem andern, weil damit unvertraut, höchst seltsam, ja barbarisch vorkommen.«

Dabei waren natürlich weder ein geschlossener Ofen noch ein Kamin seltsam oder gar barbarisch. Das Normale, wie es von einer bestimmten Gesellschaft definiert wird, umfasst regelmäßig nur einen Bruchteil dessen, was tatsächlich vernünftig ist, und weist zu Unrecht weiten Bereichen der

Erfahrung den Status des Absonderlichen zu. Dadurch, dass
er dem Mann aus Augsburg und seinen Nachbarn aus der
Gascogne vor Augen führte, dass ein Eisenofen und eine
offene Feuerstelle einen legitimen Platz im Spektrum ak-
zeptabler Heizungssysteme besaßen, wollte Montaigne den
provinziellen Normalitätsbegriff seiner Leser erweitern –
und trat damit in die Fußstapfen seines Lieblingsphilosophen.

> »Sokrates wurde gefragt, was seine Heimat sei. Er antwortete
> nicht: ›Athen‹, sondern: ›Die Welt.‹«

Und diese Welt war, wie sich erst kurz zuvor herausgestellt
hatte, sonderbarer, als irgendein Europäer das je erwartet
hätte. Am 12. Oktober 1492, einem Freitag, einundvierzig
Jahre vor Montaignes Geburt, erreichte Christoph Columbus eine der Inseln im Archipel der Bahamas am Eingang
des Golfs von Florida und machte die Bekanntschaft einiger
Guanahani-Indianer, die noch nie von Jesus gehört hatten
und splitterfasernackt herumliefen.

Montaigne interessierte sich lebhaft für sie. In der runden
Bibliothek befanden sich mehrere Bücher über das Leben
amerikanischer Indianerstämme, darunter Francisco Lopez
de Gomaras *L'histoire générale des Indes*, Girolamo Benzonis
Historia de mondo novo und Jean de Lérys *Le voyage au Brésil*.
Montaigne las, dass man in Südamerika gern Spinnen ver-
speiste, Grashüpfer, Ameisen, Eidechsen und Fledermäuse.
»Die Eingebornen pflegen diese Tiere zu kochen und mit
verschiednen Soßen zuzubereiten.« Es gab amerikanische
Stämme, bei denen Jungfrauen ihre Geschlechtsteile offen
zeigten, Bräute an ihrem Hochzeitstag Orgien feierten, bei
denen es Männern erlaubt war, einander zu heiraten und die
Toten gekocht, zu Brei zerstampft, mit Wein vermischt und
bei schwungvollen Feiern von ihren Verwandten getrunken
wurden. Es gab Länder, in denen die Frauen im Stehen und
die Männer in der Hocke Wasser ließen, in denen die Män-

ner das Haar an der Vorderseite ihres Körpers stehen ließen,
sich aber den Rücken rasierten. Es gab Länder, in denen
Männer beschnitten wurden, während sie in anderen Angst
davor hatten, die Spitze ihres Penis je das Licht des Tages
erblicken zu lassen, so »daß sie mit Hilfe kleiner Schnüre die
Vorhaut sorgfältig darüberzogen und zubanden, damit die
Eichel ja nicht hervorluge«. Es gab Völker, bei denen man
Menschen zum Gruß den Rücken zukehrte, in denen die
Favoritin die offene Hand hinstreckte, wenn der König aus-
spuckte, und Bedienstete »sich zur Erde bückten, um seinen
Kot in einem Leinentuch aufzusammeln«, wenn er seinen
Darm entleerte. Jedes Land schien ein anderes Schönheits-
ideal zu haben:

> »In Peru gelten die größten Ohren als die schönsten, und mit
> künstlichen Mitteln dehnt man sie so weit wie möglich. Ein
> Mann unsrer Tage behauptet, in einem orientalischen Land
> habe er diesen Eifer, sie zu vergrößern und mit schweren Edel-
> steinen zu überladen, derart im Schwange gesehn, daß es ihm
> jederzeit gelungen sei, den bekleideten Arm durch eins der
> gebohrten Ohrlöcher zu stecken. Anderswo gibt es Völker, die
> sich mit größter Sorgfalt die Zähne schwärzen und verächtlich
> auf alle herabblicken, die sie weiß tragen; und wiederum
> anderswo färbt man sie rot … Zu den Schönheitsmerkmalen
> rechnen die mexikanischen Frauen eine niedrige Stirn, an der
> sie, während sie den ganzen übrigen Körper scheren, das Haar
> wachsen lassen und künstlich immer weiter verdichten; und
> große Brüste stehen bei ihnen in derartigem Ansehn, daß sie
> den Ehrgeiz haben, ihre Säuglinge über die Schulter hinweg
> damit zu stillen.«

Bei Jean de Léry las Montaigne, dass die in Brasilien lebenden Stämme der Tupi in paradiesischer Nacktheit herumliefen und keine Spur von Scham zeigten (wenn Europäer den
Tupi-Frauen Kleider anboten, kicherten diese und lehnten
ab, verwundert, warum sich jemand mit etwas so Unbeque-
mem belasten wolle).

Tant les hommes que la femme étaient aussi entièrement nus que quand ils sortirent du ventre de leur mère. Jean de Léry, Voyage au Brésil (1578)

De Lérys Kunststecher (der acht Jahre bei den Stämmen gelebt hatte) sorgte dafür, das in Europa kursierende Gerücht, die Tupi seien behaart wie die Tiere, zu korrigieren (de Léry: »*Ils ne sont point naturellement poilus que nous ne sommes en ce pays*«). Die Männer schoren sich die Schädel, und die Frauen trugen die Haare lang und banden sie mit hübschen roten Schleifen zusammen. Die Tupi-Indianer wuschen sich sehr gern; jedesmal, wenn sie an einem Fluss vorüberkamen, sprangen sie hinein und rieben sich gegenseitig ab. Sie konnten sich bis zu zwölfmal am Tag waschen.

Sie lebten in langen, scheunenartigen Gebäuden, in denen 200 Personen eine Schlafstatt fanden. Ihre Betten waren aus Baumwolle gewebt und wie Hängematten zwischen Pfosten gespannt (die Tupi nahmen ihre Betten mit, wenn sie zur Jagd gingen, und machten am Nachmittag in ihren zwischen Bäumen aufgehängten Matten ein Nickerchen).

Alle sechs Monate zog ein ganzes Dorf an einen neuen Platz, weil seine Bewohner meinten, es täte ihnen gut, etwas anderes zu sehen (de Léry: »*Ils n'ont d'autre réponse, sinon de dire que changeant l'air, ils se portent mieux*«). Das Leben der Tupi war so wohl geordnet, dass viele von ihnen hundert Jahre alt wurden, ohne im Alter weiße oder graue Haare zu bekommen. Sie waren auch besonders gastfreundlich. Wenn ein Neuankömmling in ihrem Dorf eintraf, bedeckten die Frauen das Gesicht mit den Händen, fingen an zu weinen und riefen: »Wie geht es dir? Du hast solche Mühen auf dich genommen, uns zu besuchen!« Besuchern wurde umgehend das Lieblingsgetränk der Tupi kredenzt, das aus der Wurzel einer Pflanze gewonnen wurde, rot wie Wein und scharf, aber gut bekömmlich war.

Die Tupimänner durften mehr als eine Frau haben und sollen allen gleichermaßen zugetan gewesen sein: »Ihre ganze Sittenlehre enthält aber nur die beiden schon erwähnten Gesetze: Entschlossenheit im Krieg und Liebe zu den Frauen«, berichtet Montaigne. Die Frauen waren offenbar glücklich mit dem Arrangement und zeigten keine Eifersucht (die sexuellen Beziehungen waren entspannt, das einzige Tabu bestand darin, dass man niemals mit nahen Verwandten schlafen sollte). Ein Detail gefiel Montaigne, dessen Frau sich in einem unteren Stockwerk im Schloss aufhielt, ausnehmend gut:

> »Besonders schön an ihren Ehen ist, daß derselbe Eifer, mit dem unsere Gattinnen uns vor der Gunst und Liebe andrer Frauen zu bewahren suchen, von den ihren darauf verwendet wird, sie ihnen zu verschaffen. Da ihnen das Ansehn ihrer Männer über alles geht, setzen sie ihren ganzen Ehrgeiz darein, soviel Gefährtinnen wie nur irgend möglich zu bekommen, weil man hieran ja die Mannhaftigkeit ihres Gatten ermißt.«

Zweifellos – dies alles war sonderbar. Für unnormal hielt Montaigne nichts davon.

170

Er befand sich damit in einer Minderheit. Schon bald nach
Columbus' Entdeckung machten sich spanische und portu-
giesische Kolonisatoren auf, um die neuen Ländereien aus-
zubeuten, und in ihren Augen waren die Eingeborenen
kaum besser als Tiere. Der katholische Ritter Villegagnon
bezeichnete sie als »Ungeheuer mit menschlichem Antlitz
(›ce sont des bêtes portant figure humaine‹)«, der calvinistische
Priester Richer sprach ihnen moralisches Empfinden ab
(»l'hébétude crasse de leur esprit ne distingue pas le bien du mal«),
und der Arzt Laurent Joubert behauptete, nachdem er fünf
brasilianische Frauen untersucht hatte, sie hätten keine Peri-
ode und gehörten daher per definitionem nicht zur menschlichen Rasse.

Nachdem sie ihnen die Menschlichkeit abgesprochen
hatten, begannen die Spanier sie wie Tiere abzuschlachten.
1534, nur zweiundvierzig Jahre nach Columbus' Ankunft
auf dem neuen Kontinent, waren die Reiche der Azteken
und der Inka zerstört und ihre Völker versklavt oder ermordet. Montaigne las von der Barbarei in Bartolomeo Las
Casas *Brevissima Relación de la Destrucción de las Indias*, 1552 in
Sevilla gedruckt und in der Übersetzung von Jacques de
Miggrode 1580 unter dem Titel *Tyrannies et cruautés des
Espagnols perpétrées es Indes occidentales qu'on dit le Nouveau
Monde* auch in Frankreich erschienen. Den Indianern waren
ihre Gastfreundschaft und die Schwäche ihrer Waffen zum
Verhängnis geworden. Sie öffneten ihre Dörfer und Städte
für die Spanier und mussten feststellen, dass ihre Gäste sich
gegen sie wendeten, als sie es am wenigsten erwarteten. Ihre
primitiven Waffen hielten den spanischen Kanonen und
Schwertern nicht stand, und die *conquistadores* übten kein
Mitleid mit ihren Opfern. Sie töteten Kinder, schlitzten
schwangeren Frauen den Bauch auf, stachen Augen aus, ver-
brannten ganze Familien bei lebendigem Leibe und steckten
nachts Dörfer in Brand.

Sie richteten Hunde darauf ab, die in den Dschungel ge-
flüchteten Indianer aufzuspüren und in Stücke zu reißen.

Die Männer wurden zur Arbeit in die Gold- und Silber-
minen geschickt und mit Eisenringen am Hals aneinander
gekettet. Starb ein Mann, wurde der Leichnam einfach von
der Kette abgeschnitten, während seine Leidensgenossen zu
beiden Seiten weiterschufteten. Die meisten Indianer überlebten die Arbeit in den Minen nicht länger als drei
Wochen. Frauen wurden vergewaltigt und vor den Augen
ihrer Männer verunstaltet.

Die bevorzugte Form der Verstümmelung war das Abschneiden des Kinns und der Nase. Las Casas berichtet, wie eine Frau, die die spanischen Truppen mit ihren Hunden heranrücken sah, sich mit ihrem Kind erhängte. Ein Soldat trat hinzu, schnitt das Kind mit dem Schwert in zwei Hälften, warf die eine seinen Hunden vor und bat anschließend einen Mönch, die letzten Sakramente zu spenden, damit dem Kinde ein Platz in Christi Himmel sicher sei.

Männer und Frauen voneinander getrennt, verzweifelt und verängstigt, begingen die Indianer in großer Zahl Selbstmord. Zwischen 1533, Montaignes Geburtsjahr, und 1588, dem Erscheinungsdatum des dritten Buchs seiner *Essais*, sank die Eingeborenenbevölkerung in der Neuen Welt Schätzungen zufolge von 80 auf 10 Millionen.

Die Spanier hatten die Indianer reinen Gewissens abgeschlachtet, in der Überzeugung zu wissen, wie ein normaler Mensch beschaffen sei. Ihr Verstand sagte ihnen, das sei jemand, der Kniehosen trug, eine Frau hatte, keine Spinnen aß und in einem Bett schlief:

> »Als wir nun feststellten, daß wir ihre Sprache überhaupt nicht verstanden und ihr Aussehn, ihr Verhalten und ihre Kleider völlig anders waren als unsre – gab es da einen unter uns, der sie deswegen nicht für Wilde und Barbaren gehalten hätte? Auch nur einen, für den es nicht Zeichen von tierischer Dumpfheit waren, daß sie stumm blieben und keine Ahnung von der französischen Sprache hatten, keine Ahnung von unseren Handküssen und den Verrenkungen unserer Kratzfüße?«

Wie Menschen sahen sie ja vielleicht aus, aber – »sie tragen ja nicht einmal Kniehosen!«

Zurückführen ließ sich die Schlächterei auf irriges Denken. Normales wird in der Regel vom Unnormalen geschieden durch eine Form induktiver Logik, wobei wir von besonderen Einzelfällen auf ein allgemeines Gesetz schließen, oder, in der Formulierung der Logiker, aus der Beobachtung A1 ist ø, A2 ist ø und A3 ist ø zu der Ableitung ›Alle A sind ø‹ gelangen. Zur Beurteilung der Intelligenz eines Menschen greifen wir auf Merkmale zurück, die allen Intelligenten gemeinsam sind, denen wir bisher begegnet sind. Treffen wir einen intelligenten Menschen, der aussieht wie 1, einen zweiten mit dem Aussehen von 2 und einen dritten wie 3, so gelangen wir vermutlich zu dem Schluss, dass intelligente Menschen viel lesen, sich schwarz kleiden und ziemlich ernst dreinschauen. Es besteht die Gefahr, dass wir einen, der wie 4 aussieht, als dumm aussondern und vielleicht später töten.

1.

2.

3.

4.

Die französischen Reisenden, die entsetzt über die deutschen Öfen in ihren Herbergsräumen waren, kannten aus ihrem Lande, ehe sie nach Deutschland kamen, eine Anzahl guter Feuerstellen. Eine sah vielleicht aus wie 1, eine andere wie 2, eine dritte wie 3, und aus diesen Beispielen schlossen sie, dass das Wesentliche eines guten Heizungssystems eine offene Feuerstelle sei.

1. 2.

3.

Montaigne beklagte die intellektuelle Arroganz, die hier zum Tragen kam. Es gab Wilde in Südamerika, aber es waren nicht diejenigen, die Spinnen verspeisten:

> »[Jeder nennt] das Barbarei, was bei ihm ungebräuchlich ist – wie wir ja in der Tat offensichtlich keine andere Meßlatte für Wahrheit und Vernunft kennen als das Beispiel und Vorbild der Meinungen und Gepflogenheiten des Landes, in dem wir leben: Stets findet sich hier die perfekte Religion, die perfekte Staatsordnung, der *perfekteste* Gebrauch aller Dinge.«

Montaigne ging es nicht darum, die Unterscheidung zwischen barbarisch und zivilisiert aufzuheben; es gab durchaus Wertunterschiede zwischen den Bräuchen verschiedener Länder (kultureller Relativismus ist genauso plump wie Nationalismus). Er korrigierte die Art und Weise, wie wir Unterscheidungen trafen. Unser Heimatland mochte viele

Vorzüge haben, diese beruhten jedoch nicht darauf, dass es unser Heimatland war. Ein fremdes Land mochte viele Nachteile aufweisen, diese ließen sich jedoch nicht an der bloßen Tatsache erkennen, dass seine Gebräuche ungewöhnlich waren. Nationale Eigenart und Vertrautheit waren absurde Kriterien für eine Güteprüfung.

Die französische Sitte hatte dekretiert, dass einer, der einen Fremdkörper in den Nasengängen hatte, diesen in ein Taschentuch schneuzen sollte. Montaigne hatte einen Freund, der, nachdem er sich über die Sache bedacht hatte, jedoch zu der Ansicht gelangt war, es sei womöglich besser, sich die Nase in die Finger zu schneuzen.

> »Zur Verteidigung dieser Angewohnheit fragte er mich eines Tages …, welches Vorrecht denn dieser schmutzige Auswurf darauf habe, daß wir ihm zum Empfang ein schönes feines Tuch ausbreiteten, um ihn dann, was ja noch ärger sei, einzuwickeln und sorgsam am Körper aufzubewahren … Ich fand, daß das, was er sagte, gar nicht ganz falsch war: Die Gewohnheit hatte mir tatsächlich den Blick für die Absonderlichkeit unsres Verhaltens genommen, während wir doch alle Absonderlichkeiten, wenn sie uns von fremden Ländern berichtet werden, als augenfällige Scheußlichkeiten empfinden.«

Gründliches Nachdenken und nicht Vorurteile waren das Mittel der Wahl bei der Beurteilung eines Verhaltens. Montaignes Unbehagen galt denen, die ungeniert Unbekanntes mit Ungenügendem gleichsetzten und sich so schon über die einfachste Regel intellektueller Bescheidenheit hinwegsetzten, die die größten Philosophen der Antike gelehrt hatten:

> »Der weiseste Mann, den es je gab, pflegte auf die Frage, was er wisse, zu antworten: Er wisse, daß er nichts wisse.«

★

Was also sollen wir tun, wenn wir konfrontiert werden mit Unterstellungen, irgendetwas sei unnormal, Unterstellungen, die mit einem spöttischen, leicht beunruhigten »Wirklich? Wie seltsam!«, begleitet von einer hochgezogenen Augenbraue, bemäntelt werden und die sich auf ihre kleine Weise zur Leugnung von Legitimität und Menschsein summieren – eine Reaktion, die Montaignes Freund in der Gascogne erlebt hatte, als er sich die Nase in die Finger schneuzte, und die in ihrer extremen Ausprägung zur Vernichtung der südamerikanischen Stämme geführt hatte?

Vielleicht uns darauf besinnen, inwieweit Unterstellungen von Unnormalität regional und historisch begründet sind. Diese Denkweise verfängt bei uns selbst desto weniger, je mehr wir uns für die zeitliche und geographische Vielfalt der Bräuche aufschließen. Was zu einem Zeitpunkt in einer Gruppe als unnormal gilt, muss nicht und wird dies nicht für alle Zeit bleiben. Wir können Grenzen unseres Denkens überwinden.

WAS WO ALS UNNORMAL ANGESEHEN WIRD

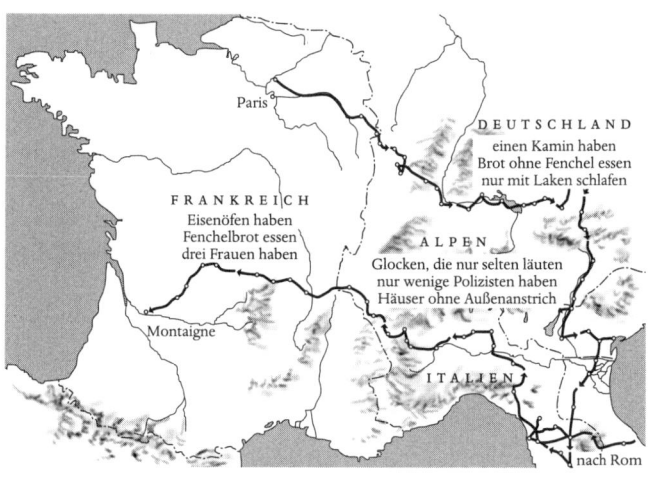

177

Die Bücher, mit denen Montaigne seine Bibliothek ausgestattet hatte, halfen ihm, die Grenzen des Vorurteils zu überwinden. Es waren Werke zur Geschichte, Reisetagebücher,
Berichte von Missionaren und Seekapitänen, die Literaturen
anderer Länder und illustrierte Ausgaben mit Bildern seltsam gekleideter Stämme, die Fische unbekannter Namen
verzehrten. Mittels dieser Bücher vermochte Montaigne sich
der Legitimität von Anteilen seines Ichs zu versichern, für
die er in seiner unmittelbaren Umgebung keine Anhalts-
punkte fand: der römischen Anteile, der griechischen Anteile, der Teile seines Ichs, in denen er eher Mexikaner oder
Tupi war denn Gascogner, des Anteils seines Ichs, der zu
gern sechs Frauen oder einen rasierten Rücken gehabt oder
sich zwölfmal pro Tag gewaschen hätte. Er fühlte sich weniger allein mit diesen Anteilen seines Ichs, wenn er die *Annalen* des Tacitus aufschlug oder Gonçalez de Mendozas
Geschichte Chinas, Goularts Geschichte Portugals, Lebelskis
Geschichte Persiens oder die Berichte des Leo Africanus
über seine Afrikareisen, Lusignanos Geschichte Zyperns,
Postels Sammlung türkischer und orientalischer Geschichten
und Muensters universelle Kosmographie (die Abbildungen
von »animaulx estranges« versprach).

Und fühlte Montaigne sich bedrängt, wenn andere behaupteten, im Besitz universeller Wahrheiten zu sein, konnte er in ganz ähnlicher Weise die verschiedenen Theorien
großer Philosophen der Antike über das Universum im
Geiste Revue passieren lassen und beobachten, welche gro-
tesken Unterschiede dabei zutage traten – und das, obwohl
jeder dieser Denker sich im Besitze der ganzen Wahrheit
wähnte. Nach solchen vergleichenden Studien bekannte
Montaigne sarkastisch, keine Ahnung zu haben, ob er nun

> »wie Platon die Ideen oder wie Epikur die Atome als Urele-
> mente annehmen sollte, oder wie Demokrit und Leukippos
> den vollen und den leeren Raum, oder wie Thales das Wasser,
> oder wie Anaximander die Grenzenlosigkeit der Natur, oder

wie Diogenes die Luft, oder wie Pythagoras die Zahlen und die
Symmetrie, oder wie Parmenides das Unendliche, oder wie
Musaios das Eine, oder wie Apollodorus das Wasser und das
Feuer, oder wie Anaxagoras die gleichartigen Teile, oder wie
Empedokles Abstoßung und Anziehung, oder wie Heraklit das
Feuer – oder irgendeine andre Ansicht mir aus dem heillosen
Wirrwarr von Auffassungen und Thesen herausgreifen, das der
menschliche Verstand durch seinen ach so unfehlbaren Scharf-
blick überall da angerichtet hat, wo er sich einmischte.«

Die Entdeckung neuer Welten und alter Texte bewies ein-
drucksvoll die Unhaltbarkeit dessen, was Montaigne als
»jene so abstoßend streitsüchtige Vermessenheit, die ausschließlich an sich selber glaubt und festhält« bezeichnete.

»Wenn einer diesen ganzen Haufen philosophischer Eseleien
mit geschickter Hand zu bündeln wüßte, würde die Welt ihr
blaues Wunder erleben … Wenn sich selbst bei diesen großen
Männern, die das menschliche Erkenntnisvermögen doch zu so
beträchtlicher Höhe geführt haben, derart grobe, derart in die
Augen springende Fehlurteile finden, verhilft uns das jedenfalls
zu einem Urteil darüber, was vom Menschen, von seinem Verstand und von seiner Vernunft zu halten ist.«

Es hatte Montaigne auch geholfen, dass er siebzehn Monate
zu Pferde durch Europa gereist war. Nachdem er andere Länder und Lebensweisen mit eigenen Augen gesehen
hatte, empfand er die Atmosphäre in seiner heimatlichen
Gegend als weniger bedrückend. Was eine Gesellschaft als
absonderlich einstufte, mochte eine andere, verständigere als
normal begrüßen.

Andere Länder können uns einen Sinn für das Mögliche
zurückgeben, der durch provinzielle Arroganz verödet war;
sie ermutigen uns, mehr von uns selbst zu akzeptieren. Die
in den verschiedensten Gegenden – in Athen, Augsburg,
Cuzco, Mexiko, Rom, Sevilla, der Gascogne – geltenden
Vorstellungen des Normalen geben nur einigen wenigen

Aspekten unseres Wesens Raum und stempeln die übrigen als barbarisch und bizarr ab. Es mag zwar jeder Mensch die ganze Gestalt der *conditio humana* in sich tragen, offenbar aber kann kein einziges Land die Vielschichtigkeit dieser conditio tolerieren.

Unter den siebenundfünfzig Inschriften, die Montaigne auf die Deckenbalken seiner Bibliothek gemalt hatte, war auch eine Zeile von Terenz:

> Homo sum, humani a me nihil alienum puto.
> Mensch bin ich, nichts, was menschlich,
> acht' ich mir als fremd.

Dadurch, dass er – als Reisender und in der Vorstellung – Grenzen überschritt, lud Montaigne uns ein, regionale Vorurteile und die mit ihr einhergehende Beschränkung einzutauschen gegen die weniger einengende Identität als Weltbürger.

Ein anderer Trost gegen den Vorwurf des Unnormalen ist Freundschaft, ist ein Freund – unter anderem – doch einer, der so wohlwollend ist, mehr von uns für normal zu halten als die meisten Menschen. Wir teilen mit Freunden Ansichten, die in gewöhnlicher Gesellschaft als zu spitz, als typisch männlich oder typisch weiblich, als zu pessimistisch, blöd, klug oder angreifbar zurückgewiesen werden würden – Freundschaft ist eine kleine Verschwörung gegen das, was andere für vernünftig halten.

Wie für Epikur war auch für Montaigne Freundschaft ein wesentlicher Bestandteil des Glücks:

> »Die Wohltat einer harmonischen Verbundenheit kann man meines Erachtens gar nicht teuer genug erkaufen. O ein Freund! Wie wahr ist doch der alte Sinnspruch, daß der Umgang mit einem solchen notwendiger und ersprießlicher sei als der mit den Elementen Feuer und Wasser!«

Eine Zeit lang hatte Montaigne das Glück, eine solche Freundschaft zu kennen. Mit fünfundzwanzig wurde er einem achtundzwanzigjährigen Schriftsteller und Mitglied des Parlaments von Bordeaux vorgestellt, Étienne de La Boétie. Es war Freundschaft auf den ersten Blick:

> »Wir suchten uns, noch ehe wir uns gesehn hatten, aufmerksam gemacht durch Berichte, die jeder über den andern vernahm … wir umarmten uns schon in unsren Namen. Bei der ersten Begegnung, die zufällig auf einer großen städtischen Feier und Geselligkeit erfolgte, fühlten wir uns so zueinander hingezogen, ja so miteinander bekannt und verbunden, dass wir von Stund an ein Herz und eine Seele waren.«

Es war eine Freundschaft, glaubte Montaigne, wie sie nur alle 300 Jahre einmal vorkommt; sie hatte nichts gemein mit den lockeren Banden, für die der Begriff so häufig herhalten muss:

> »Bei dem, was wir gewöhnlich Freunde und Freundschaft nennen, handelt es sich allenfalls um nähere Bekanntschaften, die bei gewissen Anlässen oder um irgendeines Vorteils willen geknüpft wurden und uns nur insoweit verbinden. Bei der Freundschaft hingegen, von der ich spreche, verschmelzen zwei Seelen und gehen derart ineinander auf, daß sie sogar die Naht nicht mehr finden, die sie einte.«

Freundschaft hätte für Montaigne nicht diesen Wert besessen, wären die meisten Menschen nicht so enttäuschend gewesen – hätte er nicht so vieles von sich vor ihnen verbergen müssen. Die Tiefe seiner Anhänglichkeit an La Boétie kennzeichnete den Umfang, in welchem Montaigne im Verkehr mit anderen gezwungen gewesen war, ein geschöntes Bild von sich zu zeigen, um Misstrauen und hochgezogenen Augenbrauen zu entgehen. Viele Jahre später ergründete Montaigne, weshalb er eine solche Zuneigung für La Boétie empfand:

> *Luy seul jouyssoit de ma vraye image.*
> Er allein trug mein wahres Bild in sich.

Das heißt, von allen Bekannten Montaignes erfaßte nur La Boétie ihn in seiner Eigenart. La Boétie ließ Montaigne ganz er selbst sein; mit seinem psychologischen Einfühlungsvermögen war er dazu in der Lage. Dank seiner traten wertvolle und doch bis dahin vernachlässigte Dimensionen von Montaignes Charakter hervor – was darauf deutet, dass wir unsere Freunde nicht bloß wählen, weil sie nette und uns angenehme Gesellschaft sind, sondern auch – und vielleicht noch wichtiger – weil sie uns als den begreifen, für den wir uns halten.

Das Idyll währte schmerzlich kurz. Vier Jahre nach der ersten Begegnung, im August 1563, erkrankte La Boétie an Magenkrämpfen und starb wenige Tage später. Montaigne verwand den Verlust zeit seines Lebens nicht.

> »Wenn ich dieses ganze spätre Leben … mit jenen vier Jahren vergleiche, in denen es mir vergönnt war, die beglückende Nähe und Gesellschaft dieses Mannes zu genießen, so ist es nichts als Rauch, nichts als freudlose, dunkle Nacht. Seit dem Tage, da ich ihn verlor, … schleppe ich mich mit versiegenden Kräften dahin.«

Die gesamten *Essais* hindurch finden sich Bekundungen der Sehnsucht nach einem dem toten Gefährten vergleichbaren Seelenverwandten. Noch achtzehn Jahre nach La Boéties Tod übermannte Montaigne von Zeit zu Zeit Traurigkeit. In La Villa bei Lucca, wohin er zur Kur gereist war, notierte er im Mai 1581 in seinem Reisetagebuch: »[Plötzlich überfiel mich] die Erinnerung an den Herrn de la Boétie so heftig, dass ich mich gar nicht von ihr losreißen konnte und schwer unter ihr litt.«

Niemals wieder sollte Montaigne eine so beglückende Freundschaft erleben, doch er entdeckte die schönste Form des Ausgleichs. Mit den *Essais* schuf er in einem anderen Medium das wahre Ebenbild des Menschen, den La Boétie gekannt hatte. Montaigne wurde auf dem Papier er selbst, wie er es im Beisein seines Freundes gewesen war.

Auslöser dieses Buchs waren zwar die Enttäuschungen, die ihm seine nähere Umgebung bereitet hatte, trotzdem war es durchtränkt von der Hoffnung, anderswo werde doch einer verstehen, war es eine Ansprache an alle und keinen im Besonderen. Montaigne war sich der Paradoxie bewusst, dass er sein Innerstes vor Fremden in Buchhandlungen offen legte:

> »Manches, was ich an sich keinem sagen möchte, sage ich hier allen, und meine engsten Freunde schicke ich, wenn sie über mein geheimstes Wissen oder Denken Aufschluß wünschen, in einen Buchladen.«

Wir sollten dankbar sein für dieses Paradox. Buchläden sind die lohnendsten Ziele der Einsamen, denkt man an die Anzahl der Bücher, die geschrieben wurden, weil der Autor keinen fand, mit dem er hätte sprechen können.

Anfangs hatte Montaigne vielleicht gegen sein Gefühl der Einsamkeit angeschrieben, doch sein Buch kann im Kleinen auch helfen, die unsere zu lindern. Dank des ehrlichen, unverstellten Porträts eines Menschen – der über Impotenz und Furzen spricht, der über seinen toten Freund schreibt und mitteilt, Ruhe zu brauchen, wenn er auf der Toilette sitzt – sind wir weniger allein mit Seiten unseres Ichs, die in normaler Gesellschaft und in normalen Porträts nicht zur Sprache kommen, nichtsdestotrotz aber Teil unserer Realität sind.

4

Über die Unzulänglichkeit des Wissens

Es gibt ein paar tonangebende Meinungen dazu, was einen Menschen ausmacht, der als klug gilt:

Was kluge Leute wissen sollten

Eine davon – in ihr spiegelt sich wider, was in Schulen und an Universitäten gelehrt wird – lautet, dass kluge Leute auf Fragen wie die folgenden Antwort zu geben wissen:

1. Ermittle die mit x gekennzeichneten Seitenlängen oder Winkel in den folgenden Dreiecken:

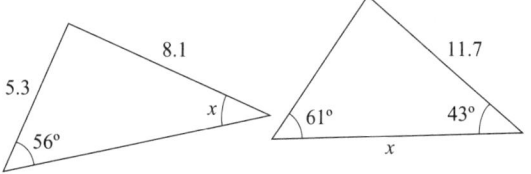

2. Bestimme (falls vorhanden) Subjekt, Prädikat, Kopula und Quantifikatoren in den folgenden Sätzen: Der Hund ist der beste Freund des Menschen; Lucillus ist böse; Alle Fledermäuse gehören zur Klasse der Nagetiere; Es ist nichts Grünes in dem Raum.

3. Welches ist Thomas von Aquins erster Gottesbeweis?

4. Übersetze:

Πᾶσα τέχνη καὶ πᾶσα μέθοδος, ὁμοίως δὲ πρᾶξίς τε καὶ
προαίρεσις, ἀγαθοῦ τινὸς ἐφίεσθαι δοκεῖ· διὸ καλῶς
ἀπεφήναντο τἀγαθὸν οὗ πάντ' ἐφίεται. (διαφορὰ δέ τις
φαίνεται τῶν τελῶν· τὰ μὲν γάρ εἰσιν ἐνέργειαι, τὰ δὲ παρ' αὐτὰς
ἔργα τινά· ὧν δ' εἰσὶ τέλη τινὰ παρὰ τὰς πράξεις, ἐν τούτοις
βελτίω πέφυκε τῶν ἐνεργειῶν τὰ ἔργα.) πολλῶν δὲ πράξεῶν
οὐσῶν καὶ τεχνῶν καὶ ἐπιστημῶν πολλὰ γίνεται καὶ τὰ τέλη·
ἰατρικῆς μὲν γὰρ ὑγίεια, ναυπηγικῆς δὲ πλοῖον, στρατηγικῆς δὲ
νίκη, οἰκονομικῆς δὲ πλοῦτος.
(Aristoteles, *Nikomachische Ethik*, I i–iv)

5. Übersetze:

In capitis mei levitatem iocatus est et in oculorum valitudinem
et in crurum gracilitatem et in staturam. Quae contumelia est
quod apparet audire? Coram uno aliquid dictum ridemus, coram pluribus indignamur, et eorum aliis libertatem non relin-
quimus, quae ipsi in nos dicere adsuevimus; iocis temperatis
delectamur, immodicis irascimur.
(Seneca, *De Constantia*, XVI.4)

Montaigne hatte man viele solche Aufgaben gestellt und er
hatte sie bravourös gemeistert. Man hatte ihn an eine der
besten französischen Bildungsstätten geschickt, ans Collège
de Guyenne in Bordeaux, im Jahre 1533 gegründet, um das
alte und inzwischen unzureichende Collège des Arts zu er-
setzen. Als Michel im Alter von sechs Jahren dort seinen
ersten Unterricht erhielt, genoss die Schule bereits landes-
weit hohes Ansehen als Zentrum der Gelehrsamkeit. Zu
den dort tätigen Lehrern gehörten ein aufgeklärter Direktor,
André de Gouvéa, der namhafte Gräzist Nicolas de
Grouchy, der Aristoteles-Kenner Guillaume Guerente und
der schottische Dichter George Buchanan.

Wollte man das Bildungsideal beschreiben, dem sich das
Collège de Guyenne, ja im Grunde die meisten Schulen
und Universitäten vor ihm und nach ihm verpflichtet fühl-

ten, so beruht es schlicht gesagt auf der Vorstellung, je mehr ein Schüler von der Welt (der Geschichte, Wissenschaft, Literatur) lerne, desto besser. Montaigne aber machte, nachdem er das Curriculum am Collège gewissenhaft und bis zur Graduierung absolviert hatte, einen wichtigen Vorbehalt:

> »Wäre der Mensch weise, würde er den wahren Wert jeder Sache danach bestimmen, inwieweit sie seinem Leben angemessen und von Nutzen ist.«

Bescheid zu wissen lohnt vielleicht nur bei den Dingen, die unser Wohlbefinden steigern.

Zwei große antike Denker dürften im Lehrplan am Collège de Guyenne an vorderster Stelle gestanden und als Muster beispielhaften Wissens gegolten haben. Der eine war Aristoteles, mit dessen Erster und Zweiter Analytik die Studenten vertraut gemacht wurden, jenen Schriften, mit welchen der griechische Philosoph die Grundlagen der Logik schuf. Beispielsweise durch Bestimmungen wie die folgende: Wenn A von jedem B und B von jedem C ausgesagt wird, so muss A von jedem C ausgesagt werden – der logische Schluss; oder durch die Darlegung der Bestandteile, in die der Satz sich bei der Prädizierung auflöst, in Prädikat (P) und Subjekt (S) nämlich, von Aristoteles Begriffe genannt; oder durch die Bestimmung der drei prinzipiellen Typen von Sätzen als allgemein oder partikulär oder unbestimmt. Der zweite Gelehrte war der Römer Marcus Terentius Varro, der für Julius Caesar eine Bibliothek zusammengestellt und selbst sechshundert Bücher, darunter eine Enzyklopädie über die freien Künste sowie fünfundzwanzig Bücher über Etymologie und Linguistik verfasst hatte.

Montaigne ließ das durchaus nicht kalt. Es ist eine Großtat, ein ganzes Regal voller Bücher über die Herkunft der Wörter zu schreiben und allgemeingültigen Sätzen auf den Grund zu gehen. Sollten wir allerdings erfahren, dass diejenigen, die das taten, kein Jota glücklicher oder sogar ein we-

nig unglücklicher waren als diejenigen, die noch nie von philosophischer Logik gehört hatten, so wundern wir uns vielleicht doch ein wenig. Eingedenk des Lebens, das Aristoteles
und Varro geführt haben, stellte Montaigne die Frage:

> »Was hat denn, soweit wir sehen, dem Varro und dem Aristote-
> les die Erkenntnis so vieler Dinge eingebracht? Gewährte sie
> ihnen Verschonung vor den menschlichen Widrigkeiten?
> Machten Plagen, wie sie jeden Lastträger bedrängen, vor ihnen
> etwa halt? Vermochte die Logik sie über die Gicht hinweg-
> zutrösten?«

Um zu begreifen, warum diese beiden Männer so kenntnis-
reich und zugleich so unglücklich sein konnten, unterschied
Montaigne zwischen zwei Kategorien des Wissens: zwischen
Buchwissen und Lebensklugheit. Zum Buchwissen rechnete
er unter anderem Logik, Etymologie, Grammatik, Latein
und Griechisch, zur Lebensklugheit hingegen viel breitere,
schwerer fassbare und wertvollere Kenntnisse: alle die nämlich, die einem Menschen halfen, gut zu leben, was nach
Montaignes Verständnis hieß, ihm halfen, glücklich und
moralisch gut zu leben.

Das Fragwürdige am Collège de Guyenne bestand trotz
der Lehrkräfte und des Direktors, die Koryphäen in ihrem
jeweiligen Fach waren, darin, dass es Buchwissen ausgezeichnet vermittelte, bei der Vermittlung von Lebensklugheit jedoch versagte – und damit auf institutioneller Ebene
die Irrtümer wiederholte, die schon das persönliche Leben
des Varro und des Aristoteles beeinträchtigt hatten.

> »Ich komme immer wieder gern auf dieses Thema der Untaug-
> lichkeit der uns zuteil gewordnen Erziehung zurück. Sie zielte
> darauf ab, uns nicht etwa gut und weise zu machen, sondern
> mit Buchwissen vollzustopfen – und das ist ihr gelungen. Sie
> hat uns nicht gelehrt, der Tugend und der Lebensklugheit
> nachzueifern und sie uns zu eigen zu machen, sondern uns die
> Etymologie und Ableitung der Wörter *Tugend* und *Lebensklug-
> heit* eingebleut.

Meistens fragen wir ja: ›Kann er Griechisch oder Latein? Schreibt er Verse oder Prosa?‹ Ob er dadurch aber besser oder verständiger geworden sei, wäre doch das Wichtigste – und ebendas bleibt auf der Strecke. Erkundigen sollte man sich deshalb, wer das bessere, und nicht, wer das größere Wissen hat. Wir arbeiten ausschließlich daran, unser Gedächtnis vollzustopfen, Verstand und Gewissen jedoch lassen wir leer.«

Eine Sportskanone war Montaigne gewiss nicht. »In Tanz, Paume-Spiel und Ringen vermochte ich nur eine sehr geringe Fertigkeit zu erwerben, halt so das Übliche, und im Schwimmen und Fechten, Kunstreiten und Springen überhaupt keine.« Sein Unbehagen an den Schulen, die in der Vermittlung von Lebenskunst so kläglich versagten, war indes so groß, dass er sich nicht scheute, eine drastische Alternative zur schulischen Erziehung der Jugend Frankreichs vorzuschlagen:

Wenn das Studium nicht dazu führt, daß unsre Seele muntrer ausschreitet, wenn es unser Urteilsvermögen nicht kräftiger macht, könnte der Student von mir aus seine Zeit ebensogut beim Paume-Spiel verbringen.

Natürlich hätte er es lieber gesehen, wenn die Schüler den Unterricht besucht hätten, aber in Schulen, wo man ihnen Lebensklugheit vermittelte und nicht bloß die Etymologie dieses Wortes eintrichterte, kurzum, in denen eine traditionelle Schieflage, die einseitige Bevorzugung abstrakter Fra-

gen, beseitigt wäre. Thales aus Milet in Kleinasien war ein
frühes Beispiel für diese einseitige Wissensvermittlung, wurde er doch zu allen Zeiten dafür gefeiert, dass er im sechsten
Jahrhundert v. Chr. die Himmelssphäre auszumessen versuchte und anhand des Theorems von den gleichen Dreiecken die Höhe der Großen Pyramide in Ägypten berech-
net hatte – zweifellos eine schwierige und erstaunliche Leistung, aber nicht das, wovon Montaigne einen Lehrplan
bestimmt sehen wollte. Mehr sagte ihm schon das Erzie-
hungsideal zu, das eine kecke junge Zeitgenossin des Thales
indirekt zum Ausdruck brachte:

> »Mir macht jene thrakische Magd des Philosophen Thales Spaß,
> die, als sie ihn ununterbrochen die Augen nach oben richten
> und sich mit der Betrachtung des Himmelsgewölbes beschäfti-
> gen sah, ihm etwas in den Weg legte, um ihn stolpern zu lassen
> und so zu ermahnen, daß ihm Zeit genug bleibe, seine Gedan-
> ken den Dingen über den Wolken zuzuwenden, wenn er erst
> einmal auf die vor seinen Füßen liegenden geachtet habe …
> Sokrates sagt bei Platon, man könne jedem, der sich mit Philo-
> sophie befasse, denselben Vorwurf machen …: daß er nichts
> von dem sehe, was vor ihm liegt.«

Montaigne sah auf anderen Gebieten eine ähnliche Tendenz,
die außergewöhnlichen Betätigungen den unscheinbareren,
aber nicht minder wichtigen vorzuziehen – und wollte uns,
nicht anders als die Magd aus Milet, auf den Boden der Tat-
sachen zurückführen:

> »Durch eine Bresche stürmen, eine Delegation leiten oder ein
> Volk regieren – blendend! Aber beherrscht und im rechten
> Maße schelten und lachen, verkaufen und kaufen, hassen und
> lieben, Umgang pflegen mit den Seinen und sich selbst, ohne
> sich je gehnzulassen, ohne sich je untreu zu werden, das ist
> weitaus seltner, schwieriger und unscheinbarer. Wer ein
> nichtöffentliches Leben führt, nimmt damit, was immer man
> über ihn sagen mag, ebenso harte und mühsame Pflichten auf
> sich wie die andern.«

Was also wünschte sich Montaigne als Lehrstoff für die Studenten? Mit welcher Prüfung hätte sich die Klugheit ermitteln lassen, um die es ihm ging, eine Klugheit, die mit den geistigen Fähigkeiten der Unglücklichen Aristoteles und Varro kaum etwas gemein hatte?

In Montaignes Prüfung hätten die Fragen Anforderungen des täglichen Lebens berührt: Liebe, Sexualität, Krankheit, Tod, Kinder, Geld, das eigene Streben.

Prüfung in Montaigne'scher Lebensklugheit

1. »Es ist etwa sieben oder acht Jahre her, daß zwei Meilen von hier ein heute noch lebender Dörfler, der wegen der Eifersucht seiner Frau schon seit langem nicht mehr wußte, wo ihm der Kopf stand, eines Tages von der Feldarbeit heimkehrte und, als sie ihn mit ihrem üblichen Gezeter empfing, in eine derartige Wut geriet, daß er sich auf der Stelle mit der Sichel, die er noch in der Hand hielt, die Teile glattweg abmähte, denen ihre ganze Aufregung galt – und sie ihr mitten ins Gesicht schmiß.« (*Essais*, II.29)
   a) Wie soll man häusliche Streitigkeiten beilegen?
   b) Zeterte die Frau tatsächlich bloß oder drückte sie Zuneigung aus?

2. Lies aufmerksam die beiden folgenden Zitate:

   »Ich will, daß der Tod mich beim Kohlpflanzen antreffe – aber derart, daß ich mich weder über ihn noch gar über meinen unfertigen Garten gräme.« (*Essais*, I.20)
   »In meinem Garten vermag ich Kraut- und Salatköpfe nur mit Mühe auseinanderzuhalten.« (*Essais*, II.17)

   Was ist eine kluge Haltung zum Tod?

3. »[Es wäre] vielleicht ein züchtigeres und erfolgreicheres Verfahren, die Frauen beizeiten mit dem wahren Wesen der Sache bekannt zu machen, statt sie es nach Maßgabe ihrer schweifen-

den und erhitzten Phantasie erraten zu lassen; denn so werden sie von ihrer Begierde und Hoffnung nur dazu verführt, unsre Geschlechtsteile sich dreimal größer vorzustellen, als sie tatsächlich sind. … Welch schädliche Vorstellungen erwecken doch die maßlosen Gebilde, mit denen jugendliche Pagen alle Gänge und Treppenhäuser der königlichen Paläste bekritzeln! Von daher rührt die maßlose Verachtung, mit der die Frauen unserm natürlichen Gemächte begegnen.« (*Essais*, III.5)

Wie sollte ein Mann mit kleinem ›natürlichen Gemächte‹ das Thema zur Sprache bringen?

4. »Von einem Edelmann weiß ich, daß er, nachdem er vornehme Gesellschaft in seinem Haus bewirtet hatte, sich drei, vier Tage später zum Spaß brüstete (denn es war in Wirklichkeit nichts daran), er habe sie eine Katzenpastete verspeisen lassen; eine junge Dame, die zu den Gästen zählte, wurde dadurch von einem derartigen Abscheu gepackt, dass sie schwere Magenkrämpfe mit hohem Fieber bekam und nicht mehr zu retten war.« (Essays I.21)

5. »Wäre es nicht das Benehmen eines Narren, Selbstgespräche zu führen, würde kein Tag, ja keine Stunde vergehn, da man mich nicht mich selbst anknurren hörte: ›Du Scheißkerl!‹« (*Essais*, I.38)
»Die schrecklichste unsrer Krankheiten aber ist die Verachtung unsres Seins.« (*Essais*, III.13)

Wieviel Liebe sollte jemand für sich selbst haben?

Stellte man Menschen Aufgaben, die ihre Weisheit und nicht ihr Wissen prüften, so käme dabei am Ende vermutlich eine total umgekrempelte Hierarchie der Intelligenz heraus – und eine verblüffende neue Elite. Montaigne hatte einen Heidenspaß an der Vorstellung, dass man unscheinbare Menschen dann für klüger halten würde als die oft zu Unrecht gerühmten traditionellen Kandidaten.

»Ich habe zu meiner Zeit Hunderte von Handwerkern,
Hunderte von Bauern gesehn, die weiser und glücklicher waren
als Universitätsrektoren.«

Wie kluge Menschen reden und wie sie aussehen sollten

Wir nehmen gemeinhin an, ein hochgeistiges Buch vor uns
zu haben, wenn wir beim Lesen zunehmend weniger verstehen. Profunde Gedanken können schließlich nicht in der
Sprache von Kindern mitgeteilt werden. Das Gleichsetzen
von Unverständlichkeit mit Tiefsinn ließe sich weniger
wohlwollend aber auch als literarische Manifestation einer
seltsamen Eigentümlichkeit bezeichnen, die uns aus dem
Gefühlsleben bekannt ist, der nämlich, dass geheimnisvoll
tuende und ausweichende Menschen schlichten Gemütern
einen Respekt einflößen, der geradlinigen und klaren versagt bleibt.

Montaigne hatte keine Hemmungen, sein Problem mit rät-
selhaften Büchern offen einzugestehen: »[Ich schaffe] es
nicht, mich lange mit [solchen, A.d.B.] Büchern zu befas-
sen«, schrieb er. »Was mich betrifft, liebe ich nur vergnüg-
liche und leichte Bücher, die mich aufmuntern.«

>»Es gibt nichts, worüber ich mir den Kopf zerbrechen möchte,
>nicht einmal über die Wissenschaft, wie groß ihr Wert auch sei.
>In den Büchern suche ich bloß das Vergnügen eines honorigen
>Zeitvertreibs … Stoße ich beim Lesen auf Schwierigkeiten,

zernage ich mir denn auch nicht die Nägel hierüber, sondern lasse die Sache, nachdem ich sie zwei-, dreimal vergeblich angegangen bin, auf sich beruhn … Wenn mir das eine Buch mißfällt, nehme ich ein andres zur Hand.«

Was natürlich Unsinn war oder vielmehr die spielerische Pose eines Mannes, der immerhin eintausend Bände in seiner Studierstube stehen hatte und über enzyklopädische Kenntnisse der griechischen und lateinischen Philosophie verfügte. Wenn es Montaigne gefiel, sich als unterbelichteter Herr zu präsentieren, den philosophische Darlegungen rasch ermüdeten, so war das eine Unaufrichtigkeit mit Hintersinn. Die wiederholten Bekundungen seiner Faulheit und Begriffsstutzigkeit waren ein taktisches Mittel zum Angehen gegen eine falsche Auffassung von Intelligenz und gutem Stil.

Es lässt sich, so Montaigne, nicht rechtfertigen, dass Bücher aus dem Bereich der Humanwissenschaften schwer verständlich oder langweilig sein müssen; Weisheit setzt weder ein spezielles Vokabular noch eine besondere Syntax voraus; auch profitiert eine Leserschaft nicht davon, wenn sie angeödet wird. Mit Bedacht eingesetzt, kann Langweiligkeit aber ein wertvoller Indikator für den Wert eines Buches sein. Obwohl dies als Urteilskriterium allein nicht genügt (und, nimmt sie überhand, in bewusste Gleichgültigkeit und Ungeduld umschlägt), kann das Achten darauf, wann die Langeweile sich in uns regt, umgekehrt unsere Duldsamkeit gegen unsinniges Gewäsch vermindern. Wer beim Lesen nicht auf seine Langeweile hört, erhöht womöglich sein Leiden unnötig wie derjenige, der seiner Schmerzen nicht achtet. Was immer der zu gewärtigen haben mag, der sich zu Unrecht langweilt, so tun sich doch nicht minder viele Fallgruben auf, wenn wir uns niemals gestatten, die Geduld mit unserer Lektüre zu verlieren.

Jedes schwer verständliche Werk stellt uns vor die Entscheidung, entweder seinem Verfasser die Fähigkeit zur Klarheit absprechen oder uns selbst für dumm halten zu müssen, weil wir nicht kapiert haben, worum es geht. Montaigne riet uns, den Autor zu tadeln. Ein dunkel raunender Prosastil ist wahrscheinlich eher Ausdruck von Faulheit als von Klugheit; was sich leicht lesen läßt, hat sich nur selten auch so schreiben lassen. Oder aber eine solche Prosa bemäntelt das Fehlen von Inhalt; Unverständlichkeit bietet eine unvergleichliche Deckung, wenn man nichts zu sagen hat.

> »Die Schwerverständlichkeit ist ein Falschgeld, dessen sich die Gelehrten wie die Taschenspieler bedienen, damit die Nichtigkeit ihrer Kunst nicht ans Licht komme – und von der menschlichen Dummheit wird es gern als gültiges Zahlungsmittel angenommen.«

Philosophen haben keinen Grund, Wörter zu verwenden, die sich auf der Straße oder dem Marktplatz deplaziert ausnehmen würden.

> »So wie es in der Kleidung ein Zeichen von Borniertheit ist, sich durch besonders ausgefallne Aufmachung hervortun zu wollen, entspringt auch in der Sprache die Suche nach neuen Wendungen und wenig bekannten Wörtern einem zugleich kindischen und schulmeisterhaften Ehrgeiz. Ach, vermöchte ich mich doch nur derer zu bedienen, die in den Pariser *Halles* gang und gäbe sind!«

Einfach zu schreiben erfordert allerdings Mut, läuft man doch Gefahr, übersehen oder als geistiges Leichtgewicht von denen abgetan zu werden, die unbeirrbar glauben, Verstand zeichne sich durch geschraubte Prosa aus. So tief sitzt dieses Vorurteil, dass Montaigne sich fragte, ob die Universitätsgelehrten Sokrates, einen Mann, den sie meist ja über alle anderen stellten, auch ohne das Prestige, das ihm die Platon'schen Dialoge verliehen, goutiert hätten, wenn er ihnen in ihrer eigenen Stadt begegnet wäre und sie mit einfachen Worten angeredet hätte.

»Die Worte des Sokrates zum Beispiel, wie seine Freunde sie
uns überliefert haben, nehmen wir allein aus Hochachtung vor
dem Beifall der Öffentlichkeit beifällig auf, nicht aber aus eigner Erkenntnis ihrer Vortrefflichkeit – sie entsprechen ja weder
unserm Geschmack noch unsrer Lebensführung. Wenn sie zu
dieser Stunde aus dem Munde eines Zeitgenossen kämen,
wüßten bloß wenige sie zu schätzen. Wir nehmen Reize nur
noch wahr, wenn sie künstlich sind: gestelzt, gebläht und auf-
gedonnert. Geht der Liebreiz im Gewand natürlicher Schlicht-
heit einher, wird er von einem so groben Blick wie dem unsern
leicht übersehn, denn seine Schönheit ist zart und verborgen.
Um dieses geheime Leuchten zu entdecken, bedarf es eines zur
Klarheit geläuterten Auges. Halten wir Unschuld etwa nicht
für eine Schwester der Dummheit und deshalb tadelnswert?
Sokrates läßt seine Seele den natürlichen Gang der einfachen
Leute gehn. So spricht ein Bauer, so spricht eine Frau aus dem
Volk … Seine Erfahrungssätze und Gleichnisse gewinnt er dem
alltäglichsten Tun und Treiben der Menschen ab. Jeder versteht
sie. Nie hätten wir den Adel und Glanz seiner bewundernswer-
ten Ideen in ihrer so schlichten Gestalt heute wahrgenommen –
wir, die wir alles als flach und unerheblich ansehn, was nicht
auf den Stelzen der Schulweisheit einherstolziert kommt, und
die wir Gedankenreichtum nur bemerken, wenn er mit Pomp
zur Schau gestellt wird.«

Es ist dies die Bitte, Bücher ernst zu nehmen, auch wenn
ihre Sprache nicht einschüchtert und ihre Gedanken klar
sind – und ergo nicht uns selbst für Narren zu halten, weil
wegen eines Lochs in unserem Budget oder unserer Bildung
unser Mantel schlicht und unser Wortschatz nicht größer ist
als der eines Standbetreibers in den Pariser *Halles*.

Was kluge Menschen wissen sollten

Sie sollten die Fakten kennen, und tun sie das nicht und sind sie außerdem so töricht, sie in einem Buch falsch darzustellen, sollten sie nicht auf die Gnade der Gelehrten hoffen, die ihnen Fehler zu Recht um die Ohren hauen und mit ausgesuchter Höflichkeit darauf hinweisen, dass ein Datum unrichtig oder ein Wort falsch zitiert ist, eine Passage aus dem Zusammenhang gerissen oder eine wichtige Quelle übersehen wurde.

Verstand zu haben heißt nach Montaignes Sicht der Dinge, dass es bei einem Buch auf seine Nützlichkeit und Lebensdienlichkeit ankommt; es ist weniger wertvoll, präzise zu vermitteln, was Platon schrieb oder was Epikur meinte, als vielmehr zu beurteilen, ob das, was sie sagten, interessant ist und uns über die Angst oder die Einsamkeit vor Morgengrauen hinweghilft. Die Verfasser humanwissenschaftlicher Werke haben nicht quasi-wissenschaftlicher Akkuratesse zu dienen, sondern dem Glück und der Gesundheit. Montaigne machte seinem Ärger über die, die solches ablehnten, deutlich Luft:

> »Die Gelehrten, denen es obliegt, über unsre Bücher zu richten, lassen keinen anderen Wert gelten als den der Gelehrsamkeit und gestatten unserm Geiste keinen andern Weg als den des Buch- und Schulwissens. Hast du je den einen Scipio mit dem andren verwechselt – was könntest du dann noch Wesentliches vorzubringen haben? Wer Aristoteles nicht kennt, der kennt ihrer Meinung nach sich selber nicht.«

Die *Essais* waren selber gespickt voll mit falschen Zitaten, fehlerhaften Zuschreibungen, unlogischen Gedankensprüngen und nicht definierten Begriffen. Den Autor bekümmerte das nicht:

»[Ich schreibe zu Hause], in einer ländlichen Gegend, unter Hinterwäldlern, von denen keiner mir helfen oder mich berichtigen kann, und wo ich gewöhnlich mit niemandem verkehre, der auch nur das Latein seines Paternosters verstünde, geschweige denn die französische Hochsprache.«

Selbstverständlich enthielt das Buch Irrtümer, »sie [unterlaufen] mir bei meinem achtlosen Drauflosschreiben ständig«, doch sie genügten nicht, um die *Essais* zu verdammen, genauso wenig wie Exaktheit automatisch ihren Wert garantierte. Es war eine größere Sünde, etwas hinzuschmieren, ohne sich wenigstens um Klugheit zu bemühen, als Scipio Aemilianus (ca. 185-129 v. Chr.) mit Scipio Africanus (236-183 v. Chr.) zu verwechseln.

Wo kluge Menschen ihre Ideen hernehmen sollten

Von Menschen, die noch klüger sind. Sie sollten ihre Zeit damit verbringen, größere Autoritäten, die in den oberen Regionen des Wissens zu Hause sind, zu zitieren und Kommentare dazu niederzuschreiben. Sie sollten Abhandlungen über das moralische Denken Platons oder die Ethik Ciceros verfassen.

Montaigne verdankte dieser Auffassung vieles. In den *Essais* finden sich viele kommentierende Passagen, des Weiteren hundertfach Zitate von Autoren, die nach seiner Meinung einen bestimmten Sachverhalt eleganter und pointierter erfasst hatten, als er es selbst vermochte. So zitiert er Platon 128-, Lukrez 149- und Seneca 130-mal.

Es ist verlockend, Autoren zu zitieren, wenn sie unsere eigenen Gedanken zum Ausdruck bringen, und das mit einer Klarheit und psychologischen Treffsicherheit, die wir nicht erreichen. Sie kennen uns besser als wir uns selbst. Was bei uns zaghaft und verworren ist, ist bei ihnen prägnant und elegant in Worte gefasst. Unsere Bleistiftstriche und Anmerkungen an den Rändern ihrer Bücher und die Anleihen, die wir bei ihnen machen, zeugen davon, wo wir etwas von uns selbst wiederfinden, einen Satz oder zwei, gebaut aus dem Stoff, aus dem unser eigenes Denken gemacht ist – eine Übereinstimmung, die umso verblüffender ist, wenn das Werk im Zeitalter der Toga und der Tieropfer geschrieben wurde. Wir laden diese Wörter in unsere eigenen Bücher ein als Hommage dafür, dass sie uns in Erinnerung gerufen haben, wer wir sind.

Große Bücher, die ein schlagendes Licht auf unsere Erfahrungen werfen und uns zu eigenen Entdeckungen anregen, können aber auch einen problematischen Schatten werfen. Sie können uns dazu verleiten, Aspekte unseres Lebens gering zu achten, die nicht durch das gedruckte Wort beglaubigt sind. Dann erweitern sie unseren Horizont nicht, sondern setzen ihm zu Unrecht eine Grenze. Montaigne kannte einen Mann, der seine Bibliophilie offenbar zu teuer bezahlt hatte.

> »Ich kenne einen, der jedesmal, wenn ich etwas von ihm wissen will, ein Buch von mir verlangt, um mir die Antwort darin zu zeigen; und wenn er die Krätze im Hintern hätte, würde er sich nicht getrauen, mir das zu sagen, ohne vorher im Lexikon nachzusehn, was *Krätze* ist und was *Hintern*.«

Solche Hemmung, unseren eigenen, außerliterarischen Erfahrungen zu trauen, wäre an sich nicht zu beklagen, könnte man sich darauf verlassen, dass Bücher unser gesamtes Potential zum Ausdruck brächten. Montaigne aber sah, dass große Bücher zu allzu vielen Themen schweigen und dass sie, wenn wir unsere Neugier erlahmen lassen, unsere geistige Entwicklung bremsen. Bei einer Begegnung in Italien trat dieser Sachverhalt klar hervor:

»Ich habe zu Pisa privat einen durchaus ehrenwerten Mann kennengelernt, der jedoch ein so eingefleischter Aristoteliker ist, daß sein allumfassendes Dogma lautet, Prüfstein und Grundregel jedes vernünftigen Denkens und jeder Wahrheit könne allein die Übereinstimmung mit der Lehrmeinung seines Meisters sein, außerhalb derer es nur Hirngespinste und Belanglosigkeiten gebe – kurz: Aristoteles habe alles erschaut und alles gesagt.«

Natürlich hat Aristoteles vieles gesehen und vieles gesagt. Von allen antiken Denkern war er vielleicht der umfassendste. Seine Werke – *De generatione et corruptione, Über den Himmel, Meteorologie, Über die Seele, Über die Tiere, Die sophistischen Widerlegungen, Nikomachische Ethik, Physik, Politik* – überragen die Landschaft des Wissens.

Just diese Breite der Leistungen des Aristoteles aber zeitigte ein problematisches Erbe. Es gibt Autoren, die klüger sind, als uns gut tut. Da sie so vieles gesagt haben, gelten sie stets als letzte Autorität. Ihr Genius verhindert die Respektlosigkeit, die ihre Nachfolger für eigene schöpferische Arbeit brauchen. Aristoteles kann paradoxerweise gerade diejenigen hemmen, die größte Achtung vor ihm haben, weil sie sich wie er verhalten. Er gewann Größe nur dadurch, dass er vieles von dem Wissen anzweifelte, das vor ihm angehäuft worden war – nicht dadurch, dass er sich geweigert hätte, Platon oder Heraklit zu lesen, sondern dadurch, dass er treffende, auf Wertschätzung ihrer Stärken aufbauende Kritik an ihren Schwächen übte. In wahrhaft aristotelischem Geiste zu handeln, was der Mann aus Pisa nicht tat, wie Montaigne erkannte, kann unter Umständen darauf hinauslaufen, dass man sich noch von den bedeutendsten Autoritäten löst.

Trotzdem ist es verständlich, wenn wir lieber zitieren und Kommentare verfassen, als für uns selber zu sprechen und zu denken, ist man mit einem Kommentar zum Werk eines

anderen Verfassers − dessen Verfertigung zwar auch nicht
mühelos gelingt und stundenlanges Forschen und Auslegen
voraussetzt − doch gegen die heftigsten Angriffe gefeit, die
Originalwerke treffen können. Wohl kann man Kommenta-
toren vorhalten, dass sie den Ideen großer Denker nicht
gerecht wurden, für die Ideen selbst kann man sie aber nicht
verantwortlich machen − ein Grund, weshalb Montaigne so
viele Zitate und kommentierende Passagen in die *Essais* aufnahm.

> »Ich lasse andre sagen, was ich weniger gut zu sagen vermag:
> manchmal aus Schwäche meiner Sprache, manchmal aus
> Schwäche meines Verstands … Auch bei den Gedanken und
> Erwägungen, Argumenten und Vergleichen, die ich auf meinen
> Acker verpflanze und mit den meinen vermische, habe ich zu-
> weilen ihren Urheber verschwiegen, weil ich jenen Kritikern
> eine Falle stellen wollte, die mit ihren leichtfertigen Verrissen
> über alle Arten von Schriften herfallen, namenlich über jüngre
> Werke noch lebender Autoren … Ich möchte, daß diese Kriti-
> ker dem Plutarch einen Nasenstüber auf meine Nase verpassen
> … Hierzu aber muß ich diese großen Namen ohne Nennung
> vorschicken und meine Unzulänglichkeit dahinter verstecken.«

Es ist erstaunlich, wie ernst einer genommen wird, wenn er
nur ein paar Jahrhunderte tot ist. Mit Behauptungen, die
noch hingenommen werden, wenn sie aus der Feder antiker
Autoren stammen, zieht der Zeitgenosse, der sie ebenfalls
äußert, Spott auf sich. Kritiker verneigen sich nur ungern
vor den größeren Hervorbringungen derer, die zusammen
mit ihnen die Universität besucht haben. Es ist diesen Menschen nicht gestattet, zu sprechen, *als seien sie antike Philosophen.* »Keinem ist das Los gefallen, ungestraft ins Leben einzutreten«, schrieb Seneca, ein Mensch jedoch, der in späteren Zeiten plötzlich Gleiches empfände, würde zu hören bekommen, er solle so etwas lieber nicht laut sagen, es sei
denn, er lasse sich gern demütigen. Montaigne, der diesen
Hang nicht besaß, ging in Deckung und legte am Schluss

der *Essais* ein in seiner Offenheit anrührendes Bekenntnis
ab:

>»Hätte ich genug Selbstvertraun besessen, würde ich auf gut
>Glück allein mit meiner Stimme gesprochen haben.«

Wenn es ihm an Selbstvertrauen mangelte, dann deshalb,
weil umso unwahrscheinlicher war, dass seinen Gedanken
der gleiche Wert beigemessen wurde wie denen Senecas
oder Ciceros, je näher der Leser ihnen räumlich und zeitlich
war:

>»Unter meinem heimatlichen Himmel der Gascogne findet
>man es zum Lachen, mich gedruckt zu sehn. Je weiter entfernt
>von meiner Klause man mich jedoch zur Kenntnis nimmt,
>desto höher steigt mein Wert.«

Im Benehmen seiner Familie und seiner Diener, derer, die
ihn schnarchen hörten oder seine Betttücher wechsel-
ten, fand sich keine Spur von der Verehrung, die man ihm
in Paris – geschweige denn in der Nachwelt – entgegen-
brachte.

>»Schon mancher galt der Welt als wunder wer, an dem seine
>Frau und sein Diener nichts entdecken konnten, das auch nur
>erwähnenswert gewesen wäre. Es gibt wenig Männer, die von
>ihrem Hausgesinde bewundert werden.«

Zwei Lesarten sind hier möglich: einmal die, dass niemand
wirklich wunderbar ist, jedoch nur Familienangehörige und
Hausangestellte aufgrund ihrer Nähe die enttäuschende
Wahrheit entdecken – oder aber die, dass viele Menschen
interessant sind, wir sie jedoch, sind sie uns altersmäßig und
räumlich nahe, in unserer merkwürdigen Voreingenom-
menheit gegen das, was zur Hand ist, nicht allzu ernst nehmen.

Montaigne bedauerte sich nicht; er sah die Kritik anspruchs-
vollerer Werke seiner Zeit vielmehr als Symptom einer
schädlichen Neigung zu glauben, dass die Wahrheit immer

weit von uns entfernt liegen müsse: in einem anderen Klima, in einer alten Bibliothek, in den Büchern von Menschen, die lange vor uns lebten. Schließlich geht es ja darum, ob nur jene Hand voll Genies, die zwischen dem Bau des Parthenon und dem Sacco di Roma geboren wurden, Zugang zu den wirklich wertvollen Dingen haben oder, wie Montaigne kühn behauptete, auch du und ich.

Auf eine höchst sonderbare Quelle der Weisheit, sonderbarer noch als Pyrrhons Schwein auf hoher See oder als ein Tupi-Indianer oder ein Bauer aus der Gascogne, wies er ausdrücklich hin: den Leser. Wenn wir auf unsere Erfahrungen achten und uns mit der Vorstellung anfreunden, dass auch wir plausible Kandidaten für ein geistiges Leben sind, dann steht es, so Montaigne, uns allen offen, zu Einsichten zu gelangen, die nicht weniger profund sind als die in den großen Werken der Alten.

Leicht zu akzeptieren ist der Gedanke nicht. Wir sind dazu erzogen, die Unterwerfung unter die Autorität des geschriebenen Wortes als Tugend zu betrachten und eben nicht die Bücher zu studieren, die Tag für Tag durch die Mechanismen unserer Wahrnehmung in uns selbst aufgezeichnet werden. Montaigne wollte uns uns selbst zurückgeben:

> »›So sagt Cicero.‹ ›Dies ist die Ethik Platons.‹ ›Aristoteles behauptet wortwörtlich‹ – all das kommt uns leicht über die Lippen. Aber wir, was sagen wir denn selbst? Wie handeln wir selbst? Ein Papagei würde ebensogut daherreden.«

Papageienhaft redete ein Schüler zwar nicht gerade daher, wenn er schilderte, was nötig ist, um einen Kommentar zu verfassen. Mit einem ganzen Strauß von Argumenten ließ sich zeigen, wie wichtig eine Auslegung des moralischen Denkens Platons oder der Ethik Ciceros war. Montaigne ging es vielmehr um die Feigheit und Fadheit einer solchen

Unternehmung. Für Sekundärwerke brauchte man wenig Können (»Der Ehre des Erfindens [gebührt] ein unvergleichlich hoher Vorrang gegenüber der Ehre des bloßen Zitierens«); die Schwierigkeiten sind eher technischer Natur, sind eine Frage von Geduld und einer stillen Bibliothek. Hinzu kommt, dass viele der Bücher, denen nachzuplappern uns die akademische Tradition anhält, an sich nichts Faszinierendes haben. Der zentrale Platz im Kanon wurde ihnen zugewiesen, weil sie das Werk von Autoren waren, die einen hohen Prestigewert haben, wohingegen andere, gleichwertige oder weit wertvollere Themen unbearbeitet liegen bleiben, weil keine große intellektuelle Autorität sich je ihrer angenommen hat. Das Verhältnis von Kunst und Realität gilt schon lange als ernste philosophische Frage, nicht zuletzt, weil Platon sie als Erster aufgeworfen hatte; hingegen gilt das Verhältnis von Schüchternheit und persönlicher Erscheinung nicht als solche, schon deshalb, weil sie nie die Aufmerksamkeit eines antiken Philosophen fand.

Im Lichte dieses unnatürlichen Respekts vor der Tradition fand Montaigne es durchaus angebracht, seinen Lesern zu gestehen, dass er Platon im Grunde für beschränkt und langatmig hielt:

> »Darf ich unter Berufung darauf, daß sich in diesen Zeiten jeder jede Freiheit herausnimmt, die höchst lästerliche Meinung äußern, selbst Platons Dialoge zögen sich schier endlos dahin und erdrückten so ihren Gegenstand, weshalb man es bedauern müsse, daß ein Mann, der so viel Wichtigeres zu sagen hatte, seine Zeit mit derart langen, müßigen und bloß einleitenden Wechselreden vergeudet habe?«

(Sehr tröstlich, bei Montaigne auf diesen Gedanken zu stoßen! Ein Autor dieses Ansehens, der den zaghaften, stillen Verdacht eines anderen Autors beglaubigt!) Und im Falle Ciceros brauchte man sich nicht einmal zu entschuldigen, bevor man ihn angriff:

»[Ich finde Ciceros] Art zu schreiben … langweilig – nehmen doch in seinen Schriften die Vorreden und Definitionen, Untergliederungen und etymologischen Exkurse den größten Teil ein … Wenn ich eine Stunde darauf verwendet habe, ihn zu lesen, was für mich schon viel ist, und mir dann klarzumachen suche, was ich denn an greifbarem Gewinn verbuchen könnte, fasse ich meistens nur Wind.«

Wenn die Gelehrten den Klassikern solch große Aufmerksamkeit schenkten, dann, so Montaigne, aus dem großsprecherischen Wunsch heraus, vermittels der Verbindung mit prestigeträchtigen Namen selber für enorm klug gehalten zu werden. Und was hatte das Lesepublikum davon? Einen Berg gelehrter, aber wenig weiser Bücher:

»Es gibt mehr Bücher über Bücher als über irgendeinen Gegenstand sonst. Wir tun nichts anderes, als uns gegenseitig zu glossieren. Alles wimmelt von Kommentaren, an Autoren aber herrscht große Not.«

Interessante Ideen, davon war Montaigne überzeugt, sind in jedem Leben zu finden. Wie bescheiden unsere Geschichten auch sein mögen, so können wir doch aus uns selbst tiefere Einsichten schöpfen als aus allen Schriften der Alten zusammengenommen:

»An meiner eignen Erfahrung fände ich genug, um weise zu werden, wäre ich ein guter Schüler. Wer sich ins Gedächtnis ruft, wie er bei einem frühren Wutanfall außer sich geriet, … wird die Häßlichkeit solch leidenschaftlichen Aufbrausens schärfer sehn als bei der Lektüre des Aristoteles – und so einen berechtigteren Widerwillen dagegen fassen. Wer sich der Übel erinnert, die ihn ereilt oder auch nur bedroht haben, und wie geringfügige Anlässe ihn von einer Lebenslage in die andre versetzten, sucht sich kraft dessen für künftige Wechselfälle zu rüsten und die Bedingtheit seines Daseins zu erkennen. Das Leben Caesars enthält für uns nicht mehr Lehren als das unsre: ob eines Kaisers oder eines einfachen Mannes Leben, stets ist es allem ausgesetzt, was Menschen begegnen kann.«

Nur eine demütigende Gelehrtenkultur lässt uns gegenteiliger Ansicht sein:

>»Wir sind, ein jeder von uns, reicher, als wir glauben.«

Wir alle können kluge Gedanken hervorbringen, wenn wir aufhören, uns selber als ungeeignet für die Aufgabe zu betrachten, weil wir nicht 2000 Jahre alt sind, weil uns Platons Dialoge schnuppe sind und weil wir still auf dem Lande leben:

>»Man kann alle Moralphilosophie ebensogut auf ein niedriges und namenloses wie auf ein reicher ausgestattetes Leben gründen.«

Vielleicht um den Beweis dafür anzutreten, lieferte uns Montaigne so viele Informationen darüber, wie gewöhnlich und ruhig sein eigenes Leben verlief. Vielleicht teilte er uns just aus diesem Grunde mit:

Dass er Äpfel nicht mochte:

>»Ich bin weder auf Salate noch auf Obst sonderlich erpicht, außer auf Melonen.«

Dass er keine ganz einfache Beziehung zu Rettichen hatte:

>»Rettiche zum Beispiel fand ich anfangs bekömmlich, dann unbekömmlich, und jetzt bekommen sie mir wieder.«

Dass er die fortschrittlichste Zahnhygiene seiner Zeit betrieb:

>»[Meine Zähne sind] stets gut bis ausgezeichnet gewesen … Von Kindesbeinen an habe ich gelernt, sie morgens sowie vor und nach jeder Mahlzeit mit meiner Serviette abzureiben.«

Dass er sein Essen zu schnell hinunterschlang:

>»Vor lauter Hast beiße ich mir oft in die Zunge, zuweilen gar in die Finger.«

Und sich gern den Mund abwischte:

»Zwar könnte ich ohne Tischtuch speisen, aber wie die Deutschen ohne weiße Serviette nur sehr widerwillig … Ich finde es schade, daß man eine dem Beispiel der Königshöfe folgende Bedienungsweise nicht fortgeführt hat, die ich bereits in Brauch kommen sah, nämlich uns nach jedem Gang wie die Teller auch die Servietten zu wechseln.«

Kleinigkeiten vielleicht, aber symbolische Mahnungen, dass ein denkendes »Ich« hinter seinem Buch stand, dass ein gewöhnlicher Mensch, der Obst nicht mochte, eine Moralphilosophie hervorgebracht hatte – und dass dies wieder geschehen konnte.

Es besteht kein Anlass, entmutigt zu sein, wenn wir rein äußerlich nichts mit denen gemein haben, die in der Vergangenheit grübelten.

Cicero 106-43 v. Chr.

Bei dem unzulänglichen, halb-rationalen Menschen, dessen Porträt Montaigne neu entwarf, konnte es vorkommen, dass er kein Griechisch beherrschte, dass er furzte, die eigene Meinung nach einer Mahlzeit änderte, von Büchern gelangweilt war, keinen der antiken Philosophen kannte und die Scipios verwechselte.

Ein tugendhaftes, gewöhnliches Leben, nach Weisheit strebend und von der Torheit nie weit entfernt, ist Leistung genug.

V

Trost bei gebrochenem Herzen

1

Bei Liebesleid hilft von allen Philosophen am besten vielleicht er:

Sein Leben, 1788–1860

1788 Arthur Schopenhauer wird in Danzig geboren. In späteren Jahren blickt er mit Bedauern auf dieses Ereignis zurück: »Man kann auch unser Leben auffassen als eine unnützerweise störende Episode in der säligen Ruhe des Nichts.« An anderer Stelle heißt es, »daß das menschliche Daseyn eine Art Verirrung seyn müsse …«, ein Zustand, von dem sich sagen lässt: »Es ist heute schlecht und wird nun täglich schlechter werden, – bis das Schlimmste kommt.« Schopenhauers Vater Heinrich, ein wohlhabender Kaufmann, und seine Frau Johanna, eine rege Salondame und zwanzig Jahre jünger als ihr Gatte, interessieren sich nur wenig für ihren Sohn, der einmal einer der größten Pessimisten in der Geschichte der Philosophie werden sollte. »Schon als sechsjähriges Kind fanden mich die vom Spaziergang heimkehrenden Aeltern eines Abends in der vollsten Verzweiflung.«

Heinrich Schopenhauer   Johanna Schopenhauer

1803–5 Nach dem offensichtlichen Selbstmord des Vaters
(der in einem Kanal neben dem Speicherhaus der Familie
treibend aufgefunden wird) bleibt der siebzehnjährige Schopenhauer mit einem Vermögen zurück, dessen Größe die
Gewähr bietet, dass er nie wird arbeiten müssen. Der Gedanke hat für ihn nichts Tröstliches. Später wird er sich erinnern: »In meinem 17ten Jahre, ohne alle gelehrte Schulbil-
dung, wurde ich vom *Jammer des Lebens* so ergriffen, wie
Buddha in seiner Jugend, als er Krankheit, Alter, Schmerz
und Tod erblickte. Die Wahrheit … war, daß diese Welt
kein Werk eines allgütigen Wesens seyn könnte, wohl aber
das eines Teufels, der Geschöpfe ins Daseyn gerufen, um am
Anblick ihrer Qual sich zu weiden: darauf deuteten die
Data, und der Glaube, daß es so sey, gewann die Oberhand.«

Schopenhauer wird nach London geschickt, wo er in der
Internatsschule Eagle House in Wimbledon Englisch lernen
soll. Auf einen Brief, den er von ihm erhalten hat, antwortet
der Freund Lorenz Meyer: »Daß du durch Deinen Aufenthalt in England dich bewogen findest die ganze *Nation* zu
hassen, thut mir leid.« Trotz der tiefen Abneigung erlangt

Eagle House School, Wimbledon

Schopenhauer eine fast vollkommene Beherrschung der Sprache und wird bei Gesprächen oft fälschlich für einen Engländer gehalten.

Schopenhauer bereist Frankreich, er besucht die Stadt Nîmes, in die rund 1800 Jahre zuvor schon römische Baumeister über den majestätischen Pont du Gard hinweg Wasser geleitet hatten, damit die Bürger der Stadt jederzeit baden konnten. Schopenhauer beeindruckt nicht, was er von den Ruinen der römischen Bauwerke sieht. »Diese Spuren führen bald den Gedanken an die Tausende längst verweste Menschen herbey.«

Schopenhauers Mutter beklagt die Passion ihres Sohnes, »über das Elend der Menschen zu grübeln«.

1809–11 Schopenhauer studiert an der Universität Göttingen und fasst den Entschluss, Philosoph zu werden: »Das Leben ist eine mißliche Sache, ich habe mir vorgesetzt, es damit hinzubringen, über dasselbe nachzudenken.«

Bei einem Ausflug aufs Land schlägt ein Freund vor, doch zu versuchen, ob sie nicht die Bekanntschaft von Frauen machen könnten. Schopenhauer vereitelt das Vorhaben mit den Worten, das Leben sei »so kurz, fragwürdig und vergänglich, daß es sich nicht lohnt, große Anstalten zu treffen«.

Der junge Schopenhauer

1813 Er besucht seine Mutter in Weimar. Johanna Schopenhauer hat sich mit dem berühmtesten Bewohner der Stadt angefreundet, mit Johann Wolfgang von Goethe, der sie regelmäßig besucht (und sich gern mit Sophie, Johannas Haushälterin, und mit Adele, Arthurs jüngerer Schwester, unterhält). Nach einer ersten Begegnung schildert Schopenhauer in einem Brief Goethe als »heiter, gesellig, günstig, freundlich: gepriesen sey sein Name in alle Ewigkeit!«

Goethe berichtet: »Der junge Schopenhauer hat sich mir als einen merkwürdigen und interessanten jungen Mann dargestellt.« Arthurs Gefühle für den Dichter werden nie so recht erwidert. Als der Philosoph Weimar verlässt, schreibt Goethe ein Couplet für ihn.

> *Willst Du Dich Deines Wertes freuen,*
> *So mußt der Welt Du Wert verleihen.*

Schopenhauer ist nicht beeindruckt und notiert in seinem Tagebuch neben Goethes Wink ein Wort von Chamfort: »Besser, Menschen so zu akzeptieren, wie sie sind, anstatt sie für etwas zu nehmen, was sie nicht sind.«

1814–15 Schopenhauer übersiedelt nach Dresden und schreibt eine Abhandlung (*Über die vierfache Wurzel des Satzes vom zureichenden Grunde*). Er hat kaum Freunde und schraubt seine Erwartungen herunter, wenn er sich auf ein Gespräch einlässt. »Ich rede bisweilen mit Menschen so wie das Kind mit seiner Puppe redet: es weiß zwar, daß die Puppe es nicht versteht; schafft sich aber, durch eine angenehme wissentliche Selbsttäuschung, die Freude der Mittheilung.« Er wird Stammgast in einem italienischen Wirtshaus, in dem seine Lieblingsspeisen – venezianische Salami, Trüffelwurst und Parmaschinken – aufgetischt werden.

1818 Er beendet *Die Welt als Wille und Vorstellung*, von dem er weiß, dass es sich um ein Meisterwerk handelt. Es erklärt, warum es ihm an Freunden mangelt. »Ein Mann von Genie kann schwerlich gesellig seyn. Denn welche Dialogen sollten wohl so geistreich und unterhaltend seyn, als seine Monologen?«

1818–19 Die Fertigstellung seines Buches feiert Schopenhauer mit einer Reise nach Italien. Zwar erfreut er sich an Kunst, Natur und Klima, doch sein Gemüt bleibt störanfällig: »Man sollte stets eingedenk seyn, daß kein Mensch jemals sehr weit von dem Zustande ist, wo er willig zum Eisen oder Gift greift, um seinem Daseyn ein Ende zu machen: und die welche sich sehr weit davon glauben, könnte leicht ein Zufall, eine Krankheit, ein starker Wechsel des Glücks oder des – Wetters, vom Gegentheil überzeugen.« Er besucht Florenz, Rom, Neapel und Venedig und lernt bei Empfängen eine Reihe attraktiver Frauen kennen. »Und was die Weiber betrifft, so war ich diesen sehr gewogen – hätten sie mich nur haben wollen.« Die Ablehnung trägt dazu bei, dass er zu der Ansicht gelangt: »Das niedrig gewachsene, schmalschultrige, breithüftige und kurzbeinige Geschlecht das schöne nennen, konnte nur der vom Geschlechtstrieb umnebelte männliche Intellekt.«

1819 *Die Welt als Wille und Vorstellung* wird veröffentlicht. Von dem Werk werden 230 Exemplare abgesetzt. »Ist doch jede Lebensgeschichte eine Leidensgeschichte!« »Wenn ich doch nur die Illusion los werden könnte, das Kröten- und Ottern-Gezücht für meines Gleichen anzusehen, da wäre mir viel geholfen.«

1820 Schopenhauer bemüht sich an der Berliner Universität um einen Lehrstuhl für Philosophie. Er bietet Vorlesungen über »Die gesamte Philosophie d. i. die Lehre vom Wesen der Welt und vom menschlichen Geiste« an. Fünf Studenten sitzen im Hörsaal. Aus einem nahe gelegenen Gebäude kann man den Rivalen Hegel vernehmen, der vor dreihundert Zuhörern liest. Über dessen Philosophie hält Schopenhauer fest, »daß ihr Grundgedanke der absurdeste Einfall, daß er eine auf den Kopf gestellte Welt, eine philosophische Hanswurstiade war und ihr Inhalt der hohlste, sinnleerste Wortkram, an welchem jemals Strohköpfe ihr Genüge gehabt, und daß ihr Vortrag ... der widerwärtigste und unsinnigste Gallimathias ist, ja, an die Deliramente der

Tollhäusler erinnert«. Das einsetzende Missvergnügen am akademischen Betrieb schlägt sich so nieder: »Daß es mit der Philosophie Ernst seyn kann, davon hat in der Regel niemand weniger Ahnung als ein Docent der Philosophie; so wie in der Regel niemand weniger an das Christenthum glaubt als der Papst.«

1821 Schopenhauer verliebt sich in Caroline Medon, eine neunzehnjährige Sängerin. Die Beziehung dauert mit Unterbrechungen zehn Jahre, doch Schopenhauer hat nicht den Wunsch, dem Arrangement eine feste Form zu geben. »Heirathen heißt das Mögliche thun, einander zum Ekel zu werden.« Der Vielweiberei hingegen könnte er etwas abgewinnen: »Die Polygamie hätte, unter vielen Vortheilen, auch den, daß der Mann nicht in so genaue Verbindung mit seinen Schwiegerältern käme, die Furcht vor welcher jetzt unzählige Ehen verhindert. 10 Schwiegermütter statt Einer!«

1822 Reist zum zweiten Mal nach Italien (Mailand, Florenz, Venedig). Vor seiner Abfahrt bittet er den Freund Friedrich Osann, ein bisschen aufzupassen, »wo etwa in Büchern, Journälen, Literaturzeitungen und dgl. meiner Erwähnung geschieht«. Viel Zeit wird Osann für den Auftrag nicht aufzuwenden brauchen.

1825 Als Akademiker gescheitert, versucht Schopenhauer sich als Übersetzer zu betätigen. Seine Angebote, Kant ins Englische und den *Tristram Shandy* ins Deutsche zu übersetzen, finden jedoch bei Verlegern keine Resonanz. In einem Brief bekennt er sich wehmütig zu dem Wunsch, »eine Stelle in der bürgerlichen Gesellschaft« zu haben, der sich freilich nie erfüllen wird. »Wenn ein Gott diese Welt gemacht hat, so möchte ich nicht der Gott seyn: ihr Jammer würde mir das Herz zerreißen.« Zum Glück kann er sich in dunkleren Stunden auf ein beruhigendes Selbstwertgefühl stützen. »Wie oft muß ich ... erfahren, daß mein Geist in Angelegenheiten des alltäglichen Lebens ... das ist, was ein Teleskop im Opernhause, oder eine Kanone auf der Hasenjagd.«

1828 Wird vierzig. »Jeder irgend vorzügliche Mensch«, spricht er sich selbst Trost zu, »wird, nach dem vierzigsten Jahre, von einem gewissen Anfluge von Misanthropie schwerlich frei bleiben.«

1831 Inzwischen dreiundvierzig und in Berlin lebend, denkt Schopenhauer noch einmal daran, sich zu verheiraten. Er wirbt um Flora Weiß, ein schönes, aufgewecktes Mädchen, das gerade siebzehn geworden ist. Auf einer Kahnpartie möchte er sie für sich einnehmen, lächelt sie an und reicht ihr weiße Trauben. Flora vertraut später ihrem Tagebuch an: »Ich wollt' sie aber nicht haben. Mir war's eklig, weil der olle Schopenhauer sie angefaßt hatte, und da ließ ich sie so ganz sachte hinter mir ins Wasser gleiten.« Hastig flieht Schopenhauer Berlin. »Das Leben hat keinen wahren ächten Gehalt, sondern wird bloß durch Bedürfniß und Illusion in Bewegung erhalten.«

1833 Er bezieht eine bescheidende Wohnung in Frankfurt am Main, einer Stadt mit etwa 50 000 Einwohnern. Für Schopenhauer ist der Ort, das Bankenzentrum des europäischen Kontinents, »eine kleine, steife, innerlich rohe, Municipal-aufgeblasene, bauernstolze Abderiten-Nation, der ich mich nicht gern nähere.«

Seine innigsten Beziehungen hat er nun zu einer Reihe von Pudeln, an denen er eine Freundlichkeit und Demut zu erkennen glaubt, die Menschen vermissen lassen. »Der Anblick jedes Thiers erfreut mich unmittelbar, und mir geht dabei das Herz auf.« Er überhäuft diese Pudel mit Liebe, siezt sie und ergreift lebhaft Partei für das Wohl von Tieren.

»Seinen treuesten Freund, den so intelligenten Hund, legt [der Mensch] an die Kette! Nie sehe ich einen solchen ohne inniges Mitleid mit ihm und tiefe Indignation gegen seinen Herrn, und mit Befriedigung denke ich an den vor einigen Jahren von den *Times* berichteten Fall, daß ein Lord, der einen großen Kettenhund hielt, einst, seinen Hof durchschreitend, sich beigehn ließ, den Hund liebkosen zu wollen, worauf dieser sogleich ihm den Arm von oben bis unten aufriß, – mit Recht! er wollte damit sagen: ›Du bist nicht mein Herr, sondern mein Teufel, der mir mein kurzes Daseyn zur Hölle macht.‹ Möge es Jedem so gehn, der Hunde ankettet.«

Der Philosoph lebt nach einem strengen Tagesplan. Die ersten drei Morgenstunden schreibt er, anschließend spielt er eine Stunde lang Flöte (Rossini), legt sodann eine weiße Krawatte an und begibt sich zum Mittagessen in den Englischen Hof auf dem Rossmarkt. Er hat einen gewaltigen Appetit und steckt sich eine große weiße Serviette in den Kragen. Beim Essen zieht er es vor, von der sonstigen Tischgesellschaft keine Notiz zu nehmen, beteiligt sich beim Kaffee gelegentlich aber doch an Gesprächen. In den Augen eines anderen Gastes ist er dieser »oft komisch-mürrische, aber eigentlich harmlose, gutmütig-unwirsche Tischgenosse«.

Ein weiterer berichtet, dass Schopenhauer sich häufig des vorzüglichen Zustands seiner Zähne gerühmt und dies als äußeres Insignium dafür genommen habe, dass er anderen Menschen oder, wie er es ausdrückt, dem »gewöhnlichen Zweifüßler« überlegen sei.

Nach dem Mittagsmahl zieht sich Schopenhauer ins Lesekabinett seines Klubs zurück, der gleich am Platze gelegenen »Casino-Gesellschaft«, wo er die *Times* liest – das Blatt, von dem er sich am besten über das Elend der Welt unterrichtet fühlt. Am späteren Nachmittag unternimmt er in Begleitung seines Pudels, bisweilen vor sich hin murmelnd, einen zweistündigen Spaziergang am Mainufer entlang. Abends besucht er die Oper oder das Theater und ist oft erzürnt über den Lärm, den Zuspätgekommene, Füßescharrer oder Hustende machen, weshalb er sich schriftlich an die Theaterleitung wendet mit dem Verlangen, durch strenge Maßnahmen Abhilfe zu schaffen. Wohl hat er Seneca gelesen und bewundert ihn sehr, doch der Auffassung des römischen Philosophen in Bezug auf Lärm stimmt er nicht zu: »Ich hege wirklich längst die Meinung, daß die Quantität Lerm, die Jeder unbeschwert vertragen kann, in umgekehrtem Verhältniß zu seinen Geisteskräften steht ... Wer habituell die Stubenthüren, statt sie mit der Hand zu schließen, zuwirft, ... ist nicht bloß ein ungezogener, sondern auch ein roher und bornirter Mensch ... Ganz civilisirt werden wir erst seyn, wann ... nicht mehr Jedem das Recht zustehn wird, das Bewußtseyn jedes denkenden Wesens, auf tausend Schritte in die Runde, zu durchschneiden mittelst Pfeifen, Heulen, Brüllen, Hämmern, Peitschenklatschen, Bellenlassen u. dgl.«

1840 Er legt sich einen neuen Pudel zu, eine weiße Hündin, die er, nach der Weltseele der Brahmanen, Atma nennt. Überhaupt fühlt er sich hingezogen zu den östlichen Religionen, insbesondere zum Brahmanismus, der Lehre der

»Buddhaisten …, des edelsten und ältesten Volkes«. In den Upanischaden liest er jeden Abend ein paar Seiten. Als die Putzfrau Margaretha Schnepp einmal seine Anweisung, den Buddha in seinem Arbeitszimmer nicht zu entstauben, missachtet hat, droht er, sie zu entlassen.

Schopenhauer verbringt immer mehr Zeit allein. Seine Mutter sorgt sich um ihn: »Zwei Monat auf der Stube, und keinen Menschen gesehen, das ist nicht gut mein Sohn, und betrübt mich, der Mensch darf und soll sich nicht auf diese Weise isoliren.« Er gewöhnt sich an, tagsüber längere Zeit zu schlafen: »Wäre Leben und Daseyn ein erfreulicher Zustand, so würde jeder ungern dem bewußtlosen Zustand des Schlafs entgegen gehn und gerne von ihm wieder aufstehn. Aber es ist gerade umgekehrt: Jeder geht sehr gerne schlafen und steht ungern wieder auf.« Sein Schlafverlangen rechtfertigt er damit, dass er sich mit zweien seiner Lieblingsdenker vergleicht: »Menschen bedürfen um so mehr Schlaf, je entwickelter … und je thätiger ihr Gehirn ist. Montaigne erzählt von sich, daß er stets ein Langschläfer gewesen, einen großen Theil seines Lebens verschlafen habe und noch im höhern Alter acht bis neun Stunden in Einem Zuge schlafe. Auch von Cartesius wird uns berichtet, daß er viel geschlafen habe.«

1843 Schopenhauer zieht in ein neues Haus in Frankfurt, in die Schöne Aussicht Nr. 17, in der Innenstadt nahe dem Main gelegen. In dieser Straße wird er den Rest seines Lebens verbringen, zieht jedoch im Jahre 1859 nach einem Streit mit seinem Vermieter, bei dem es um seinen Hund geht, in die Hausnummer 16 um.

1844 Er veröffentlicht die zweite, auf zwei Bände erweiterte Ausgabe von *Die Welt als Wille und Vorstellung*. Im Vorwort schreibt er: »Nicht den Zeitgenossen, nicht den Landsgenossen, – der Menschheit übergebe ich mein nunmehr vollendetes Werk, in der Zuversicht, daß es nicht ohne Werth für sie seyn wird; sollte auch dieser, wie es das Loos des Guten in jeder Art mit sich bringt, erst spät erkannt werden.« Das Werk verkauft sich keine dreihundert Mal. »Da unser größtes Vergnügen darin besteht, *bewundert* zu werden, die Bewunderer aber, selbst wo alle Ursache wäre, sich ungern dazu herbeilassen; so ist der Glücklichste der, welcher, gleichviel wie, es dahin gebracht hat, sich selbst aufrichtig zu bewundern.«

1850 Atma stirbt. Schopenhauer kauft einen braunen Pudel namens Butz, der ihm von allen der liebste wird. Marschiert eine Militärkapelle an seinem Haus vorbei, so erhebt sich Schopenhauer, und sei es mitten in einem Gespräch, und stellt einen Stuhl ans Fenster, damit Butz hinausschauen kann. Bei den Nachbarskindern heißt das Tier nur »der junge Schopenhauer«.

1851 Er veröffentlicht eine Auswahl von Essays und Aphorismen, die *Parerga und Paralipomena*. Zur großen Überraschung seines Verfassers wird das Buch ein Bestseller.

1853 Sein Ruhm (»die Komödie des Ruhmes«, wie er es nennt) verbreitet sich in ganz Europa. An den Universitäten von Bonn, Breslau und Jena werden Vorlesungen über seine Philosophie angeboten. Er erhält Fanpost. Eine Frau aus Schlesien schickt ihm ein langes, anspielungsreiches Gedicht. Ein Herr aus Böhmen schreibt, er bekränze Schopenhauers Bildnis alle Tage neu. Nachdem man ein langes Leben in Bedeutungslosigkeit und Missachtung hingebracht hat, kommen sie nun mit Pauken und Trompeten und meinen, das sei etwas, soll Schopenhauer hierauf zwar erwidert haben, eine gewisse Genugtuung bereitet ihm die späte Anerkennung aber doch. »Hätte wohl je irgend ein großer Geist sein Ziel erreichen und ein dauerhaftes Werk schaffen können, wenn er das hüpfende Irrlicht der öffentlichen Meinung, d. h. der Meinung kleiner Geister, zu seinem Leitstern genommen hätte?« Philosophisch angehauchte Frankfurter schaffen sich ihm zu Ehren Pudel an.

1859 Nun, da ihm der Ruhm sogar weiblichen Zuspruch einträgt, gewinnt sein Frauenbild sanftere Konturen. Entgegen früherer Meinung, »die Weiber eignen sich zu Pflegerinnen und Erzieherinnen unserer Kindheit gerade dadurch, daß sie selbst kindisch, läppisch und kurzsichtig, mit Einem Worte, Zeit Lebens große Kinder sind«, gesteht er ihnen nun zu, dass sie zur Selbstlosigkeit und zur Einsicht fähig sind. Eine attraktive Bildhauerin und Bewunderin seiner Philosophie, Elizabeth Ney (eine Nachfahrin von Napoleons Marschall), kommt im Oktober nach Frankfurt und bezieht für einen Monat Quartier in seiner Wohnung, um eine Büste von ihm zu machen.

»Sie arbeitet den ganzen Tag bei mir. Wenn ich vom Essen komme, trinken wir zusammen Kaffee, sitzen beieinander auf dem Sopha, da komme ich mir dann vor wie verheiratet.«

1860 Ein sich verschlechternder Gesundheitszustand lässt ihn ahnen, dass das Ende naht. »Daß seinen Leib nun bald die Würmer zernagen würden, sei ihm kein arger Gedanke: dagegen denke er mit Grauen daran, wie sein Geist unter den Händen der ›Philosophieprofessoren‹ zugerichtet werden würde«, berichtet ein Gesprächspartner. Ende September, er klagt schon eine Weile über Atemnot, wenn er von seinen Spaziergängen am Mainufer heimkehrt, steht er eines Morgens etwas später auf als gewöhnlich und stirbt, noch immer überzeugt, dass »das menschliche Daseyn eine Art Verirrung seyn müsse«.

★

Solcherart war das Leben eines Philosophen, der dem Herzen Beistand zu leisten vermag wie kein anderer.

2

Eine Liebesgeschichte von heute
MIT ANMERKUNGEN VON SCHOPENHAUER

*E*in Mann hat vor, im Zug von Edinburgh nach London zu arbeiten. Es verspricht ein warmer Frühlingsnachmittag zu werden.

Papiere und ein Tagebuch liegen ausgebreitet auf dem Tisch vor ihm, ein Buch ruht aufgeschlagen auf der Armlehne. Der Mann aber kann keinen klaren Gedanken mehr fassen, und das seit Newcastle, wo eine junge Frau in das Abteil gekommen ist und sich auf einen Platz ihm gegenüber gesetzt hat. Eine kurze Weile schaute sie gleichmütig aus dem Fenster und widmete sich dann einem Stapel Zeitschriften. Seit Darlington liest sie in einer Vogue. Sie erinnert den Mann an das Porträt der Frau Høegh-Guldberg von Christen Købke (keiner dieser Namen fällt ihm freilich ein), das er vor ein paar Jahren in einem Museum in Dänemark gesehen und das ihn seltsam angerührt und traurig gemacht hat.

225

Anders als Frau Høegh-Guldberg hat sie jedoch kurzes braunes Haar und trägt Jeans, ein Paar Turnschuhe und einen kanariengelben Pullover mit V-Ausschnitt über einem T-Shirt. Ihm fällt eine unverhältnismäßig große digitale Sportuhr an ihrem hellen, mit Sommersprossen gesprenkelten Handgelenk auf. Er stellt sich vor, mit der Hand durch ihr kastanienbraunes Haar zu fahren, ihren Nacken zu streicheln, seine Hand in den Ärmel ihres Pullovers zu schieben, zuzuschauen, wie sie neben ihm einschläft, die Lippen leicht geöffnet. Er stellt sich vor, mit ihr in einem Haus in Südlondon zu leben, in einer von Kirschbäumen gesäumten Straße. Er denkt, dass sie vielleicht Cellistin oder Graphikerin ist oder Ärztin, die sich auf Genforschung spezialisiert. Sein Denken kreist nur darum, wie er ein Gespräch zustande bringt. Er erwägt, sie zu fragen, wie spät es ist, ob sie ihm einem Bleistift leihen kann, wo es zur Toilette geht, was sie zu diesem Wetter sagt oder ob er einen Blick in eine ihrer Zeitschriften werfen dürfe. Er sehnt sich ein Zugunglück herbei, bei dem ihr Waggon in eines der großen Gerstenfelder geschleudert wird, durch die sie gerade fahren. In dem Chaos wird er sie behutsam hinausführen und sich mit ihr in eines der Zelte begeben, die der Rettungsdienst unweit der Unglücksstelle errichtet hat. Dort wird man ihnen lauwarmen Tee reichen, und sie werden einander unverwandt in die Augen schauen. Noch Jahre später werden sie Interesse erregen, wenn sie mitteilen, dass sie sich bei dem tragischen Zusammenstoß mit dem Edinburgh Express

kennengelernt haben. Da der Zug wohl aber nicht entgleisen will,
kann der Mann nicht anders, obschon er weiß, wie erbärmlich und
lächerlich das ist: Er muß sich räuspern und sich hinüberbeugen und
den Engel fragen, ob sie vielleicht einen Kugelschreiber entbehren
kann. Ihm ist, als springe er von einer hohen Brücke in die Tiefe.

1. Philosophen hat Derartiges noch nie sonderlich beeindruckt: Die Kümmernisse der Liebe schienen zu kindisch, als dass man ihnen nachgegangen wäre; das Thema
ist bei Dichtern und Hysterikern besser aufgehoben. Es
steht Philosophen nicht an, übers Händchenhalten und
über parfümierte Briefe nachzusinnen. Schopenhauer
machte diese Gleichgültigkeit stutzig:

»Man sollte … sich darüber wundern, daß eine Sache, welche
im Menschenleben durchweg eine so bedeutende Rolle spielt,
von den Philosophen bisher so gut wie gar nicht in Betrachtung genommen worden ist und als ein unbearbeiteter Stoff
vorliegt.«

Diese Vernachlässigung war die Folge einer großspurigen
Verleugnung einer Seite des Lebens, die dem Selbstverständnis des Menschen als rationalem Wesen widersprach.
Schopenhauer indes beharrte auf der peinlichen Realität
der Liebe, welche

»… die ernsthaftesten Beschäftigungen zu jeder Stunde unter-
bricht, bisweilen selbst die größten Köpfe auf eine Weile in
Verwirrung setzt, sich nicht scheut, zwischen die Verhandlungen der Staatsmänner und die Forschungen der Gelehrten,
störend … einzutreten, ihre Liebesbriefchen und Haarlöckchen
sogar in ministerielle Portefeuilles und philosophische Manuskripte einzuschieben versteht, … bisweilen Leben, oder Gesundheit, bisweilen Reichthum, Rang und Glück zu ihrem
Opfer nimmt.«

2. Wie den 255 Jahre vor ihm geborenen Essayisten aus der
Gascogne beschäftigte Schopenhauer, was den Menschen
– von allen Geschöpfen scheinbar doch das vernunft-

begabte – regelrecht vernunftwidrig handeln ließ. In der Bibliothek der Wohnung in der Schönen Aussicht befand sich eine Ausgabe der Werke Montaignes. Schopenhauer hatte gelesen, wie ein Furz, ein üppiges Mittagessen oder ein eingewachsener Zehennagel die Vernunft außer Kraft zu setzen vermochte, und Montaigne darin zugestimmt, dass unser Geist unserem Körper untergeordnet war, gleichwohl wir überheblich das Gegenteil glaubten.

3. Schopenhauer aber ging noch weiter. Statt es bei willkürlich hergenommenen Beispielen für die Entthronung der Vernunft bewenden zu lassen, machte er eine Kraft in uns aus, die, wie er glaubte, stets über der Vernunft stand, eine Kraft, so mächtig, dass sie alle Vorhaben und Urteile der Vernunft über den Haufen warf, und die er Wille zum Leben nannte: ein dem Menschen innewohnender Trieb, am Leben zu bleiben und sich fortzupflanzen. Der Wille zum Leben brachte sogar eingefleischte Depressive dazu, dass sie bei einem drohenden Schiffsuntergang oder bei schwerer Krankheit ums Überleben kämpften. Er sorgte dafür, dass sogar rein kopfgesteuerte und karrierebewusste Menschen sich beim Anblick glucksender Kleinkinder hinreißen ließen oder, wenn sie ungerührt blieben, irgendwann schließlich doch ein Kind zeugten und es, wenn es auf die Welt kam, innig liebten. Und es war auch der Wille zum Leben, der Menschen kopflos werden ließ, wenn sie auf der Sitzbank gegenüber wohlgestalteter Mitreisender ansichtig wurden.

4. Mag Schopenhauer auch das Durcheinander missfallen haben, das die Liebe anzurichten vermag (es ist nicht leicht, Schulmädchen Trauben anzubieten), so mochte er es jedoch weder für unverhältnismäßig noch gar für zufällig ansehen. Es entsprach vollkommen der Funktion der Liebe:

228

»Wozu der Lerm? Wozu das Drängen, Toben, die Angst und die Noth? … weshalb sollte eine solche Kleinigkeit eine so wichtige Rolle spielen …? Es ist keine Kleinigkeit, worum es sich hier handelt; vielmehr ist die Wichtigkeit der Sache dem Ernst und Eifer des Treibens vollkommen angemessen. Der Endzweck aller Liebeshändel … ist wirklich wichtiger, als alle andern Zwecke im Menschenleben, und daher des tiefen Ernstes, womit Jeder ihn verfolgt, völlig werth.«

Und was ist dieser Zweck? Weder Vereinigung noch Abfuhr sexueller Spannung, weder Verständnis noch Unterhaltung. Die Geschlechtsliebe beherrscht das Leben, denn:

»… was dadurch entschieden wird, ist nichts Geringeres, als die Zusammensetzung der nächsten Generation … das Daseyn und die specielle Beschaffenheit des Menschengeschlechts in künftigen Zeiten.«

Eben weil die Liebe uns mit solcher Macht zur zweiten der beiden großen Forderungen des Willens zum Leben hinführt, war sie für Schopenhauer die unvermeidlichste und verständlichste unserer Obsessionen.

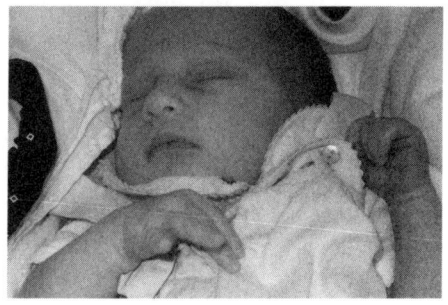

5. Dass wir schwerlich das Fortbestehen unserer Gattung im Sinn haben, wenn wir nach einer Telefonnummer fragen, ist kein Widerspruch zur Theorie. Wir sind, so Schopenhauer, gespalten in ein bewusstes und ein unbewusstes Ich, das unbewusste vom Willen zum Leben gesteuert,

das bewusste ihm untergeordnet und nicht imstande, alle seine Pläne zu durchschauen. Statt selbst Souverän zu sein, ist das bewusste Denken der nur partiell zur Einsicht fähige Diener eines dominanten, vom Kind besessenen Willens zum Leben:

»… in die geheime Werkstätte seiner Beschlüsse dringt er [der Intellekt, A. de B.] nicht. Er ist zwar ein Vertrauter des Willens, jedoch ein Vertrauter, der nicht Alles erfährt.«

Der Intellekt begreift nur so viel, wie nötig ist, um die Fortpflanzung zu unterstützen – was heißen kann: sehr wenig. Er

»ist dem Willen so fremd, daß er von diesem bisweilen sogar mystificiert wird.«

Aus dieser Fremdheit erklärt sich, warum wir bewusst nichts anderes empfinden als den heftigen Wunsch, jemanden wiederzusehen, während wir unbewusst von einer Kraft getrieben werden, welche die Entstehung der nächsten Generation zum Ziel hat.

Aber warum sollte eine solche Täuschung überhaupt notwendig sein? Weil wir uns, Schopenhauer zufolge, nicht auf die Fortpflanzung einließen, wenn wir nicht den Verstand verloren hätten.

6. Eine solche These dürfte das Selbstverständnis des Menschen als rationales Wesen beschädigen, zumindest jedoch der Vorstellung zuwiderlaufen, dass es sich bei der Geschlechtsliebe um ein vermeidliches Ausweichen vor ernsteren Aufgaben handelt, dass man es unausgelasteten jungen Leuten noch nachsehen kann, wenn ihnen bei Mondschein die Sinne schwinden oder wenn sie in die Kissen schluchzen, dass es jedoch bei Älteren überflüssig und ein Zeichen von Verblödung ist, wenn sie ihre Arbeit vernachlässigen, *weil sie in der Eisenbahn ein Gesicht gesehen haben.* Dadurch, dass sie die Liebe als biologisch

unausweichlich begreift, als Schlüssel zum Fortbestehen der Gattung, eröffnet Schopenhauers Theorie des Willens uns die Möglichkeit, mehr Nachsicht gegen das exzentrische Benehmen zu üben, in das wir aus Liebe so oft verfallen.

*D*er Mann und die Frau sitzen am Fenstertisch eines griechischen Restaurants in Nordlondon. Eine Schale mit Oliven steht zwischen ihnen, doch keiner von den beiden hat eine Idee, wie er die Steine mit dem nötigen Anstand loswerden kann, und so bleiben die Oliven unberührt.

Sie hatte keinen Kuli dabeigehabt und ihm deshalb einen Bleistift angeboten. Nach einer Weile sagte sie, dass sie lange Bahnfahrten nicht ausstehen könne, eine überflüssige Bemerkung, die ihm die sachte Ermutigung gab, die er brauchte. Sie war weder Cellistin noch Graphikerin, sondern auf Finanzfragen spezialisierte Anwältin in einer Kanzlei in der City. Sie stammte ursprünglich aus Newcastle, lebte jedoch nun schon seit acht Jahren in London. Als der Zug in Euston einfuhr, hatte er eine Telefonnummer und ein Ja auf die Frage, ob er sie einmal zum Essen einladen dürfe.

Ein Kellner kommt, um ihre Bestellung aufzunehmen. Sie bestellt einen Salat und den Schwertfisch. Sie kommt direkt von der Arbeit und trägt ein hellgraues Kostüm und die Armbanduhr vom letzten Mal.

Die beiden beginnen sich zu unterhalten. Sie erzählt, was sie am Wochenende am liebsten tut: klettern gehen. Damit hat sie schon in der Schule angefangen und hat seitdem Touren in Frankreich, Spanien und Kanada gemacht. Sie erzählt, wie aufregend es ist, hundert Meter über einem Talgrund im Fels zu hängen oder im Hochgebirge zu kampieren, wo sich über Nacht Eiszapfen an der Innenwand des Zeltes bilden. Ihrem Tischgenossen wird schon im ersten Obergeschoss von Wohnhäusern schwindlig. Ihre zweite Leidenschaft ist das Tanzen, sie mag die Kraft und das Gefühl von Freiheit. Wenn sie kann, bleibt sie die ganze Nacht auf. Er zieht es vor, gegen halb zwölf ein Bett in der Nähe zu haben. Sie sprechen von ihrer Arbeit. Sie arbeitet an einer Patentsache mit. Ein Wasserkesseldesigner aus Frankfurt hat gegen eine britische Firma Klage wegen Copyright-Verletzung eingereicht. Die Firma ist laut Abschnitt 60,1,a des Patentgesetzes von 1977 schadensersatzpflichtig.

Er hört nur mit halbem Ohr hin, als sie ausführlich von einem Fall erzählt, der sie demnächst beschäftigen wird, ist aber überzeugt, dass die Frau sehr intelligent ist und dass sie beide ausgezeichnet zusammenpassen.

1. Eines der größten Rätsel der Liebe ist: »Warum er?« und: »Warum sie?« Weshalb richtete sich unser Verlangen, wo es doch so viele Kandidaten gibt, ausgerechnet auf diesen Menschen, weshalb ist uns vor allen anderen ausgerechnet dieser eine so lieb, wo er doch beim Tischgespräch nicht immer die größte Leuchte und sein Benehmen nicht immer ganz passend war? Und wieso vermochten wir trotz bester Absichten kein sexuelles Interesse an bestimmten anderen zu entwickeln, die objektiv viel-

leicht genauso attraktiv waren und mit denen es sich
womöglich angenehmer hätte leben lassen?

2. Dass wir wählerisch sind, überraschte Schopenhauer
nicht. Es steht uns nicht frei, uns in jeden zu verlieben,
weil wir nicht mit jedem gesunde Kinder hervorbringen
können. Unser Wille zum Leben treibt uns Menschen in
die Arme, die unsere Chancen erhöhen, schöne und
intelligente Nachkommen zu produzieren, und stößt uns
von Menschen ab, die diese Chancen vermindern. Liebe
ist nichts anderes als die Bewusstwerdung dessen, dass der
Wille zum Leben das ideale elterliche Gegenstück gefunden hat.

»Als die allererste Entstehung eines neuen Individuums … ist
wirklich der Augenblick zu betrachten, da die Eltern anfangen
einander zu lieben, – *to fancy each other* [einander ›einbilden‹]
nennt es ein sehr treffender Englischer Ausdruck.«

Schon bei den ersten Begegnungen wird das Unbewusste
beider Beteiligter, unterhalb des beiläufigen Geplauders,
sondieren, ob eines Tages ein gesundes Kind aus dem
Beischlaf hervorgehen kann.

»Es liegt etwas ganz Eigenes in dem tiefen, unbewußten Ernst,
mit welchem zwei junge Leute verschiedenen Geschlechts, die
sich zum ersten Male sehn, einander betrachten; dem forschen-
den und durchdringenden Blick, den sie auf einander werfen;
der sorgfältigen Musterung, die alle Züge und Theile ihrer bei-
derseitigen Personen zu erleiden haben. Dieses Forschen und
Prüfen nämlich ist die Meditation des Genius der Gattung über
das durch sie Beide mögliche Individuum.«

3. Und wonach sucht der Wille zum Leben bei dieser Prüfung? Nach Anzeichen für gesunde Kinder. Der Wille
zum Leben muß sicherstellen, dass die nächste Generation psychisch und physisch fit genug ist, um in einer Welt
voller Gefahren zu überleben, und so achtet er darauf,
dass die Kinder an Leib und Gliedern wohlgestaltet
(weder zu klein noch zu groß, weder zu dick noch zu

dünn) und geistig stabil (weder zu ängstlich noch zu
rücksichtslos, weder zu kalt noch zu gefühlvoll usw.) sind.
Da unsere Eltern Fehler bei der Gattenwahl begingen, ist
es wenig wahrscheinlich, dass wir selbst das ideale Eben-
maß verkörpern. Wir sind eher zu groß geraten, zu
männlich, zu weiblich; die Nase ist lang, das Kinn kurz.
Werden solche Unausgewogenheiten weitergegeben oder
sogar noch verstärkt, so würde die menschliche Rasse
binnen kurzem in Anomalität versinken. Der Wille zum
Leben wird uns daher Menschen zutreiben, die mittels
ihrer eigenen Unzulänglichkeiten die unseren auszugleichen vermögen (die Kombination von zu langer Nase
und Stupsnase verspricht eine vollkommene Nase) und
uns auf diese Weise helfen, in der nächsten Generation
das physische und psychische Gleichgewicht wiederher-
zustellen:

»Jedes trachtet danach, seine Schwächen, Mängel und Abwei-
chungen vom Typus durch das Andere aufzuheben, damit sie
nicht im zu erzeugenden Kinde sich perpetuieren oder gar zu
völligen Abnormitäten anwachsen.«

Mit dieser Theorie des Ausgleichs glaubte Schopenhauer
bestimmte Wege der Anziehung sicher vorhersagen zu
können. Kleine Frauen werden sich in große Männer
verlieben, große Männer jedoch schwerlich in große

Frauen (fürchtet ihr Unbewusstes doch die Produktion von Riesen). Feminine Männer, die Sport nicht mögen, werden sich oft zu knabenhaften Frauen hingezogen fühlen, die kurzes Haar haben (und klobige Uhren tragen).

»Zur in Rede stehenden Neutralisation zweier Individualitäten durch einander ist dem zu Folge erfordert, daß der bestimmte Grad seiner Mannheit dem bestimmten Grad ihrer Weiblichkeit genau entspreche, damit beide Einseitigkeiten einander gerade aufheben.«

4. Leider führte die Theorie der Anziehung Schopenhauer zu einem so trostlosen Schluss, dass es vielleicht besser ist, wenn Leser, die in Kürze heiraten wollen, die folgenden Abschnitte überspringen, damit sie ihre Pläne nicht zu überdenken brauchen: dem Schluss nämlich, dass eine Person, die für unser Kind besonders geeignet ist, für uns fast nie sonderlich geeignet ist (was wir freilich zu diesem Zeitpunkt nicht begreifen, da der Wille zum Leben uns blind gemacht hat).

»Daß Konvenienz und leidenschaftliche Liebe Hand in Hand giengen, ist der seltenste Glücksfall«, stellte Schopenhauer fest. Der Sexualpartner, der unser Kind davor bewahrt, ein wuchtiges Kinn oder ein feminines Temperament zu haben, ist selten die Person, die uns für ein ganzes Leben glücklich macht. Das Streben nach persönlichem Glück und die Hervorbringung gesunder Kinder sind zwei grundverschiedene Unternehmungen, und nur die Liebe verleitet uns boshafterweise zu der Annahme, sie fielen für die erforderliche Zeit in eines zusammen. Wir brauchen daher nicht überrascht zu sein, wenn Menschen heiraten, die nicht einmal befreundet sein könnten:

»Die Liebe ... wirft sich auf Personen, welche, abgesehn vom Geschlechterverhältniß, dem Liebenden verhaßt, verächtlich, ja zum Abscheu seyn würden. Aber so sehr viel mächtiger ist der Wille der Gattung als der des Individuums, daß der Liebende über alle jene ihm widerlichen Eigenschaften die Augen schließt, Alles übersieht, Alles verkennt und sich mit dem Gegenstande seiner Leidenschaft auf immer verbindet: so gänzlich verblendet ihn jener Wahn, welcher, sobald der Wille der Gattung erfüllt ist, verschwindet und eine verhaßte Lebensgefährtin übrig läßt. Nur hieraus ist es erklärlich, daß wir oft sehr vernünftige, ja ausgezeichnete Männer mit Drachen und Eheteufeln verbunden sehn, und nicht begreifen, wie sie eine solche Wahl haben treffen können ... Ja, ein Verliebter kann sogar die unerträglichen Temperaments- und Charakterfehler seiner Braut, welche ihm ein gequältes Leben verheißen, deutlich erkennen und bitter empfinden und doch nicht abgeschreckt werden ... Denn im Grunde sucht er nicht seine Sache, sondern die eines Dritten, der erst entstehn soll; wiewohl ihn der Wahn umfängt, als wäre was er sucht seine Sache.«

Dass der Wille zum Leben seine eigenen Zwecke befördert und nicht unser Glück, zeigt sich, Schopenhauers Theorie zufolge, besonders deutlich an der Mattigkeit und Traurigkeit, die Paare unmittelbar nach dem Liebesakt häufig befällt:

»Hat man denn nicht bemerkt, wie *illico post coitum cachinnus auditur Diaboli* [man gleich nach dem Beischlaf das schallende Gelächter des Teufels hört]?«

Eines Tages also werden eine knabenhafte Frau und ein mädchenhafter Mann vor den Altar treten, und zwar aus Beweggründen, die weder sie selbst noch sonst jemand (ausgenommen ein Häuflein Schopenhauerianer bei der Hochzeitsfeier) sich hätten träumen lassen. Erst später, wenn den Forderungen des Willens zum Leben Genüge getan ist und ein kräftiger Junge einen Ball durch einen Vorstadtgarten kickt, wird die List erkannt. Das Paar wird

sich trennen oder die Mahlzeiten in feindseligem Schweigen verbringen. Schopenhauer führte uns die Alternativen vor Augen –

»Dem Allem zufolge gewinnt es den Anschein, als müßte, bei
Abschließung einer Ehe, entweder das Individuum oder das
Interesse der Gattung zu kurz kommen.«

– ließ allerdings kaum Zweifel an der übermächtigen
Fähigkeit der Gattung, ihre Interessen zu wahren:

»Für die kommende Generation [wird] auf Kosten der gegen-
wärtigen gesorgt.«

*D*er Mann zahlt das Essen und fragt mit eingeübter Beiläufig-
*keit, ob es eine Idee wäre, wenn sie noch auf ein Glas in seine
Wohnung gingen. Die Frau lächelt und schaut zu Boden. Unter
dem Tisch faltet sie eine Serviette noch kleiner zusammen. »Das
wäre sehr schön, wirklich«, sagt sie, »aber ich muss sehr zeitig auf-
stehen, um den Flug nach Frankfurt zu der Besprechung zu krie-
gen. Um halb sechs, wenn nicht sogar noch früher. Ein andermal
vielleicht. Das wäre sehr schön, wirklich.« Neuerliches Lächeln.
Die Serviette in ihrer Hand wird immer kleiner.
Die Verzweiflung wird gemildert durch das Versprechen, dass sie
aus Deutschland anrufen wird und dass sie einander bald wieder
sehen müssen, womöglich ja schon am Tag ihrer Rückkehr. Aber
das Telefon bleibt stumm, bis sie, spät an dem vereinbarten Tag, aus
einer Zelle auf dem Frankfurter Flughafen anruft, im Hintergrund
Menschenmengen und metallisch klingende Stimmen, die Flüge in
den Orient aufrufen. Sie sagt, dass sie riesige Flugzeuge vor dem
Fenster sieht und dass dieser Ort die reine Hölle ist.*

Dann sagt sie, dass der blöde Lufthansa-Flug Verspätung hat und dass sie versuchen will, einen Platz in einer anderen Maschine zu bekommen – er soll aber nicht warten. Nun folgt eine kurze Pause, nach der sich das Allerschlimmste bestätigt. In ihrem Leben ist es gerade ein bisschen kompliziert, spricht sie weiter, sie weiß nicht recht, was sie möchte, weiß nur, dass sie Freiraum braucht und Zeit für sich, und falls das für ihn in Ordnung ist, wird sie ihn anrufen, wenn sie etwas klarer sieht.

1. Der Philosoph mag uns ja wenig schmeichelhafte Erklärungen dafür geliefert haben, dass wir uns verlieben, immerhin aber doch auch Trost für den Fall, dass wir abgelehnt werden: den Trost, zu wissen, dass unser Schmerz normal ist. Wir sollten uns nicht verwirren lassen durch die ungeheure Bestürzung, die sich bereits nach wenigen Tagen, in denen wir noch hofften, einstellen kann. Es wäre unlogisch, wenn eine Kraft, mächtig genug, uns zur Aufzucht von Kindern zu drängen, sich verflüchtigte, ohne Verheerungen zu hinterlassen, sollte ihr Vorhaben misslingen. Die Liebe könnte uns nicht dazu verleiten, die Bürde der Fortsetzung der Gattung auf uns zu nehmen, wenn sie uns nicht das größte Glück verhieße, das wir uns vorstellen können. Darüber schockiert zu sein, wie tief Ablehnung schmerzt, hieße zu übersehen, was Angenommenwerden mit sich bringt. Wir dürfen unseren Schmerz nicht noch dadurch steigern, dass wir wähnen, so tiefes Leid sei doch etwas absonderlich. Es würde etwas fehlen, wenn wir nicht litten.

2. Mehr noch: wir sind nicht von Natur aus nicht liebenswert. Wir sind nicht per se eine Zumutung. Wir haben weder einen widerwärtigen Charakter noch ein abstoßendes Gesicht. Die Verbindung kam nicht zustande, weil wir *mit dieser einen* Person kein harmonisches Kind hervorbringen konnten. Zu Selbstverachtung besteht kein Anlass. Eines Tages werden wir jemandem begeg-

nen, der uns wunderbar findet und der in unserem Beisein so natürlich und offen sein zu können glaubt wie
sonst bei keinem (denn unser Kinn und das des Betreffenden ergeben vom Standpunkt des Willens zum Leben
eine vorzügliche Kombination).

3. Wir sollten beizeiten lernen, denen zu verzeihen, die uns
ablehnen. Die Trennung geschah nicht aus freien Stücken. Jedes Mal, wenn ein Mensch einem anderen unge-
schickt beizubringen versucht, dass er mehr Freiraum
und Zeit braucht, dass er zögert, sich zu binden, oder
dass er Nähe fürchtet, bemüht sich derjenige, ein im wesentlichen unbewusstes, vom Willen zum Leben formu-
liertes negatives Urteil im Kopf nachzuvollziehen. Verstandesmäßig vermochte derjenige unsere Qualitäten
vielleicht sogar zu würdigen, sein Wille zum Leben vermochte es aber nicht und teilte das dem Betreffenden auf
eine Weise mit, die keine Widerrede duldete – dadurch,
dass sie das sexuelle Interesse an uns erlöschen ließ. Wenn
jemand uns verlässt um eines anderen willen, der weniger
intelligent ist als wir, sollten wir demjenigen nicht seine
Oberflächlichkeit vorwerfen, sondern uns vielmehr ins
Gedächtnis rufen, dass es, wie Schopenhauer sagte,

»… bei der Ehe nicht auf geistreiche Unterhaltung, sondern
auf die Erzeugung der Kinder abgesehn ist.«

4. Wir sollten das Nein der Natur zur Fortpflanzung, das
sich in jeder Ablehnung ausdrückt, so respektieren, wie
wir vielleicht einen Blitzeinschlag oder einen Lavastrom
respektieren – als ein Ereignis, schrecklich zwar, aber
stärker als wir selbst. Wir sollten Trost schöpfen aus dem
Gedanken, dass

»umgekehrt die gegenseitige, entschiedene und beharrliche Abneigung zwischen einem Mann und einem Mädchen die An-
zeige [ist], daß was sie zeugen könnten nur ein übel organisir-
tes, in sich disharmonisches, unglückliches Wesen seyn würde.«

Vielleicht wären wir mit dem, den wir liebten, ja glücklich gewesen, die Natur war es aber nicht – ein noch
wichtigerer Grund, uns nicht länger an die Liebe zu
klammern.

*E*ine Zeit lang ist der Mann tief betrübt. Am Wochenende
*macht er einen Spaziergang im Battersea Park und setzt sich
auf eine Bank, von der aus er die Themse sehen kann. Er hat Goethes* Leiden des jungen Werther, *1774 in Leipzig veröffentlicht,
in einer Taschenbuchausgabe bei sich.*

*Paare schieben Kinderwagen und führen kleine Kinder an der
Hand. Ein kleines Mädchen in einem blauen, schokoladebe-
schmierten Kleid zeigt zu einem Flugzeug hinauf, das im Lande-
anflug auf Heathrow ist. »Daddy, sitzt da Gott drin?«, fragt die
Kleine, aber Daddy hat es eilig und ist schlecht gelaunt und nimmt
sie bloß hoch und sagt, er wisse es nicht, so als habe sie ihn nach
dem Weg gefragt. Ein vierjähriger Junge fährt mit dem Dreirad mitten in ein Gebüsch hinein und quengelt nach seiner Mutter, die auf
der Decke, welche sie auf einem Flecken Gras ausgebreitet hat,
gerade die Augen zugemacht hat. Die Mutter verlangt, dass ihr
Mann sich um das Kind kümmert. Er erwidert barsch, sie sei dran.
Sie blafft zurück, nein, er. Der Mann schweigt. Sie sagt, er sei ein*

Mistkerl, und steht auf. Ein Paar in vorgerücktem Alter auf der Bank gleich daneben teilt sich wortlos ein Sandwich mit Ei und Kresse.

1. Schopenhauer hält uns dazu an, uns von dem Elend nicht schockieren zu lassen. Es ist müßig, bei einem Ehepaar oder bei Menschen, die Eltern sind, nach dem Zweck ihres Lebens zu fragen.

2. In Schopenhauers Bibliothek befanden sich viele naturwissenschaftliche Werke – darunter William Kirbys und William Spences *Introduction to Entomology*, François Hubers *Des Abeilles* und Cadet de Vaux' *De la taupe, de ses moeurs, de ses habitudes et des moyens de la détruire.* Der Philosoph hatte sich über Ameisen, Käfer, Bienen, Fliegen, Grashüpfer, Maulwürfe und Zugvögel kundig gemacht und voller Mitgefühl und Verwunderung festgestellt, dass alle diese Kreaturen glühend und unsinnig am Leben hingen. Besonders tat ihm der Maulwurf leid, ein monströser Kümmerling, der in feuchten, engen Korridoren hauste, nur selten das Licht des Tages erblickte und dessen Nachkommen aussahen wie Würmer aus Gelatine – und der trotzdem alles in seiner Macht Stehende tat, um zu überleben und sich zu perpetuieren:

»Mit seinen übermäßigen Schaufelpfoten angestrengt zu graben, – ist die Beschäftigung seines ganzen Lebens: bleibende Nacht umgibt ihn: seine embryonischen Augen hat er bloß, um das Licht zu fliehen ... Was aber nun erlangt er durch diesen mühevollen und freudenleeren Lebenslauf? Futter und Begattung: also nur die Mittel, die selbe traurige Bahn fortzusetzen ... An solchen Beispielen wird es deutlich, daß zwischen den Mühen und Plagen des Lebens und dem Ertrag oder Gewinn desselben kein Verhältniß ist.«

Alle auf der Erde lebenden Geschöpfe klammerten sich Schopenhauer zufolge in gleicher Weise an ein gleich sinnloses Dasein:

»Wenn man z.B. die rastlose Emsigkeit kleiner, armsäliger Ameisen … sich vor Augen stellt … hiebei sich vergegenwärtigend, wie überhaupt das Leben der meisten Insekten nichts als eine rastlose Arbeit ist, um Nahrung und Aufenthalt für die aus ihren Eiern künftig entstehende Brut vorzubereiten, welche dann, nachdem sie die Nahrung verzehrt und sich verpuppt hat, ins Leben tritt, bloß um dieselbe Arbeit von vorne wieder anzufangen … kann man nicht umhin … zu fragen: Was kommt dabei heraus? … Und da ist nun nichts aufzuweisen, als die Befriedigung des Hungers und des Begattungstriebes und allenfalls noch ein wenig augenblickliches Behagen … zwischen endlose[r] Noth und Anstrengung.«

3. Der Philosoph brauchte sich über die Parallelen nicht umständlich zu verbreiten. Wir gehen Liebesbeziehungen ein, schwatzen in Cafés mit potentiellen Partnern, bekommen Kinder, haben bei alledem so viel freie Wahl wie Maulwürfe und Ameisen – und sind kaum glücklicher.

4. Schopenhauer wollte uns nicht den Wind aus den Segeln nehmen, sondern eher vor Erwartungen bewahren, die Bitterkeit erzeugen. Wenn die Liebe uns im Stich gelassen hat, ist es tröstlich zu hören, dass Glücklichsein nie Teil des Plans war. Die dunkelsten Denker können paradoxerweise am ehesten Mut zusprechen.

»Es giebt nur einen angeborenen Irrthum, und es ist der, daß wir dasind, um glücklich zu seyn … So lange wir in diesem angeborenen Irrthum verharren … erscheint uns die Welt voll Widersprüche. Denn bei jedem Schritt, im Großen wie im Kleinen, müssen wir erfahren, daß die Welt und das Leben durchaus nicht darauf eingerichtet sind, ein glückliches Daseyn zu erhalten … daher tragen fast alle ältlichen Gesichter den Ausdruck Dessen, was man auf Englisch *disappointment* [Enttäuschung] nennt.«

Sie hätten nie so tief enttäuscht werden können, wenn sie mit den richtigen Erwartungen an die Liebe herangegangen wären:

»Was … das jugendliche Alter trübt, ja unglücklich macht, ist das Jagen nach Glück in der festen Voraussetzung, es müsse im Leben anzutreffen seyn. Daraus entspringt die fortwährend getäuschte Hoffnung und aus dieser die Unzufriedenheit. Gaukelnde Bilder eines geträumten, unbestimmten Glückes schweben, unter kapriziös gewählten Gestalten, vor uns, und wir suchen vergebens ihr Urbild … Man hätte viel gewonnen, wenn man, durch zeitige Belehrung, den Wahn, daß in der Welt Viel zu holen sei, in den Jünglingen ausrotten könnte.«

3

Eines haben wir Maulwürfen voraus. Mag ja sein, dass wir kämpfen müssen, um zu überleben, nach Partnern jagen und Kinder bekommen müssen wie sie, aber wir können außerdem ins Theater gehen, in die Oper, ins Konzert – und abends in ein Bett; wir können Romane lesen, philosophische Werke und epische Gedichte. Vor allem bei diesen Betätigungen finden wir, Schopenhauer zufolge, Erholung von den Forderungen des Willens zum Leben, begegnen wir in Werken der Kunst und der Philosophie doch objektiven Versionen unseres eigenen Kummers und unserer eigenen Kämpfe, in Klang eingefangen oder in Sprache und Bilder gefasst. Künstler und Philosophen zeigen uns nicht bloß, was wir empfunden haben, sie stellen unsere Erfahrungen pointierter und intelligenter dar, als wir es vermöchten; sie gestalten Aspekte unseres Lebens, die wir als die unseren erkennen, auf uns allein angewiesen jedoch niemals so genau verstanden hätten. Sie erklären uns unsere Lage und nehmen uns auf diese Weise etwas von der Verwirrung, in der wir uns befinden, und von dem Gefühl, allein zu sein. Mag ja sein, dass wir weiter in der Erde wühlen müssen, durch schöpferische Werke aber erlangen wir zumindest partiell Einsicht in unseren Schmerz, und die bewahrt uns vor Gefühlen der Bestürzung und der Isolation (ja sogar der Verfolgung). Auf ihre unterschiedliche Weise helfen Kunst und Philosophie uns dabei, mit Schopenhauers Worten, Schmerz in Wissen zu verwandeln.

Der Philosoph bewunderte den Freund seiner Mutter, Johann Wolfgang von Goethe, weil dieser so viele Kümmer-

nisse der Liebe in Wissen verwandelt hatte, am bekanntesten
in dem Roman, den Goethe mit fünfundzwanzig veröffentlicht und mit dem er sich in ganz Europa einen Namen
gemacht hatte. *Die Leiden des jungen Werthe*r schilderten die
unerwiderte Liebe, die ein junger Mann für eine junge Frau
empfand (für die bezaubernde Lotte, die Werthers Begeisterung für den *Vikar von Wakefield* teilte und die weiße Kleider mit rosa Bändern an den Ärmeln trug), und schilderten
gleichzeitig die Liebesgeschichten von Tausenden seiner
Leser (Napoleon soll den Roman neunmal gelesen haben).
Die größten Kunstwerke sprechen zu uns, ohne uns zu kennen, oder, mit Schopenhauers Worten gesagt:

> »Der … Dichter nimmt aus dem Leben das ganz Einzelne her-
> aus und schildert es genau in seiner Individualität, offenbart
> aber hiedurch das ganze menschliche Daseyn; indem er zwar
> scheinbar es mit dem Einzelnen, in Wahrheit aber mit Dem,
> was überall und zu allen Zeiten ist, zu thun hat. Hieraus ent-
> springt es, daß Sentenzen, besonders der dramatischen Dichter,
> selbst ohne generelle Aussprüche zu seyn, im wirklichen Leben
> häufige Anwendung finden.«

Goethes Leser erkannten sich in den *Leiden des jungen Wer-*
ther nicht bloß wieder, sie *verstanden* sich schließlich auch
besser, hatte Goethe doch ein ganzes Spektrum jener kurzen
Augenblicke der Verlegenheit zwischen Liebenden beleuch-
tet, die seine Leser bis dahin zwar selbst schon durchlebt,
nicht notwendigerweise aber auch verstanden hatten. Er
deckte bestimmte Gesetze der Liebe auf, von Schopenhauer
als wesentliche »Ideen« der romantischen Psychologie bezeichnet. So hatte Goethe beispielsweise sehr genau getroffen, auf welch scheinbar freundliche – dabei aber unendlich
grausame – Art und Weise der Nichtliebende den Liebenden behandelt. Gegen Ende des Romans verliert Werther,
gepeinigt von seinen Gefühlen, vor Lottes Augen die Fassung:

»Nein, Lotte, rief er aus, ich werde Sie nicht wiedersehen! – Warum das? versetzte sie. Werther, Sie können, Sie müssen uns wiedersehen, nur mäßigen Sie sich. O, warum mußten Sie mit dieser Heftigkeit, dieser unbezwinglich haftenden Leidenschaft für alles, was Sie einmal anfassen, geboren werden! Ich bitte Sie, fuhr sie fort, indem sie ihn bei der Hand nahm, mäßigen Sie sich! Ihr Geist, Ihre Wissenschaften, Ihre Talente, was bieten sie Ihnen für mannigfaltige Ergetzungen dar!«

Wir müssen nicht im Deutschland der zweiten Hälfte des 18. Jahrhunderts gelebt haben, um zu begreifen, worum es hier geht. Es gibt weniger Geschichten, als es Menschen auf der Welt gibt, und ihre Fabeln wiederholen sich ohne Ende, nur die Namen und die Schauplätze wechseln. »Das Wesen der Kunst bringt es mit sich«, wusste Schopenhauer, »daß ihr Ein Fall für Tausende gilt.«

Umgekehrt kann die Erkenntnis, dass unser Fall *nur* einer unter Tausenden ist, auch Trost stiften. Schopenhauer reiste zweimal nach Florenz, 1818 und noch einmal 1822. Wahrscheinlich hat er dort die Branacci-Kapelle in Santa Maria del Carmine besucht, in der Masaccio zwischen 1425 und 1426 eine Reihe von Fresken malte.

Die Verzweiflung Adams und Evas beim Verlassen des Para-
dieses ist nicht allein die ihre. In Mimik und Haltung der
beiden Gestalten hat Masaccio das Wesen der Verzweiflung,
den Inbegriff der Verzweiflung eingefangen, sein Fresko ein
universelles Symbol unserer Fehlbarkeit und Schwäche. Wir
alle sind aus dem Garten Eden vertrieben worden.

Liest er aber eine tragische Liebesgeschichte, so erhebt sich
der Abgewiesene über seine Situation, ist er nicht mehr der
Mann, der als Einziger leidet, allein und verwirrt, sondern
ist Teil des Gros der Menschen, die sich zu allen Zeiten in
andere verliebt haben in dem verzweifelten Drang, dem
Fortleben der Gattung zu dienen. Das Leiden dieses Mannes
verliert ein wenig von seinem Stachel, es wird begreiflicher,
hat weniger von einem individuellen Fluch. Über einen
Menschen, der solche Objektivität erlangt, sagt Schopenhauer:

> »Er wird in seinem eigenen Lebenslauf und dessen Unfällen
> weniger sein individuelles, als das Loos der Menschheit über-
> haupt erblicken, und demnach sich dabei mehr erkennend als
> leidend verhalten.«

Wir müssen, wenn wir nicht gerade im Dunkeln graben,
stets danach streben, unsere Tränen in Wissen zu verwandeln.

VI
Trost bei Schwierigkeiten

1

Nur wenige Philosophen vermochten Schwierigkeiten viel abzugewinnen. Zu kluger Lebensführung gehört nach herkömmlichem Verständnis das Bemühen, Leiden – Unruhe, Verzweiflung, Zorn, Selbstverachtung und Kummer – zu vermindern.

2

Nun sind aber, erklärte Friedrich Nietzsche, die meisten Philosophen schon immer »Kohlköpfe« gewesen. »Mein Loos will, daß ich der erste *anständige* Mensch sein muss«, erkannte er im Herbst 1888, nicht ohne einigermaßen verlegen zu sein. »Ich habe eine schreckliche Angst davor, daß man mich eines Tags *heilig* spricht«, schrieb er und setzte das Datum irgendwann um das heraufziehende dritte Jahrtausend an: »Nehmen wir an, daß [mein Werk] gegen das Jahr 2000 gelesen werden darf.« Er war überzeugt, dass es seinen Lesern dann gefallen würde.

> »Es scheint mir eine der seltensten Auszeichnungen, die Jemand sich erweisen kann, wenn er ein Buch von mir in die Hand nimmt, – ich nehme selbst an, er zieht dazu die Schuhe aus, – nicht von Stiefeln zu reden.«

Eine Auszeichnung deshalb, weil allein Nietzsche, der Sonderfall unter den Kohlköpfen, verstanden hatte, dass Schwierigkeiten aller Art von denen, die Erfüllung suchen, begrüßt werden sollten:

»Ihr wollt womöglich – und es giebt kein tolleres ›womöglich‹ – *das Leiden abschaffen*; und wir? es scheint gerade, *wir* wollen es lieber noch höher und schlimmer haben, als je es war!«

Obwohl er es nie versäumte, Freunden gute Wünsche zu übermitteln, wusste Nietzsche im tiefsten Innern, was sie eigentlich brauchten:

»Solchen Menschen, welche mich etwas angehn, wünsche ich Leiden, Verlassenheit, Krankheit, Mißhandlung, Entwürdigung, - ich wünsche, daß ihnen die tiefe Selbstverachtung, die Marter des Mißtrauens gegen sich, das Elend des Überwundenen nicht unbekannt bleibt.«

Dies erklärt zum Teil, auch wenn er es selbst sagte, worauf es bei Nietzsches Werk hinauslief: »Ich habe mit ihm der Menschheit das größte Geschenk gemacht, das ihr bisher gemacht worden ist.«

3

Wir sollten uns von Äußerlichkeiten nicht schrecken lassen.

»Im Auge fremder Menschen, die uns zum ersten Male sehen, [sind wir] … meistens Nichts mehr, als eine in die Augen springende Einzelheit, welche den Eindruck bestimmt. So kann der sanftmüthigste und billigste Mensch, wenn er nur einen grossen

*Schnurrbart hat, gleichsam im Schatten desselben sitzen … – die
gewöhnlichen Augen sehen in ihm den Zubehör zu einem großen
Schnurrbart, will sagen: einen militärischen, leicht aufbrausenden,
unter Umständen gewaltsamen Charakter – und benehmen sich
darnach vor ihm.«*

4

So viel abgewinnen konnte er Schwierigkeiten nicht immer.
Anfangs war er in seinen Anschauungen einem Philosophen
verpflichtet, auf den er mit einundzwanzig als Student der
Leipziger Universität aufmerksam geworden war. Im Herbst
1865 stieß er in einer Antiquariatsbuchhandlung in der
Leipziger Blumengasse zufällig auf ein Exemplar von *Die
Welt als Wille und Vorstellung*, dessen Verfasser fünf Jahre
zuvor in einer Wohnung in Frankfurt, 300 Kilometer weiter
westlich, gestorben war.

> »[Ich nahm Schopenhauers Hauptwerk] als mir völlig fremd in
> die Hand und blätterte. Ich weiß nicht welcher Dämon mir
> zuflüsterte: ›Nimm dir dies Buch mit nach Hause.‹ Es geschah
> jedenfalls wider meine sonstige Gewohnheit, Büchereinkäufe
> nicht zu überschleunigen. Zu Hause warf ich mich mit dem
> erworbenen Schatz in die Sofaecke und begann jenen energi-
> schen düsteren Genius auf mich wirken zu lassen. Hier war
> jede Zeile, die Entsagung, Verneinung, Resignation schrie.«

Der ältere Mann veränderte das Leben des jüngeren. Die
Essenz aller philosophischen Weisheit war, erklärte Scho-
penhauer, Aristoteles' Bemerkung in der *Nikomachischen
Ethik*:

> »Der Kluge strebt nach Schmerzlosigkeit, nicht nach Lust.«

Wer Zufriedenheit zu erlangen sucht, muss vor allem erkennen, dass Erfüllung unmöglich ist, und wird so die Probleme und Sorgen umgehen, mit denen wir es bei diesem
Streben gewöhnlich zu tun bekommen.

»[Wir sollten] unser Augenmerk nicht auf die Genüsse und Annehmlichkeiten des Lebens richten, sondern darauf, daß wir den zahllosen Uebeln desselben, so weit es möglich ist, entgehn … Demnach nun hat das glücklichste Loos Der, welcher sein Leben ohne übergroße Schmerzen, sowohl geistige, als körperliche, hinbringt.«

Als Nietzsche das nächste Mal nach Hause, an seine verwitwete Mutter und seine neunzehnjährige Schwester in Naumburg, schrieb, gab er anstelle der üblichen Mitteilungen über seine Ernährung und den Fortgang seiner Studien eine Kurzfassung seiner neuen Philosophie der Entsagung und Resignation:

»Man weiß, daß das Leben elend ist, man weiß, daß wir die Sklaven des Lebens sind, je mehr wir es genießen wollen, also man entäußert sich der Güter des Lebens, man übt sich in der Enthaltsamkeit.«

Das hörte sich für seine Mutter seltsam an, die in ihrem Antwortbrief mitteilte, sie liebe »derartige Ansichten Entwikelungen weit weniger … als ein richtiges Briefschwätzchen«, und dem Sohn riet, sein Herz Gott dem Herrn zu ergeben und ordentlich zu essen.

Schopenhauers Einfluss ließ jedoch nicht nach. Nietzsche begann vorsichtig zu leben. In einer von ihm zusammengestellten Liste mit der Überschrift »Wahn des Individuums« findet sich auch der Eintrag »Geschlecht«. Während des Militärdienstes in Naumburg hatte er eine Fotografie Schopenhauers auf dem Schreibtisch stehen und rief in schwierigen Momenten: »Schopenhauer, hilf!« Als er mit vierundzwanzig den Lehrstuhl für Klassische Philologie in Basel übernahm, geriet er aufgrund der gemeinsamen Verehrung für den pessimistischen, klugen Weisen aus Frankfurt in den privaten Kreis um Richard und Cosima Wagner.

5

Nach über einem Jahrzehnt treuer Anhänglichkeit reiste Nietzsche im Herbst 1876 nach Italien und erlebte einen radikalen Wandel seines Denkens. Er hatte eine Einladung Malwida von Meysenbugs, einer kunstbegeisterten Dame mittleren Alters, angenommen, ein paar Monate mit ihr und einigen Freunden in einer Villa in Sorrent an der Bucht von Neapel zu verbringen.

»Noch nie sah ich ihn so lebendig. Er lachte laut vor reiner Freude«, berichtete Malwida über Nietzsches erste Reaktion auf die an einer Allee am Ortsrand von Sorrent gelegene Villa Rubinacci. Vom Wohnzimmer aus sah man die Bucht, die Insel Ischia und den Vesuv, und direkt vor dem Haus führte ein kleiner Garten mit Feigen- und Orangenbäumen, Zypressen und Weingärten bis zum Meer hinab.

Die Hausgäste gingen schwimmen und besuchten Pompeji, erstiegen den Vesuv, fuhren nach Capri und besichtigten die griechischen Tempel in Paestum. Zu den Mahlzeiten nahm man leichte, mit Olivenöl zubereitete Gerichte zu sich und abends las man gemeinsam im Wohnzimmer: Jacob Burckhardts Vorlesungen über die griechische Zivilisation, Montaigne, La Rochefoucauld, Vauvenargues, La Bruyère, Stendhal, Goethes Ballade *Die Braut von Korinth* und sein Stück *Die natürliche Tochter*, Herodot, Thukydides und Platons *Gesetze* (obwohl Letztere Nietzsche, der sich wohl auf das hierüber von Montaigne bekundete Missfallen besann, verärgerten: »Daß der Platonische Dialog, diese entsetzlich selbstgefällige und kindliche Art Dialektik, als Reiz wirken könne, dazu muß man nie gute Franzosen gelesen haben … Plato ist langweilig.«)

Das Schwimmen im Mittelmeer, der Verzehr von Speisen, die mit Olivenöl zubereitet waren statt mit Butter, die warme Luft, die er atmete, die Montaigne- und Stendhal-Lektüre (»diese kleinen Dinge – Ernährung, Ort, Clima, Erholung, die ganze Casuistik der Sehnsucht – sind über alle Begriffe hinaus wichtiger als Alles, was man bisher wichtig nahm«), alles das trug dazu bei, dass Nietzsche nach und nach seine Philosophie des Schmerzes und der Lust und damit auch seine Auffassung von den Schwierigkeiten relativierte. Den Sonnenuntergang über der Bucht von Neapel zu sehen erfüllte ihn mit einem neuen, ganz unschopen-hauerischen Glauben an die Existenz. Ende Oktober 1876 war ihm, als sei er zu Beginn seines Lebens schon ein alter Mann gewesen, und er vergoss Tränen bei dem Gedanken, dass er im letzten Augenblick gerettet worden war.

6

Seine Bekehrung verkündete er feierlich in einem Brief an Cosima Wagner gegen Ende des Jahres 1876: »Werden Sie sich wundern, wenn ich Ihnen eine allmählich entstandene, mir fast plötzlich in's Bewußtsein getretene Differenz mit Schopenhauer's Lehre eingestehe? Ich stehe fast in allen allgemeinen Sätzen nicht auf seiner Seite.«

Einer dieser allgemeinen Sätze lautete, dass die Weisen, da Erfüllung eine Chimäre war, auf die Vermeidung von Schmerzen statt auf Gewinnung von Genüssen bedacht sein und sich, so Schopenhauer, »eine kleine feuerfeste Stube« zu verschaffen suchen sollten – ein Rat, den Nietzsche nun für feige und unwahr hielt, für den widernatürlichen Versuch, »gleich scheuen Hirschen in Wäldern versteckt zu leben«, wie er mehrere Jahre später abwertend formulierte. Erfüllung war nicht dadurch zu erlangen, dass man den Schmerz mied, sondern seine Rolle als natürlichen, unausweichlichen Schritt hin zur Gewinnung eines wie auch immer beschaffenen Guten anerkannte.

7

Beigetragen zu dem Wandel seiner Anschauungen hatte neben der Nahrung und der Luft Nietzsches Beschäftigung mit den wenigen Menschen in der Geschichte, denen es vergönnt war, ein erfülltes Leben wirklich kennen zu lernen, Menschen, die mit Recht – um einen der umstrittensten Begriffe aus Nietzsches Lexikon zu gebrauchen – als *Übermenschen* bezeichnet werden konnten.

Die traurige Berühmtheit, die dieses Wort erlangt hat, ist weniger der Philosophie Nietzsches geschuldet als dem späteren Anbändeln seiner Schwester mit dem Nationalsozialismus – Nietzsche hatte Elisabeth, schon lange bevor sie Hitler die Hand reichte, eine »rachsüchtige antisemitische Gans« genannt – und der unklugen Entscheidung der ersten angelsächsischen Übersetzer Nietzsches, dem *Übermenschen* den Namen eines legendären Cartoonhelden zu verpassen.

Nietzsches *Übermenschen* hatten jedoch mit Überfliegern wie mit Faschisten wenig zu tun. Einen besseren Hinweis auf ihre Identität liefert eine beiläufige Bemerkung in einem Brief an seine Mutter und seine Schwester:

> »Es lebt übrigens jetzt Niemand, an dem mir viel gelegen wäre; die Menschen, die ich gerne habe, sind lange, lange todt, z.B. der Abbé Galiani oder Henri Beyle oder Montaigne.«

Er hätte noch einen weiteren Helden anführen können, Johann Wolfgang von Goethe. Diese vier Männer bildeten vielleicht die reichste Quelle für das, was der reife Nietzsche als erfülltes Leben ansah.

Sie hatten vieles gemeinsam, waren wissbegierig, künstlerisch begabt und sexuell potent. Trotz ihrer dunklen Seiten verstanden sie zu lachen, viele von ihnen tanzten sogar, fühlten sich angezogen von »milder Sonne, heller und bewegter Luft, südlichen Pflanzen, Meeres-Athem, flüchtiger Fleisch-, Eier- und Früchtenahrung«. Gleich mehrere von ihnen besaßen, darin Nietzsche ähnlich, Galgenhumor; ein freudiges, böses Gelächter, das sich aus pessimistischen Hintergründen erhob. Sie hatten ihre Möglichkeiten ausgelotet, sie besaßen, was Nietzsche »Leben« nannte, eine Wesensart, die Mut, Ehrgeiz, Würde, Charakterstärke, Humor und Unabhängigkeit in sich vereinte (und Scheinheiligkeit, Konformismus, Ressentiment und Kleinlichkeit ausschloss).

Montaigne (1535-1592)   Abbé Galiani (1728-1787)

Goethe (1749–1832)   Stendhal/Henri Beyle 1783–1842

Sie hatten in der Welt gewirkt. Montaigne, der zwei
Wahlperioden lang Bürgermeister von Bordeaux gewesen
war, hatte zu Pferde ganz Europa bereist. Der Neapolitaner
Abbé Galiani war Botschaftssekretär in Paris gewesen und
hatte Bücher über Geldversorgung und Getreideverteilung
geschrieben (an denen Voltaire lobte, dass sie den Geist
Molières und die Intelligenz Platons miteinander verbanden). Goethe hatte ein Jahrzehnt lang als Beamter am Wei-
marer Hof gearbeitet; er hatte Reformen in der Landwirtschaft, der Industrie und der Armenfürsorge durchgeführt,
diplomatische Missionen unternommen und war zweimal
von Napoleon in Audienz empfangen worden.

Während seiner Italienreise im Jahre 1787 hatte er die griechischen Tempel in Paestum besucht und sich bei seinen drei Vesuv-Besteigungen dem Krater so weit genähert, dass er ausgeworfenem Gestein und Asche ausweichen mußte.

Nietzsche nannte ihn »grossartig«. »Goethe ist der letzte Deutsche, vor dem ich Ehrfurcht habe.« »Er nahm die Historie, die Naturwissenschaft, die Antike, insgleichen Spinoza zu Hülfe, vor Allem die praktische Thätigkeit … ; er löste sich nicht vom Leben ab, er stellte sich hinein … nahm so viel als möglich auf sich … Was er wollte, das war *Totalität*; er bekämpfte das Auseinander von Vernunft, Sinnlichkeit, Gefühl, Wille.«

Stendhal hatte die napoleonischen Truppen durch Europa begleitet, hatte die Ruinen von Pompeji siebenmal besichtigt und den Pont du Gard um fünf Uhr morgens bei Vollmond bewundert. »Das Kolosseum in Rom hat mich kaum in tieferes Staunen versetzt.«

Nietzsches Helden hatten sich auch immer wieder verliebt. »Die Bewegung der ganzen Welt läuft auf die Paarung hinaus«, hatte schon Montaigne gewusst. Im Alter von vierundsiebzig Jahren war Goethe bei einem Aufenthalt in Marienbad für Ulrike von Levetzow entflammt, eine hübsche Neunzehnjährige, die er zum Tee und zu Spaziergängen eingeladen hatte, bevor er um ihre Hand anhielt (und abgewiesen wurde). Stendhal, der den *Werther* kannte und schätzte, war nicht minder leidenschaftlich als dessen Verfasser und verzeichnete in seinen Tagebüchern über Jahrzehnte hinweg detailliert seine Eroberungen. Als Vierundzwanzigjähriger, er war mit den napoleonischen Truppen in Deutschland stationiert, hatte er die Tochter eines Gastwirts mit ins Bett genommen und stolz in seinem Tagebuch notiert: »Das ist die erste Deutsche, die ich nach dem Akt völlig erschöpft sah. Ich entflammte sie durch Zärtlichkeiten, sie fürchtete sich sehr.«

Und schließlich waren alle diese Männer Künstler gewesen (»Die Kunst ist das grosse Stimulans zum Leben«, erkannte Nietzsche) und mussten tiefe Befriedigung empfunden haben, als die *Essais*, *Il Socrate immaginario*, die *Römischen Elegien* und *De l'amour* fertiggestellt waren.

8

Dies waren, gab Nietzsche zu verstehen, einige der Elemente, die Menschen von Natur aus für ein erfülltes Leben benötigen. Und fügte ein wichtiges Detail hinzu: dass es unmöglich ist, sie zu erlangen, wenn man sich nicht zeitweise sehr elend fühlt.

»Wie, wenn nun Lust und Unlust so mit einem Stricke zusammengeknüpft wären, dass, wer möglichst viel von der einen haben *will*, auch möglichst viel von der anderen haben *muss* ... noch habt ihr die Wahl: entweder *möglichst wenig Unlust*, kurz Schmerzlosigkeit ... oder *möglichst viel Unlust* als Preis für das Wachsthum einer Fülle von feinen und bisher selten gekosteten Lüsten und Freuden! Entschliesst ihr euch für das Erstere, wollt ihr also die Schmerzhaftigkeit der Menschen herabdrücken und vermindern, nun, so müsst ihr auch ihre *Fähigkeit zur Freude* herabdrücken und vermindern.«

Die erfüllendsten menschlichen Vorhaben schienen untrennbar verwoben mit einem gewissen Maß an Qualen, die Quellen unserer größten Freuden gefährlich dicht neben denen unseres größten Schmerzes:

»Prüfet das Leben der besten und fruchtbarsten Menschen und Völker und fragt euch, ob ein Baum, der stolz in die Höhe wachsen soll, des schlechten Wetters und der Stürme entbehren kann; ob Ungunst und Widerstand von aussen, ob irgend welche Arten von Hass, Eifersucht, Eigensinn, Misstrauen, Härte, Habgier und Gewaltsamkeit nicht zu den *begünstigenden* Umständen gehören, ohne welche ein grosses Wachsthum selbst in der Tugend kaum möglich ist?«

9

Und warum? Weil niemand ohne Erfahrungen ein großes Kunstwerk zu schaffen, ohne weiteres eine Position in der Welt zu erlangen oder schon beim ersten Versuch ein großartiger Liebhaber zu sein imstande ist. In der Spanne zwischen anfänglichem Scheitern und späterem Gelingen, in der Kluft zwischen dem, der wir eines Tages zu sein wünschen, und dem, der wir gegenwärtig sind, durchleben wir Schmerz, Angst, Neid und Demütigung. Wir leiden, weil wir nicht spontan meistern, was Erfüllung verspricht.

Nietzsche wollte aufräumen mit der Auffassung, dass Erfüllung leicht zu erlangen sein müsse oder gar nicht, einem Denken, das verheerende Folgen hat, verleitet es uns doch dazu, vor der Zeit vor Widerständen zurückzuscheuen, die wir überwunden hätten, wären wir auf die Härte der Anforderungen vorbereitet gewesen, die alles Wertvolle mit Recht an uns stellt.

Womöglich glauben wir ja, Montaignes *Essais* seien fix und fertig seinem Geiste entsprungen, und nehmen folglich die Schwerfälligkeit unserer ersten Versuche, eine Lebensphilosophie zu schreiben, als Zeichen einer angeborenen Nichtbefähigung für diese Aufgabe. Besser wäre, wir richteten den Blick auf die Belege für die ungeheuren Kämpfe des Autors, die zahllosen Zusätze und Revisionen, die nötig waren, ehe die *Essais* das Meisterwerk wurden, das sie sind.

Rot und Schwarz, Das Leben des Henry Brulard und *Über die Liebe* waren nicht leichter zu schreiben gewesen. Stendhal hatte seine künstlerische Laufbahn mit einer ganzen Reihe von flachen Theaterstücken begonnen. Eines davon handelte von der Landung der Emigrantenarmee in Quiberon (zu den Protagonisten sollten William Pitt und Charles James Fox gehören), ein zweites schlachtete Bonapartes Aufstieg zur Macht aus, und ein drittes – probeweise *L'Homme qui craint d'être gouverné* betitelt – stellte das Abgleiten eines alten Mannes in die Senilität dar. Stendhal hatte Wochen in der Nationalbibliothek zugebracht und die Definitionen von Wörtern wie ›plaisanterie‹, ›ridicule‹ und ›comique‹ aus Lexika abgeschrieben – an dem bleischweren Stil seiner Stücke hatte das nichts geändert. Jahrzehnte der Plackerei vergingen, ehe Meisterwerke entstanden.

Wenn die meisten literarischen Werke im Rang unter *Rot und Schwarz* stehen, dann – so Nietzsche – nicht deshalb, weil ihre Autoren geistig niedriger gestanden hätten als Stendhal, sondern weil sie falsche Vorstellungen von der Mühe hatten, die mit dem Verfassen eines Romans verbunden ist. Nietzsche rückt das Bild gerade:

> »Das Recept zum Beispiel, wie Einer ein guter Novellist werden kann, ist leicht zu geben, aber die Ausführung setzt Eigenschaften voraus, über die man hinwegzusehen pflegt, wenn man sagt ›ich habe nicht genug Talent‹. Man mache nur hundert und mehr Entwürfe zu Novellen, keinen länger als zwei Seiten, doch von solcher Deutlichkeit, dass jedes Wort darin nothwendig ist; man schreibe täglich Anekdoten nieder, bis man es lernt, ihre prägnanteste, wirkungsvollste Form zu finden, man sei unermüdlich im Sammeln und Ausmalen menschlicher Typen und Charaktere, man erzähle vor Allem so oft es möglich ist und höre erzählen, mit scharfem Auge und Ohr für die Wirkung auf die anderen Anwesenden, man reise wie ein Landschaftsmaler und Costümzeichner, … man denke endlich über die Motive der menschlichen Handlungen nach, verschmähe keinen Fingerzeig der Belehrung hierüber und sei

Sammler von dergleichen Dingen bei Tag und Nacht. In dieser mannichfachen Uebung lasse man *einige zehn Jahre* vorübergehen: was dann aber in der Werkstätte geschaffen wird, darf auch hinaus in das Licht der Strasse.«

Unverrückbarer Glaube an das Potential des Menschen (Erfüllung steht uns allen offen, wie das Schreiben großer Romane) und äußerste Härte (möglicherweise werden wir elende zehn Jahre für das erste Buch brauchen) – auf diese eigentümliche Mischung lief Nietzsches Philosophie hinaus.

Um uns an die Legitimität des Mühens zu gewöhnen, verwendete er so viel Zeit darauf, von Bergen zu sprechen.

10

Man liest kaum einige Seiten Nietzsche, ohne auf einen Bezug zu Bergeshöhen zu stoßen:

Ecce Homo: »Wer die Luft meiner Schriften zu athmen weiss, weiss, dass es eine Luft der Höhe ist, eine *starke* Luft. Man muss für die geschaffen sein, sonst ist die Gefahr keine kleine, sich in ihr zu erkälten. Das Eis ist nahe, die Einsamkeit ist ungeheuer – aber wie ruhig alle Dinge im Lichte liegen! wie frei man athmet! wie Viel man *unter* sich fühlt! – Philosophie, wie ich sie bisher verstanden und gelebt habe, ist das freiwillige Leben in Eis und Hochgebirge.«

Zur Genealogie der Moral: »Es bedürfte zu jenem Ziele [meine Philosophie zu verstehen, A.d.B.] einer *andren* Art Geister, als gerade in diesem Zeitalter wahrscheinlich sind … es bedürfte dazu der Gewöhnung an scharfe hohe Luft, an winterliche Wanderungen, an Eis und Gebirge in jedem Sinne.«

Menschliches, Allzumenschliches: »Im Gebirge der Wahrheit kletterst du nie umsonst: entweder du kommst schon heute weiter hinauf oder du übst deine Kräfte, um morgen höher steigen zu können.«

Unzeitgemäße Betrachtungen: »So hoch zu steigen, wie je ein Denker stieg, in die reine Alpen- und Eisluft hinein, dorthin

wo es kein Vernebeln und Verschleiern mehr giebt und wo die
Grundbeschaffenheit der Dinge sich rauh und starr, aber mit
unvermeidlicher Verständlichkeit ausdrückt!«

Nietzsche war – praktisch wie geistig – ein Bergmensch.
Man könnte ihn, der im April 1869 auch die Staatsbürger-
schaft annahm, als den berühmtesten Philosophen der
Schweiz bezeichnen. Dennoch erlag er gelegentlich einem
Sentiment, das nur wenigen Schweizern unbekannt ist: »[Ich
bin] betrübten Muthes, Schweizer zu sein«, bekannte er seiner Mutter ein Jahr darauf.

Nachdem er seinen Lehrstuhl an der Basler Universität
im Alter von fünfunddreißig Jahren aufgegeben hatte, verbrachte er die Winter am Mittelmeer, meist in Genua und
Nizza, und die Sommer in dem kleinen Alpendorf Sils-
Maria, auf 1800 Metern über dem Meeresspiegel im südost-
schweizerischen Engadin gelegen, nur wenige Kilometer
von St. Moritz entfernt, wo Winde aus Italien mit kühleren
nördlichen Strömungen zusammenstoßen und den Himmel
aquamarinblau färben.

Nietzsche hatte das Engadin im Juni 1879 zum ersten
Mal besucht und sich sofort in das Klima und die Landschaft
verliebt: »Ich habe jetzt die beste und mächtigste Luft Europa's zu athmen und liebe den Ort, an dem ich weile«,
berichtete er Paul Rée. »Seine Natur ist der meinigen verwandt.« An Peter Gast schrieb er: »Das ist keine Schweiz …
etwas ganz Anderes, jedenfalls etwas viel Südlicheres, – ich
müßte schon nach den Hochebenen von Mexiko am stillen
Ozeane gehen, um etwas Ähnliches zu finden (z.B. Oaxaca)
und da allerdings mit tropischer Vegetation. Nun, dies Sils-
Maria will ich mir zu erhalten suchen.« Und seinem Schul-
freund Carl von Gersdorff bekannte er, »daß hier und nirgends anderswo meine rechte Heimat und Brutstätte ist«.

Nietzsche verbrachte sieben Sommer in Sils-Maria in
einem Chalet, in dem er ein Zimmer mit Blick auf Kiefern
und Berge gemietet hatte. Dort schrieb er alle wesentlichen

Teile der *Fröhlichen Wissenschaft*, des *Zarathustra*, des *Zwischen Gut und Böse*, der *Genealogie der Moral* und der *Götzendämmerung* nieder. Er stand um fünf in der Früh auf, arbeitete bis mittags und bestieg dann die hohen Gipfel, die das Dorf umrahmen: den Piz Corvatsch, den Piz Lagrev, den Piz de la Margna, zerklüftete, rauhe Berge, bei deren Anblick man meinen möchte, sie hätten die Erdkruste erst jüngst und unter gewaltigem tektonischem Druck durchstoßen. Abends, allein in seinem Zimmer, aß er ein paar Scheiben Speck, ein Ei und ein Brötchen und ging zeitig zu Bett. »Wie kann Jemand zum Denker werden, wenn er nicht mindestens den dritten Theil jeden Tages ohne Leidenschaften, Menschen und Bücher verbringt?«

Heute gibt es, unvermeidlich, ein Nietzsche-Museum im Dorf. Für ein paar Franken ist man eingeladen, das Zimmer des Philosophen zu besichtigen, das, wie der Reiseführer erläutert, eigens so hergerichtet wurde, »damit es ausschaut wie zu Nietzsches Zeiten, ganz schlicht«.

 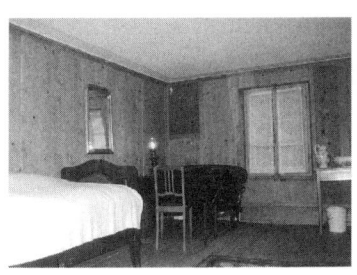

Wer jedoch verstehen will, warum Nietzsche eine so große Verwandtschaft seiner Philosophie mit den Bergen empfand, verzichte am besten auf die Zimmerbesichtigung und suche stattdessen eines der Sportgeschäfte in Sils-Maria auf, um Wanderstiefel, Rucksack, Wasserflasche, Handschuhe, Kompass und Eispickel zu kaufen.

Eine Besteigung des Pik Corvatsch, nur wenige Kilometer von Nietzsches Haus entfernt, verdeutlicht besser als jedes Museum den Geist, den seine Philosophie atmet, warum er Schwierigkeiten verteidigte und weshalb er die Schopenhauer'sche hirschgleiche Scheu verwarf.

Am Fuß des Berges befinden sich ein großer Parkplatz, daneben eine Reihe von Mülltonnen, eine Halle für Müllautos und ein Restaurant, in dem es fettige Würste mit Rösti gibt.

Der Gipfel allerdings ist grandios. Er bietet einen Blick über das ganze Engadin: auf die türkisfarbenen Seen von Segl, Silvaplana und St. Moritz, im Süden, in der Nähe der Grenze zu Italien, auf die gewaltigen Gletscher von Sella und

Roseg. In der Luft liegt eine außerordentliche Stille, und man meint, das Dach der Welt berühren zu können. In dieser Höhe ist man kurzatmig, aber seltsam gehobener Stimmung. Man hat Mühe, nicht grundlos zu lächeln, vielleicht gar in Gelächter auszubrechen, ein unschuldiges Lachen, das aus dem eigenen Wesenskern kommt und eine ursprüngliche Freude darüber ausdrückt, dass man lebt und solche Schönheit sehen darf.

Aber – und hier kommen wir zur Moral von Nietzsches Bergphilosophie – es ist nicht leicht, bis auf 3451 Meter über dem Meeresspiegel hinaufzusteigen. Fünf Stunden dauert es wenigstens, in denen das Atmen immer schwerer fällt; man muss auf schmalen Pfaden gehen, Felsbrocken umrunden, sich durch dichte Kiefernwälder den Weg bahnen, dem beißenden Wind mit zusätzlichen Lagen Kleidung trotzen und durch knirschendes ewiges Eis stapfen.

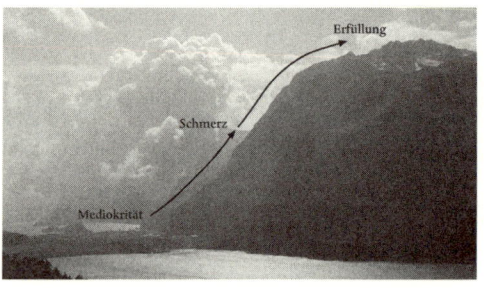

11

Bei Nietzsche taucht aber noch eine andere Alpenmetapher auf. Nur wenige Schritte von seinem Haus in Sils-Maria entfernt führt ein Pfad ins Fextal, eines der fruchtbarsten Täler im Engadin. Seine sanften Hänge werden landwirtschaftlich intensiv genutzt. Im Sommer stehen Kuhherden auf den Weiden und käuen das tiefdunkelgrüne Gras, ihre Glocken bimmeln, während sie gemächlich von einer Stelle zur anderen wandern.

Bäche murmeln zwischen den Feldern dahin mit dem Geräusch von Wasser, das in Gläser eingeschenkt wird. Neben vielen kleinen, blitzsauberen Bauernhäusern (an denen die Landes- und die Kantonsflagge wehen) liegen sorgsam gepflegte Gemüsegärten, auf deren lehmigem Boden Blumenkohl, rote Rüben, Karotten und Kopfsalat so üppig gedeihen, dass man auf die Knie sinken und nach Hasenart daran knabbern möchte.

Dass der Kopfsalat hier so schön wächst, verdankt sich dem Gletscher, der das Fextal einst bedeckte, dessen Boden nun den nach dem Schwund der Eisschicht typischen Mineralstoffreichtum aufweist. Wandert man von den kleinen Bauerngehöften noch tiefer ins Tal hinein, so gelangt man nach Stunden ausdauernden Gehens an den Gletscher selbst,

massiv und Furcht erregend. Wie ein Tischtuch liegt er da,
das auf den Ruck wartet, mit dem seine Falten geglättet
werden, diese Falten jedoch sind haushoch und bestehen aus
Eis mit messerscharfen Scharten, und dann und wann dringt
ein gequältes Poltern aus ihnen hervor, wenn die Blöcke
sich in der Sommersonne verschieben.

Es ist, steht man am Rande dieses grausamen Gletschers, nur
schwer vorstellbar, dass diese Eismasse eine Rolle beim
Wachstum des Gemüses und des üppigen Grases nur ein
paar Kilometer weiter unten im Tal spielen soll, kaum
begreiflich, dass etwas einem grünen Feld so offensichtlich
Gegensätzliches für die Fruchtbarkeit ebendieses Feldes verantwortlich sein kann.

Nietzsche, der das Fextal oft mit Bleistift und leder-
gebundenem Notizbuch durchstreifte (»Nur die *ergangenen*
Gedanken haben Werth«), zog eine Analogie zur Abhängigkeit der positiven Elemente des Lebens von den negativen,
zur Abhängigkeit der Erfüllung von Schwierigkeiten:

> »Wer jene zerfurchten Kessel sieht, in denen Gletscher gelagert
> haben, hält es kaum für möglich, dass eine Zeit kommt, wo an
> der selben Stelle ein Wiesen- und Waldthal mit Bächen darin

271

sich hinzieht. So ist es auch in der Geschichte der Menschheit; die wildesten Kräfte brechen Bahn, zunächst zerstörend, aber trotzdem war ihre Thätigkeit nöthig, damit später eine mildere Gesittung hier ihr Haus aufschlage. Die schrecklichen Energien – Das, was man das Böse nennt – sind die cyklopischen Architekten und Wegebauer der Humanität.«

12

Aber entsetzliche Schwierigkeiten sind natürlich leider nicht genug. Schwierig ist das Leben aller; zu einem außerdem noch erfüllten Leben wird es bei manchen durch die Art und Weise, in der Schmerz verarbeitet wird. Jeder Schmerz ist ein undeutliches Signal dafür, dass etwas nicht stimmt, und daraus kann Gutes oder Schlechtes erwachsen, je nachdem, wie klug und stark der Leidende ist. Angst kann sich zu Panik steigern oder in einer Analyse dessen enden, was schief läuft. Die Wahrnehmung von Ungerechtigkeit kann in Mord münden oder in eine bahnbrechende Arbeit zur Wirtschaftstheorie. Neid kann zu Verbitterung führen oder zu dem Entschluss, mit einem Rivalen zu konkurrieren, wodurch ein Meisterwerk entstehen kann.

Wie der von Nietzsche so geschätzte Montaigne im letzten Kapitel der *Essais* erklärte, besteht die Kunst des Lebens darin, unsere Missgeschicke fruchtbar zu machen:

»Was man nicht vermeiden kann, muß man leiden lernen. Unser Leben ist wie die Harmonie der Welt aus Gegensätzlichem zusammengefügt, aus ungleichen Tönen: weichen und harten, hellen und dunklen, sanften und strengen. Ein Musiker, der nur die einen liebte – was hätte der uns schon zu sagen? Er muß sie vielmehr gemeinsam zu benutzen und recht zu mischen wissen: wie wir das Gute und das Böse, die beide unserm Leben wesenseigen sind.«

Gut 300 Jahre später nahm Nietzsche diesen Gedanken wieder auf:

> »Wenn wir nur gutes Ackerland wären, dürften wir Nichts unbenützt umkommen lassen und in jedem Dinge, Ereignisse und Menschen willkommenen Dünger … sehen.«

Wie also gutes Ackerland sein?

13

1483 in Urbino geboren, ließ Raffael bereits von frühestem Alter an ein solches Interesse am Zeichnen erkennen, dass sein Vater den Jungen nach Perugia brachte, wo er bei dem berühmten Pietro Perugino in die Lehre gehen sollte. Raffael führte bald eigene Arbeiten aus und hatte, noch ehe er zwanzig war, mehrere Porträts von Personen am Hofe von Urbino sowie Altarstücke für Kirchen in Città di Castello, eine Tagesreise über die Berge von Urbino entfernt, angefertigt.

Raffael, einer der Lieblingsmaler Nietzsches, wusste aber, dass er noch kein großer Künstler war, kannte er doch die Werke zweier Männer, Michelangelo Buonarottis und Leonardo da Vincis. Sie hatten ihm vor Augen geführt, dass er selbst noch nicht imstande war, Figuren in der Bewegung darzustellen, und dass er trotz seines guten Gespürs für Bildgeometrie die lineare Perspektive noch nicht beherrschte. Der Neid hätte sich ins Monströse steigern können – Raffael verwandelte ihn stattdessen jedoch in befruchtenden Dünger.

1504, im Alter von einundzwanzig, verließ er Urbino und ging nach Florenz, um die Arbeiten seiner beiden Meister zu studieren. Er beschäftigte sich mit den Kartons für das dortige Rathaus, wo Leonardo an der Schlacht von Anghiari und Michelangelo an der Schlacht von Cascina gearbeitet hatten. Raffael saugte förmlich auf, was er von

Leonardos und Michelangelos anatomischen Zeichnungen lernen konnte, und sezierte und zeichnete Leichname, auch hierin ihrem Beispiel folgend. Er lernte von Leonardos *Anbetung der Könige* und seinen Kartons für die Madonna mit dem Kind und befasste sich mit einem ungewöhnlichen Porträt, dem Bildnis einer jungen Frau mit unergründlichem Lächeln, einer Auftragsarbeit, die Leonardo für den Adeligen Francesco del Giocondo angefertigt hatte.

Dass Raffaels Mühen schon bald Ergebnisse zeitigten, wird sichtbar, wenn wir das *Porträt einer jungen Frau*, das Raffael noch vor seinem Umzug nach Florenz zeichnete, mit dem *Porträt einer Frau* vergleichen, das er wenige Jahre darauf fertig stellte.

Die Mona Lisa hatte Raffael die Idee zu einem Porträt in Halbfigur eingegeben, bei dem die Arme der Sitzenden die Grundlinie eines pyramidenförmigen Bildaufbaus bildeten. An ihr hatte er gelernt, wie man durch Verwendung verschiedener Achsen für Kopf, Schultern und Hände einer Gestalt Tiefe gibt. Während die noch in Urbino gezeichnete Frau seltsam eingeengt in ihren Kleidern wirkt, die Arme am Bildrand unnatürlich abgeschnitten, ist die Frau aus Florenz ausdrucksvoll und wirkt gelöst.

Raffael war sein Können nicht urplötzlich zugefallen; er war groß geworden dadurch, dass er intelligent auf ein Gefühl der Unterlegenheit reagierte, das kleinere Geister zur Verzweiflung getrieben hätte. Sein Weg zum Erfolg enthielt eine nietzscheanische Lektion darüber, wie sich aus klug gedeutetem Schmerz Nutzen ziehen lässt:

>»Redet nur nicht von Begabung, angeborenen Talenten! Es sind grosse Männer aller Art zu nennen, welche wenig begabt waren. Aber sie *bekamen* Grösse, wurden ›Genie's‹ (wie man sagt), durch Eigenschaften, von deren Mangel Niemand gern redet, der sich ihrer bewusst ist; sie hatten Alle jenen tüchtigen Handwerker-Ernst, welcher erst lernt, die Theile vollkommen zu bilden, bis er es wagt, ein grosses Ganzes zu machen; sie gaben sich Zeit dazu, weil sie mehr Lust am Gutmachen des Kleinen, Nebensächlichen hatten, als an dem Effecte eines blendenden Ganzen.«

Raffael: Die Niccoline-Cowper-Madonna.
(Links: Vorstudien)

Mit Nietzsches Worten gesagt, hatte Raffael es vermocht, die Schwierigkeiten, denen er auf seinem Weg begegnete, zu sublimieren, zu vergeistigen und aufzuheben.

14

Der Philosoph hatte ein praktisches und ein metaphorisches Interesse am Gartenbau. Nach dem Rückzug von seinem Lehrstuhl an der Basler Universität im Jahre 1879 hegte Nietzsche den Wunsch, Gärtner zu werden. »Du weißt, daß ich zu einer einfachen und natürlichen Lebensweise hinneige«, teilte er seiner verblüfften Mutter mit, »ich bestärke mich immer mehr darin, es giebt auch für meine Gesundheit kein anderes Heil. Eine wirkliche Arbeit, welche Zeit kostet und *Mühe* macht, ohne den Kopf anzustrengen, thut mir noth.« Er hatte sich eines alten Turmes in Naumburg entsonnen, nicht weit vom Hause seiner Mutter entfernt, den er mieten wollte, während er sich um den angrenzenden Garten kümmerte. Das Gärtnerleben begann im September 1879 enthusiastisch – doch schon bald stellten sich Probleme ein. Sein schlechtes Augenlicht hinderte Nietzsche daran, zu sehen, was er verschnitt, er hatte Mühe, den Rücken zu beugen, es lag zu viel Laub herum (es war Herbst), und drei Wochen später meinte er, keine andere Möglichkeit zu haben als aufzugeben.

Reste seiner Begeisterung für den Gartenbau überlebten jedoch in seiner Philosophie, denn er sprach sich verschiedentlich dafür aus, dass wir uns unserer Schwierigkeiten annehmen sollten wie Gärtner. An ihrer Wurzel können Pflanzen absonderlich und unerfreulich sein, ein Mensch mit Kenntnissen und Vertrauen in ihr Potential wird sie jedoch dazu bringen, schöne Blüten oder Früchte zu tragen – genauso, wie es an der Wurzel des Lebens schwierige Gefühle und Situationen geben kann, aus denen bei sorgfältiger Pflege dennoch die größten Errungenschaften und Freuden erwachsen.

> »Man kann wie ein Gärtner mit seinen Trieben schalten und, was Wenige wissen, die Keime des Zornes, des Mitleidens, des Nachgrübelns, der Eitelkeit so fruchtbar und nutzbringend ziehen wie ein schönes Obst an Spalieren.«

Kunst, Schönheit, Liebe

Zorn, Mitleid,
Nachgrübeln, Eitelkeit

Die meisten von uns verkennen jedoch, was wir diesen schwierigen Trieben verdanken. Wir neigen zu der Vorstellung, Angst und Neid hätten uns nichts Rechtes zu vermitteln, und entfernen sie daher wie emotionales Unkraut. »Das Höhere *darf* nicht aus dem Niederen wachsen, *darf* überhaupt nicht gewachsen sein«, formulierte Nietzsche. »Alles, was ersten Ranges ist, muss *causa sui* sein.«

Dabei waren doch die »guten und verehrten Dinge«, betonte Nietzsche, »mit jenen schlimmen, scheinbar entgegengesetzten Dingen auf verfängliche Weise verwandt, verknüpft, verhäkelt.« »Liebe und Haß, Dankbarkeit und Rache, Güte und Zorn … [gehört] zueinander«, was jedoch nicht heißt, dass sie auch miteinander *zum Ausdruck gebracht werden* müssen, sondern dass Positives das Ergebnis eines vom Gärtner mit Erfolg gezogenen Negativen sein kann.

»Die Affekte Hass, Neid, Habsucht, Herrschsucht« sind daher »lebensbedingende Affekte, … Etwas, das im Gesammt-Haushalte des Lebens grundsätzlich und grundwesentlich vorhanden sein muss.«

Jede negative Wurzel abzuschneiden hieße gleichzeitig, alle positiven Elemente abzuwürgen, die weiter oben am Stamm der Pflanze aus ihnen erwachsen können.

Wir sollten uns unserer Schwierigkeiten nicht schämen, nur unseres Unvermögens, Schönes aus ihnen heranzuziehen.

15

Weil sie just diesen Zusammenhang gewürdigt hatten, schaute Nietzsche mit Bewunderung zu den alten Griechen zurück.

Betrachtet man ihre heiteren Tempel, etwa den in Paestum, nur wenige Kilometer von Sorrent entfernt, in der Dämmerung – Nietzsche besuchte ihn 1877 mit Malwida von Meysenbug –, so möchte man glauben, dass die Griechen ein ungewöhnlich maßvolles Volk gewesen seien und ihre Tempel die äußerlichen Manifestationen einer Ordnung, die sie in sich selbst und in ihrer Gesellschaft wahrnahmen.

Diese Auffassung jedenfalls vertrat der große Klassizist Johann Winckelmann (1717–68) und fand damit in mehreren folgenden Generationen deutscher Universitätsprofessoren seine Anhänger.

Nietzsche jedoch war der Ansicht, die klassische Kultur sei nicht aus der Heiterkeit, sondern ganz im Gegenteil aus der Sublimierung düsterster Kräfte hervorgegangen:

»Je furchtbarer und größer die Leidenschaften sind, die eine
Zeit, ein Volk, ein Einzelner sich gestatten kann, weil er sie als
Mittel zu brauchen vermag, *um so höher steht seine Kultur.*«

Die Tempel sahen ja vielleicht friedlich aus, waren aber die
Blüten gärtnerisch gezogener Pflanzen mit dunklen Wurzeln. Bei den dionysischen Festen traten die Dunkelheit und
der Versuch, sie zu beherrschen und zu pflegen, ans Tages-
licht:

»Vielleicht giebt es nichts Befremdenderes für Den, welcher
sich die griechische Welt ansieht, als zu entdecken, dass die
Griechen allen ihren Leidenschaften und bösen Naturhängen
von Zeit zu Zeit gleichsam Feste gaben und sogar eine Art
Festordnung ihres Allzumenschlichen von Staatswegen einrich-
teten … Sie nahmen jenes Allzumenschliche als unvermeidlich
und zogen vor, statt es zu beschimpfen, ihm eine Art Recht
zweiten Ranges durch Einordnung in die Bräuche der Gesellschaft und des Cultus' zu geben: ja, alles, was im Menschen
Macht hat, nannten sie göttlich und schrieben es an die Wände
ihres Himmels. Sie leugnen den Naturtrieb, der in den schlimmen Eigenschaften sich ausdrückt, nicht ab, sondern ordnen
ihn ein und beschränken ihn auf bestimmte Culte und Tage,
nachdem sie genug Vorsichtsmaassregeln erfunden haben, um
jenen wilden Gewässern einen möglichst unschädlichen Abfluß
geben zu können. Diess ist die Wurzel aller moralischen Frei-
sinnigkeit des Altherthums. Man gönnte dem Bösen und
Bedenklichen … eine mässige Entladung und strebte nicht
nach seiner völligen Vernichtung.«

Die Griechen schnitten das ihnen Ungünstige nicht ab, sie
bearbeiteten es wie Gärtner:

»Alle Passionen haben eine Zeit, wo sie bloss verhängnisvoll
sind, wo sie mit der Schwere der Dummheit ihr Opfer hinun-
terziehen – und eine spätere, sehr viel spätere, wo sie sich mit
dem Geist verheirathen, sich ›vergeistigen‹. Ehemals machte
man, wegen der Dummheit in der Passion, der Passion selbst
den Krieg: man verschwor sich zu deren Vernichtung … Die
Leidenschaften und Begierden *vernichten*, bloss um ihrer

Dummheit und den unangenehmen Folgen ihrer Dummheit vorzubeugen, erscheint uns heute selbst bloss als eine akute Form der Dummheit. Wir bewundern die Zahnärzte nicht mehr, welche die Zähne *ausreissen*, damit sie nicht mehr weh thun.«

Zur Erfüllung gelangt man dadurch, dass man klug auf Schwierigkeiten reagiert, die einen zerreißen könnten. Zimperliche Naturen sind vielleicht versucht, den Backenzahn sofort ziehen zu lassen oder auf den sanfteren Hängen vom Piz Corvatsch abzusteigen. Nietzsche fordert uns zum Ertragen auf.

16

Und – was kein Zufall ist – dazu, nicht zu trinken.

Liebe Mutter,

Wenn ich dir heute schreibe, so ist es mir eins der unangenehmsten und traurigsten Geschäfte, die ich überhaupt gethan habe. Ich habe mich nämlich sehr vergangen und weiß nicht, ob du mir das verzeihen wirst und kannst. Mit schwerem Herzen und höchst unwillig über mich ergreife ich die Feder, besonders wenn ich unser gemüthliches und durch keine Mißlaute getrübtes Zusammensein in den Osterferien mir vergegenwärtige. Ich bin also vorigen Sonntag betrunken gewesen und habe auch keine Entschuldigung weiter, als daß ich nicht weiß, was ich vertragen kann und den Nachmittag gerade etwas aufgeregt war.

Dies schrieb der achtzehnjährige Friedrich an seine Mutter Franziska, nachdem er im Bahnhofsrestaurant von Kösen in der Nähe seiner Schule im Frühjahr 1863 einmal vier Seidel Bier getrunken hatte. Ein paar Jahre später verärgerte es ihn, wenn seine Kommilitonen an den Universitäten von Bonn und Leipzig dem Alkohol zusprachen: »Ich gestehe …, daß mir der Ausdruck der Geselligkeit auf den Kneipabenden oft im hohen Maße mißbehagte, daß ich einzelne Individuen ihres Biermaterialismus wegen kaum ausstehn konnte.«

Nietzsches Studentenverbindung an der Bonner Universität.
Nietzsche in der zweiten Reihe, den Arm aufstützend.
Man beachte das Bierfass ganz unten.

Diese Einstellung blieb das ganze erwachsene Leben des Philosophen über unverändert:

>»Alkoholika sind mir nachtheilig; ein Glas Wein oder Bier des Tags reicht vollkommen aus, mir aus dem Leben ein ›Jammerthal‹ zu machen, – in München leben meine Antipoden.«

»Wie viel *Bier* ist in der deutschen Intelligenz!«, klagte Nietzsche. »Vielleicht ist die europäische Unzufriedenheit der neuen Zeit daraufhin anzusehn, dass unsere Vorwelt, das ganze Mittelalter … dem Trunk ergeben war: Mittelalter, das heisst die Alkoholvergiftung Europa's.«

Im Frühjahr 1871 verbrachte Nietzsche mit seiner Schwester einen Urlaub im Hôtel du Parc in Lugano. Die Hotelrechnung für die Zeit zwischen dem 2. und 9. März weist aus, dass er vierzehn Gläser Milch getrunken hatte.

Es war mehr als eine persönliche Vorliebe. Wer glücklich werden wollte, war gut beraten, niemals etwas Alkoholisches zu sich zu nehmen. Unter keinen Umständen:

> »Ich … weiss nicht ernsthaft genug die unbedingte Enthaltung von Alcoholicis allen *geistigeren* Naturen anzurathen. *Wasser* thut's.«

Und warum? Weil Raffael in Urbino im Jahre 1504 aus seinem Neid nicht in den Trunk geflüchtet, sondern nach Florenz gegangen war und gelernt hatte, ein großer Maler zu werden. Weil Stendhal im Jahre 1805 seine Verzweiflung über *L'Homme qui craint d'être gouverné* nicht mit Alkohol bekämpft, sondern den Schmerz siebzehn Jahre gehegt und 1822 *Über die Liebe* veröffentlicht hatte.

> »Wenn ihr euer eigenes Leiden nicht eine Stunde auf euch liegen lassen wollt und immerfort allem möglichen Unglücke von ferne her schon vorbeugt, wenn ihr Leid und Unlust überhaupt als böse, hassenswerth, vernichtungswürdig, als Makel am Dasein empfindet: nun, dann habt ihr [im Herzen] die *Religion der Behaglichkeit*. Ach, wie wenig wisst ihr vom *Glücke* des Menschen, ihr Behaglichen … – denn das Glück und das Unglück sind zwei Geschwister und Zwillinge, die mit einander gross wachsen oder, wie bei euch, mit einander – *klein bleiben!*«

17

Aus Nietzsches Antipathie gegen Alkohol erklärt sich auch seine Antipathie gegenüber dem, was die vorherrschende britische Schule der Moralphilosophie gewesen war: dem Utilitarismus und seinem größten Befürworter, John Stuart Mill. Der Utilitarismus hatte behauptet, dass in einer von Doppelmoral geprägten Welt Recht und Unrecht einer Handlung an dem Maß von Glückseligkeit oder Leid zu ermessen seien, die aus ihr entsprangen. Mill hatte geschrieben:

> »Handlungen [sind] in dem Grade recht, als sie auf Förderung der Glückseligkeit abzielen, und unrecht, insofern sie das Gegentheil der Glückseligkeit bezwecken. Unter Glückseligkeit ist das Vergnügen und die Abwesenheit des Leides verstanden, unter Unglückseligkeit das Leid und die Abwesenheit des Vergnügens.«

Der Gedanke des Utilitarismus, ja sogar die Nation, die ihn entwickelt hatte, erzürnten Nietzsche. Den Engländern bescheinigte er, »mit ihrer tiefen Durchschnittlichkeit eine Gesammt-Depression des europäischen Geistes verursacht« zu haben, und fuhr fort: »Das, was man ›die modernen Ideen‹ … nennt, war englischen Ursprungs.«

> »Der Mensch strebt *nicht* nach Glück; nur der Engländer thut das.«

Nietzsche strebte natürlich auch nach Glück, nur glaubte er eben, dass es nicht so mühelos zu erreichen sei, wie der Utilitarismus es vorzugaukeln schien:

> »Alle diese Denkweisen, welche nach *Lust* und *Leid*, das heisst nach Begleitzuständen und Nebensachen den Werth der Dinge messen, sind Vordergrunds-Denkweisen und Naivetäten, auf welche ein Jeder, der sich *gestaltender* Kräfte und eines Künstler-Gewissens bewusst ist, nicht ohne Spott … herabblicken wird.«

Künstler-Gewissen deshalb, weil künstlerisches Schaffen als sehr deutliches Beispiel für eine Tätigkeit gelten kann, die ungeheure Erfüllung gewährt, immer jedoch auch ungeheures Leiden voraussetzt. Hätte Stendhal den Wert seiner Kunst nach der »Glückseligkeit« und dem »Leid« beurteilt, die ihm unverzüglich zuteil geworden wären, hätte es kein Fortschreiten von *L'Homme qui craint d'être gouverné* zum Gipfel seiner Schaffenskraft gegeben.

Anstatt in den Niederungen Bier zu trinken, so Nietzsches Forderung, sollten wir die Last des Aufstiegs auf uns nehmen. Auch Städteplanern wusste er einen Rat zu geben:

> »Das Geheimnis, um die grösste Fruchtbarkeit und den grössten Genuss vom Dasein einzuernten, heisst: *gefährlich leben!* Baut eure Städte an den Vesuv!«

Ausbruch des Vesuv im Jahre 1879,
drei Jahre vor Niederschrift des oben Zitierten

Und für einen, den es immer noch nach einem Glas gelüstete, hatte Nietzsche ein weiteres Argument parat, das einen endgültig davon abhielt, den Willen in die Tat umzusetzen, zumal, wenn man keine allzu hohe Meinung vom Christentum hegte. Wer gern mal einen becherte, so behauptete er, der lasse eine christliche Grundeinstellung erkennen:

> »Zu glauben, dass der Wein *erheitert*, dazu müsste ich Christ sein, will sagen glauben, was gerade für mich eine Absurdität ist.«

18

Mit dem Christentum hatte er mehr Erfahrungen als mit Alkohol. Sein Geburtsort war das kleine Dorf Röcken bei Leipzig in Sachsen, in dem sein Vater Carl Ludwig Nietzsche die Pfarrstelle innehatte. Seine tiefreligiöse Mutter war ebenfalls die Tochter eines Pfarrers, nämlich David Ernst Oehlers, der in dem Dorf Pobles, nur eine Wegstunde entfernt, das Pfarramt versah. Ihr Sohn wurde vor einer Ansammlung lokaler Geistlicher in der Kirche von Röcken im Oktober 1844 getauft.

Friedrich liebte seinen Vater, der starb, als er erst vier war, und dessen Erinnerung er sein ganzes Leben lang in Ehren hielt. Das eine Mal in seinem Leben, als er nach einem erfolgreich gegen einen Verleger geführten Prozess über eine kleine Summe Geldes verfügte, ließ Nietzsche einen großen Stein für das Grab seines Vaters anfertigen und darauf ein Wort aus dem 1. Korintherbrief (13,8) meißeln:

Die Liebe höret nimmer auf

Er war »das vollendete Musterbild eines Landgeistlichen«, erinnerte sich Nietzsche an Carl Ludwig. »Eine hohe, schmächtige Gestalt mit feinen Gesichtszügen und wohlwollender Freundlichkeit. Überall beliebt und gern gesehn, sowohl wegen seines geistreichen Gesprächs, als seiner teilnehmenden Herzlichkeit, von den Bauern geehrt und geliebt, als Geistlicher durch Wort und Tat segensreich wirkend.«

Die Sohnesliebe hielt Nietzsche jedoch nicht davon ab, die tiefsten Vorbehalte gegen den Trost zu hegen, den sein Vater und das Christentum insgesamt Leidenden anzubieten hatten:

> »Ich erhebe gegen die christliche Kirche die furchtbarste aller Anklagen, die je ein Ankläger in den Mund genommen hat. Sie ist mir die höchste aller denkbaren Corruptionen, sie …

liess Nichts mit ihrer Verderbnis unberührt … Ich heisse das
Christenthum den Einen grossen Fluch, die Eine grosse inner-
lichste Verdorbenheit.«

Und an anderer Stelle heißt es:

»Man [thut gut], Handschuhe anzuziehn, wenn man das neue
Testament liest. Die Nähe von so viel Unreinlichkeit zwingt
beinahe dazu … Alles ist Feigheit, Alles ist Augen-Schliessen
und Selbstbetrug darin … Habe ich noch zu sagen, dass im
ganzen neuen Testament bloss eine *einzige* Figur vorkommt, die
man ehren muss? Pilatus, der römische Statthalter.«

Oder, kurz und bündig:

»Es ist unanständig, heute Christ zu sein.«

19

Wie tröstet uns das Neue Testament, wenn wir in Schwierigkeiten sind? Durch die Behauptung, bei vielen handle es
sich gar nicht um Schwierigkeiten, sondern vielmehr um
Tugenden:

Hat einer Kummer, weil er gar zu ängstlich ist, so verkündet
das Neue Testament:
Selig sind die Sanftmütigen; denn sie werden das Erdreich
besitzen. (Matth. 5,5)
Hat einer Kummer, weil es ihm an Freunden mangelt, so erteilt
das Neue Testament den Bescheid:
Selig seid ihr, wenn euch die Menschen hassen und euch aus-
stoßen und schmähen und verwerfen euren Namen als böse …
euer Lohn ist groß im Himmel. (Lk. 6,22–3)
Hat einer Kummer, weil er an seinem Arbeitsplatz ausgebeutet
wird, rät das Neue Testament:
Ihr Sklaven, seid gehorsam in allen Dingen euren irdischen
Herren, nicht mit Dienst vor Augen …, sondern in Einfalt des
Herzens und in der Furcht des Herren … denn ihr wißt, daß
ihr von dem Herrn als Lohn das Erbe empfangen werdet. Ihr
dient dem Herrn Christus! (Kol. 3,22–4)

Hat einer Kummer, weil er kein Geld hat, sagt das Neue Testament:
Es ist leichter, daß ein Kamel durch ein Nadelöhr gehe, als daß
ein Reicher ins Reich Gottes komme. (Mark. 10,25)

Nun mögen ja solche Worte und ein Glas Bier immer noch
zweierlei sein, Nietzsche jedoch bestand auf einer wesens-
mäßigen Gleichheit. Das Christentum wie der Alkohol
haben die Macht, uns davon zu überzeugen, dass das, was
wir bisher für mangelhaft in uns selbst und in der Welt hielten, keiner Beachtung bedarf; beide schwächen unseren
Entschluss, uns wie ein Gärtner unserer Probleme anzunehmen; beide – »die zwei grossen europäischen Narcotica,
Alkohol und Christenthum« – sprechen uns die Möglichkeit der Erfüllung ab.

Beim Christentum, so Nietzsche, handelte es sich um das
Geistesprodukt ängstlicher Sklaven im Römischen Reich,
denen der Mumm fehlte, die Berge bis zum Gipfel zu
besteigen, und die sich deshalb eine Philosophie zurechtge-
zimmert hatten, welche behauptete, es sei ja gerade am Fuß
der Berge so schön. Die Christen hatten sich zwar an dem
erfreuen wollen, was Erfüllung verhieß (an einer Stellung in
der Welt, an Sexualität, intellektueller Meisterschaft und
Kreativität), hatten jedoch nicht den Mut, die vor diesen
Gütern liegenden Schwierigkeiten zu ertragen. Sie hatten
daher einen scheinheiligen Glauben ersonnen, der alles
brandmarkte, was sie sich ersehnten, aus Schwäche aber
nicht zu erkämpfen vermochten, und gleichzeitig pries, was
sie zwar nicht wollten, zufällig aber besaßen. Machtlosigkeit
wurde so zu »Rechtschaffenheit«, Niedrigkeit zu »Demut«,
Unterwürfigkeit gegenüber Menschen, die man hasste, zu
»Gehorsam« und – so Nietzsche – »Ohnmacht, die nicht
vergilt« zu »Güte«. Jedes Gefühl eigener Schwäche wurde
mit einem sie heiligenden Namen zugedeckt, der ihr den
Anschein verlieh, »eine freiwillige Leistung, etwas Gewoll-

tes, Gewähltes, eine *That*, ein *Verdienst*« zu sein. Süchtig
nach ihrer »Religion der Behaglichkeit«, hatten die Christen
in ihrem Wertesystem dem Leichten den Vorrang vor dem
Erstrebenswerten gegeben und so das Leben seines Potenti-
als beraubt.

20

Die »christliche« Einstellung zu Schwierigkeiten ist jedoch
nicht auf Mitglieder der christlichen Kirche beschränkt, sondern stellt, so Nietzsche, eine permanent vorhandene psy-
chologische Möglichkeit dar. Wir alle werden zu Christen,
wenn wir Gleichgültigkeit gegenüber dem herauskehren,
was wir insgeheim ersehnen, aber nicht besitzen: wenn wir
munter behaupten, weder Liebe noch Stellung in der Welt,
weder Geld noch Erfolg, weder Schaffenskraft noch Gesundheit zu brauchen – während unsere Mundwinkel vor
Bitterkeit zucken und wir insgeheim Krieg führen gegen
das, was wir öffentlich verleugnet haben: wie Heckenschüt-
zen hinter der Brüstung hervor, aus dem Hinterhalt feuernd.

Wie sollten wir Nietzsche zufolge stattdessen mit Rück-
schlägen umgehen? Dadurch, dass wir weiter an das glauben, was wir erstreben, *auch wenn wir es nicht haben – und
vielleicht nie erlangen werden.* Dadurch, dass wir – anders
gesagt – der Versuchung widerstehen, bestimmte Dinge
herabzusetzen und für böse zu erklären, weil sich herausgestellt hat, dass sie schwer zu haben sind – ein Verhaltens-
muster, für das Nietzsches eigenes, unendlich tragisches
Leben uns vielleicht das beste Beispiel liefert.

21

Epikur hatte schon sehr früh zu Nietzsches Lieblingsphilosophen der Antike gehört; Nietzsche nannte ihn den »Seelen-Beschwichtiger des späteren Alterthums«, den »Erfinder einer heroisch-idyllischen Art zu philosophieren«. Besonders sagte ihm Epikurs Vorstellung zu, dass zur Glückseligkeit ein Leben im Kreis von Freunden gehöre. Nietzsche selbst sollte die Freuden des Miteinanders jedoch nur selten erfahren: »Die geistige Einsiedelei und gelegentlich ein Gespräch mit Gleichgesinnten sind unser Loos«, schrieb er. Mit dreißig komponierte er den *Hymnus auf die Einsamkeit*, zu dessen Vollendung ihm jedoch der Mut fehlte.

Die Suche nach einer Frau verlief nicht weniger kummervoll, zum Teil wegen Nietzsches Erscheinung – seinem außerordentlich großen Walross-Schnurrbart – und seiner Schüchternheit, die ihm die linkische Steifheit eines Oberst a. D. verlieh. Im Frühjahr 1876 verliebte er sich während einer Genua-Reise in eine dreiundzwanzigjährige Blondine mit grünen Augen, Mathilde Trampedach. Im Verlaufe eines Gesprächs über die Dichtung Henry Longfellows erwähnte Nietzsche, er sei noch keiner deutschen Fassung von Longfellows »Excelsior« habhaft geworden. Mathilde sagte, sie habe eine zu Hause und machte sich erbötig, eine Kopie für ihn anzufertigen. Dadurch ermutigt, lud Nietzsche sie zu einem Spaziergang ein. Sie brachte ihre Wirtin als Anstandsdame mit. Ein paar Tage darauf machte Nietzsche sich erbötig, ihr auf dem Klavier vorzuspielen, und das Nächste, was sie von dem einunddreißigjährigen Professor für Klassische Philologie an der Basler Universität zu hören bekam, war ein Heiratsantrag: »Glauben Sie nicht auch daran, dass in einer Verbindung jeder von uns freier und besser werde als er es vereinzelt werden könnte, also excelsior?«, fragte der Oberst anspielungsreich. »Wollen Sie es wagen, mit mir zusammen zu gehen … Auf alle Pfade des Lebens und des Denkens?« Mathilde wagte es nicht.

Eine Reihe ähnlicher Zurückweisungen forderte ihren Tribut. In Anbetracht der Depression und der angegriffenen Gesundheit Nietzsches kam Richard Wagner zu dem Schluss, es gebe nur zwei Heilmittel: »Er muß heiraten oder eine Oper schreiben.« Nietzsche konnte aber keine Oper schreiben und besaß anscheinend nicht einmal das Talent, eine anständige Melodie zu komponieren. (Im Juli 1872 hatte er dem Dirigenten Hans von Bülow ein Pianoduett geschickt, das er geschrieben hatte, und um eine aufrichtige Einschätzung gebeten. Von Bülow erwiderte, es sei »das Extremste von phantastischer Extravaganz, das Unerquicklichste und Antimusikalischste was mir seit lange von Aufzeichnungen auf Notenpapier zu Gesicht gekommen ist«; er frage sich, ob Nietzsche einen Scherz habe machen wollen: »Sie haben übrigens selbst Ihre Musik als ›entsetzlich‹ bezeichnet – sie ists in der That.«)

Wagner nahm auch kein Blatt vor den Mund: »Ach, Gott! heirathen Sie eine reiche Frau!«, donnerte er und wandte sich an Nietzsches Arzt Otto Eiser, mit dem er darüber spekulierte, ob Nietzsches schlechter Gesundheitszustand auf exzessives Masturbieren zurückzuführen sei. Ironie des Schicksals, die Wagner allerdings entging: die einzige reiche Frau, die Nietzsche wirklich liebte, war Wagners eigene Frau Cosima. Jahrelang bemäntelte Nietzsche seine Gefühle für sie mit freundschaftlicher Anteilnahme. Erst als er den Verstand verlor, kam die Realität zum Vorschein. »An die Prinzeß Ariadne, meine Geliebte« richtete Nietzsche oder Dionysos, wie er gern unterzeichnete, einmal eine Postkarte, die er Anfang Januar 1889 aus Turin an Cosima schrieb.

Dabei stimmte Nietzsche der Wagner'schen These über die Wichtigkeit der Ehe zeitweise sogar zu. In einem Brief an seinen verheirateten Freund Franz Overbeck klagte er: »Du hast es, Dank Deiner Frau, eben hundert Male besser

als ich: Ihr habt zusammen ein *Nest* – und ich habe höch-
stens eine *Höhle* … ich [fühle] den gelegentlichen Verkehr
mit Menschen wie ein Fest, wie eine Erlösung von ›mir‹.«

1882 hatte er abermals gehofft, eine passende Frau gefunden zu haben, Lou Andreas-Salomé, seine größte, schmerz-
lichste Liebe. Sie war einundzwanzig, schön, klug, kokett
und von seiner Philosophie fasziniert. Nietzsche war wehrlos. »Ich will nicht mehr einsam sein und wieder lernen,
Mensch zu werden. Ah, an diesem Pensum habe ich fast
alles noch zu lernen!«, schrieb er ihr. Sie verbrachten zwei
Wochen zusammen im Thüringischen Tautenburg und
posierten mit dem gemeinsamen Freund Paul Rée in
Luzern für eine ungewöhnliche Fotografie.

Lou interessierte sich jedoch mehr für den Philosophen als
für Nietzsche als Ehemann. Die Ablehnung stürzte ihn in
eine neuerliche lang anhaltende und tiefe Depression. »Mein
Mißtrauen ist jetzt sehr groß«, schrieb er an Overbeck, »ich
fühle aus Allem, was ich höre, Verachtung gegen mich heraus.« Eine besondere Verbitterung empfand er gegenüber
seiner Mutter und seiner Schwester, die sich in die Bezie-

hung zu Lou eingemischt hatten, und brach den Kontakt
mit ihnen ab, wodurch sich seine Isolation noch verstärkte.
»Ich mag meine Mutter nicht, und die Stimme meiner
Schwester zu hören macht mir Mißvergnügen; ich bin
immer krank geworden, wenn ich mit ihnen zusammen
war.«

Es gab auch berufliche Schwierigkeiten. Von keinem seiner Bücher wurden bis zu Nietzsches Erkrankung mehr als
2000 Exemplare verkauft; von den meisten gar nur ein paar
hundert. Bei einer nur bescheidenen Pension und wenigen,
von einer Tante geerbten Aktien, von denen er seinen
Lebensunterhalt bestreiten musste, konnte sich ihr Autor
kaum einmal neue Kleider leisten. »Abgeschabt, gleich einem Bergschafe« sehe er schließlich aus, bekannte er. In
Hotels nahm er die billigsten Zimmer, geriet mit seiner
Miete oft in Rückstand und konnte sich weder Heizung
noch die Schinken und Würste leisten, die er so mochte.

Nicht minder schlecht war es um seine Gesundheit
bestellt. Schon von Schulzeit an hatte er unter einer ganzen
Reihe von Beschwerden gelitten: Kopfschmerzen, Magen-
verstimmungen, Erbrechen, Schwindel, dazu eine an Blindheit grenzende Sehschwäche und Schlaflosigkeit, vieles
davon Symptome der Syphilis, die er sich mit großer Wahrscheinlichkeit im Februar 1865 in einem Bordell in Köln
zugezogen hatte (obwohl Nietzsche behauptete, er habe es
verlassen, ohne etwas anderes anzurühren als das Klavier). In
einem Brief an Malwida von Meysenbug, geschrieben drei
Jahre nach seiner Reise nach Sorrent, erklärte er: »Was Qual
und Entsagung betrifft, so darf sich das Leben meiner drei
letzten Jahre mit dem jedes Asketen irgend einer Zeit messen.« Und seinem Arzt berichtete er: »Beständiger Schmerz,
mehrere Stunden des Tages ein der Seekrankheit eng ver-
wandtes Gefühl einer Halb-Lähmung, wo mir das Reden
schwer wird, zur Abwechslung wüthende Anfälle (der letzte
nöthigte mich 3 Tage und Nächte lang zu erbrechen; ich

dürstete nach dem Tode). Nicht lesen können! Sehr selten schreiben! Nicht verkehren mit Menschen! Keine Musik hören können!«

Zu Anfang des Jahres 1889 brach Nietzsche schließlich auf Turins Piazza Carlo Alberto zusammen und umarmte ein Pferd. Man trug ihn in seine Pension zurück, wo er verkündete, den Kaiser erschießen zu wollen, einen Feldzug gegen die Antisemiten zu planen und sich, von einer Stunde zur nächsten wechselnd, als Dionysos, Jesus, Gott, Napoleon, der König von Italien, Buddha, Alexander der Große, Caesar, Voltaire, Alexander Herzen und Richard Wagner zu erkennen gab, bevor man ihn schließlich in einen Zug setzte und in ein Irrenhaus nach Deutschland brachte, wo seine inzwischen betagte Mutter und seine Schwester die elf Jahre bis zu seinem Tode mit fünfundfünfzig nach ihm sahen.

22

Bei aller entsetzlichen Einsamkeit, Zurückgezogenheit, Armut und angegriffenen Gesundheit nahm Nietzsche dennoch niemals Zuflucht zu dem Verhalten, dessen er die Christen beschuldigt hatte: Er sprach sich nicht gegen die Freundschaft aus, schmähte weder Ansehen noch Reichtum oder Wohlstand. Der Abbé Galiani und Goethe blieben seine Helden. Obwohl Mathilde nicht mehr gewollt hatte als ein Gespräch über Dichtung, hielt Nietzsche an seinem Glauben fest: »Gegen die Männerkrankheit der Selbstverachtung hilft es am sichersten, von einem klugen Weibe geliebt zu werden.« Obwohl er kränklich war und es nicht mit Montaignes oder Stendhals Schneidigkeit zu Pferde aufnehmen konnte, ließ er von seiner Vorstellung eines aktiven Lebens nicht ab: »Frühmorgens beim Anbruch des Tags, in aller Frische, in der Morgenröthe seiner Kraft, ein *Buch* lesen – das nenne ich lasterhaft!«

Er kämpfte zäh darum, glücklich zu werden, doch da, wo er scheiterte, kehrte er sich nicht gegen das, was er einst ersehnte. Er blieb dem verpflichtet, was in seinen Augen die wichtigste Eigenschaft eines edlen Menschen war: jemand zu sein, der »nicht mehr verneint«.

23

Nach sieben Stunden Gehen, den Großteil davon im Regen, war ich sehr erschöpft, als ich den Gipfel des Piz Corvatsch, hoch über den Wolken – die Täler des Engadin von ihnen zugedeckt – erklommen hatte. In meinem Rucksack hatte ich eine Wasserflasche, ein Brot mit Emmentaler und ein Briefkuvert des Hotel Edelweiss in Sils-Maria, auf dem ich an diesem Morgen ein Zitat des Bergphilosophen notiert hatte, das ich, das Gesicht gen Italien gewandt, dem Wind und den Felsen auf 3400 Meter vorlesen wollte.

Wie sein Vater, der Pastor, hatte Nietzsche sich die Aufgabe der Tröstung zu Eigen gemacht. Wie sein Vater hatte er gehofft, uns Wege zur Erfüllung zeigen zu können. Doch im Unterschied zu Pastoren und zu Zahnärzten, die Zähne, in denen der Schmerz pocht, herausreißen – nicht anders als Gärtner die Pflanzen, deren Wurzeln nichts versprechen – hatte er in Schwierigkeiten eine entscheidende Voraussetzung zur Erfüllung gesehen und daher gewusst, dass süßliche Tröstungen letztendlich grausamer sind als hilfreich:

»Die grösste Krankheit der Menschen ist aus der Bekämpfung ihrer Krankheiten entstanden, und die anscheinenden Heilmittel haben auf die Dauer Schlimmeres erzeugt, als Das war, was mit ihnen beseitigt werden sollte. Aus Unkenntnis hielt man die augenblicklich wirkenden, betäubenden und berauschenden Mittel, die sogenannten Tröstungen, für die eigentlichen Heilkräfte, ja, man merkte es nicht einmal, dass man diese sofortigen Erleichterungen oft mit der allgemeinen und tiefen Verschlechterung des Leidens bezahlte.«

Nicht alles, wonach wir uns besser fühlen, ist gut für uns. Nicht alles, was weh tut, muß unbedingt auch schlecht sein.

»Die Nothstände aller Art überhaupt als Einwand, als Etwas,
das man abschaffen muss, betrachten, ist die niaiserie par excellence,
ins Grosse gerechnet, ein wahres Unheil in seinen Folgen ..., beinahe
so dumm, als es der Wille wäre, das schlechte Wetter abzuschaffen.«

Anmerkungen

Trost bei Unbeliebtheit / Sokrates

Zitate wurden entnommen aus:
Plato: Sämtliche Dialoge. In Verbindung mit Kurt Hildebrandt ... hrs. und
mit Einl., Literaturübersichten, Anm. und Reg. vers. von Otto Apelt.
[Nachdr.] Hamburg: Felix Meiner Verlag 1988

S. 10 : Solange ich ... lassen: Apologie, 29d, S. 44
S. 21 : Wer mit Sokrates ... hat: Laches, 188a, S. 29
S. 25 : Versuch zu erklären ... Mann: Laches, 190e, S. 34
S. 25 : Von den Lakedämoniern ... gewonnen: Laches, 191c, S. 34f
S. 27 : Als Gutes ... unwidersprechlich zu sein: Menon, 78c–79a, S. 33f
S. 37 : ... im Gegensatz ... bringt: Apologie, 36b, S. 55
S. 38 : Ich bemühte mich ... Bildung: Apologie, 36d, S. 55
S. 38 : [Ich werde weiter] ... Einheimischen: Apologie, 29d, S. 44
S. 38 : Ich hatte ... gerechnet: Apologie, 36a, S. 54
S. 47f : Falls du ... auswählen kannst: Gorgias, 472a–b, S. 69
S. 43 : Du versucht ... gemacht wird: Gorgias, 471e–472a, S. 69
S. 45 : Ein Mann ... zusammen: Kriton, 47b, S. 90
S. 45 : Steht es nicht ... weiß: Kriton 47a–48a, S. 90f
S. 47 : Ich bin überzeugt ... reinzuwaschen: Apologie, 37a–b, S. 56
S. 49 : Nehmt ihr ... verschlafen: Apologie, 30d–31a, S. 46
S. 51 : Dich ... habe ich ... ging: Phaidon, 116c–d, S. 130f
S. 51f : Als nun Sokrates ... selbst: Phaidon, 117a–d, 132
S. 52 : Wie ... ihr Toren: Phaidon, 117d, S. 133
S. 52 : So starb ... übertroffen ward: Phaidon, 118a, S. 133

Trost bei Geldmangel / Epikur

Zitate wurden entnommen aus:
Griechische Atomisten. Aus dem Griechischen und Lateinischen übersetzt und
herausgegeben von Fritz Jürß, Reimar Müller und Ernst Günther Schmidt.
Leipzig, Verlag Philipp Reclam jun. 1973 (Epikur: Brief an Menoikeus, Die
Hauptlehrsätze, Vatikanische Spruchsammlung, Fragmente; Diogenes von
Oinoanda), abgekürzt als GA, gefolgt von Seitenzahl;

Titus Lucretius Carus: De Rerum Natura. Welt aus Atomen. Lateinisch und deutsch. Textgestaltung, Einleitung und Übersetzung von Karl Büchner. Zürich: Artemis-Verlag 1956

S. 64 : Ich … beseite lasse: Fragmente, 11, GA, 347
S. 64 : Anfang … Lebens: Brief an Menoikeus, GA, 269
S. 65 : Der Anfang … zurück: Fragmente, 12, 347
S. 65 : Wer da sagt … vorüber: Brief an Menoikeus, GA, 266
S. 70 : weil er … Leidens: Lukrez, Welt aus Atomen, III:1070
S. 70 : Wie nämlich … vertreibt: Fragmente, 2, GA, 345
S. 73 : Von allem … Freundschaft: Hauptlehrsätze, 27, GA, 328
S. 73 : Man hat eher … Wolfes: Seneca, Briefe an Lucilius, XIX.10, PhS III, 68
S. 74 : Befreien muß … Politik: Vatikanische Spruchsammlung, 58, GA, 340
S. 75 : legt bei … Geschmack: Brief an Menoikeus, GA, 268
S. 76 : Denn was uns … erwarten: Brief an Menoikeus, GA, 267
S. 76 : Denn nichts … liegt: Brief an Menoikeus, GA, 267
S. 77 : Von den Begierden … notwendig: Hauptlehrsätze, 29, GA, 329
S. 79 : daß einfache Speisen … beseitigt ist: Brief an Menoikeus, GA, 270
S. 79 : So hebt … bestehen kann: Porphyrius. Vier Bücher von der Enthaltsamkeit. Aus dem Griechischen von Eduard Baltzer. Leipzig, Verlag von Oscar Eigendorf 1879, S. 46
S. 80 : Nichts ist dem … ist: Vatikanische Spruchsammlung, 68, GA, 342
S. 80 : An alle Begierden … wird: Vatikanische Spruchsammlung, 71, GA, 342
S. 80 : Die Befreiung … Reichtum: Vatikanische Spruchsammlung, 81, GA, 344
S. 83 : leere Einbildung: Hauptlehrsätze, 29, GA, 329
S. 85 : Den Menschen … überlaufen: Diogenes von Oinoanda, Fragment 44 Chilton (LX William), GA, 504
S. 85 : Ich behaupte … Natur: Diogenes von Oinoanda, Fragment 1 Chilton (I William), GA, 481
S. 85 f : Da sich … zugänglich zu machen: Diogenes von Oinoanda, Fragment 2 Chilton (II William), GA, 482 f
S. 86 : vorziehn … Empfindung: Lukrez, Welt aus Atomen, V.1133-4
S. 87 : Für des Körpers … floribus herbas: Lukrez, Welt aus Atomen, II.20-33
S. 88 : Armut … große Armut: Vatikanische Spruchsammlung, 25, GA, 335
S. 88 f : müht sich … Branden: Lukrez, Welt auf Atomen, V.1430–5
S. 89 : Auf sie … beurteilen: Brief an Menoikeus, GA, 269

Trost bei Frustration / Seneca

Zitate wurden entnommen aus:
Tacitus: Annalen. Übersetzt und erläutert von Erich Heller. Mit einer Einführung von Manfred Fuhrmann. München: dtv und München/ Zürich: Artemis Verlag 1991/92

Sueton: Cäsaranleben. Übertragen und erläutert von Max Heinemann. Mit
einer Einleitung von Rudolf Till. Stuttgart: Alfred Kröner Verlag 1986
Lucius Annaeus Seneca: Philosophische Schriften I–IV. Übersetzt, mit
Einleitungen und Anmerkungen versehen von Otto Apelt. Hamburg: Felix
Meiner Verlag 1993 (Band I: Der Dialoge erster Teil; Band II: Der Dialoge
zweiter Teil; Band III: Briefe an Lucilius. Erster Teil: Brief 1–81; Band IV:
Briefe an Lucilius. Zweiter Teil: Brief 82–124); abgekürzt als PhS, gefolgt von
Bandnummer und Seitenzahl
Lucius Annaeus Seneca: Naturwissenschaftliche Untersuchungen in acht Büchern.
Eingeleitet, übersetzt und erläutert von Otto und Eva Schönberger. Würzburg:
Königshausen & Neumann, 1990; abgekürzt als NU, gefolgt von Seitenzahl

S. 96 : von ihren Tränen … hinzuzufügen: Tacitus XV.62, S. 470
S. 96 : entgegen … weicher geworden: ebd.
S. 96 : Ich werde … dein Tod: ebd.
S. 97 : Laßt euch … Schicksals: Briefe an Lucilius, CIV.28-9, PhS IV, 223
S. 99 : Scheusal: Sueton, *Caligula*, IV.22, S. 243
S. 99 : Hätte doch … Hals: Sueton, *Caligula*, IV.30, S. 254
S. 100 : Der Philosophie … danke: Briefe an Lucilius, LXXVIII.3, PhS III, 327f
S. 103 : Es gibt … bemächtigt: Drei Bücher vom Zorn, II.36.5-6, PhS I, 144f
S. 105 : Bei jeder … Zorn: Drei Bücher vom Zorn, II.21.7, PhS I, 123
S. 106 : Wozu die Tische … rennen?: Drei Bücher vom Zorn, I.19.4, PhS I, 94
S. 106 : Was hat es … fallen lassen?: Drei Bücher vom Zorn, II.25.3, PhS I, 27f
S. 106 : Was belferst … machen: Drei Bücher vom Zorn, III.35.2, PhS I, 192
S. 107 : Wie kann man … läßt: Drei Bücher vom Zorn, II.31.4, PhS I, 135
S. 109 : das Schicksal … zurückschreckt: Briefe an Lucilius, XCI.15, PhS IV,103
S. 110 : Wir müssen … geschehen kann: Briefe an Lucilius, XCI.4, PhS IV, 98f
S. 110 : Was ist … preisgegeben: Trostschrift an Marcia, XI.3, PhS I, 221
S. 111 : Ich hätte … zugestoßen ist: Trostschrift an Marcia, IX.5, PhS I, 218
S. 111f : Wer bürgt … bliebe: NU 156f
S. 112 : ob der Schmerz … soll: Trostschrift an Marcia, IV.1, PhS I, 211
S. 113 : Wir [machen] … Erbe: Trostschrift an Marcia, IX.1-2, PhS I, 216f
S. 113 : Ihr habt … Stunde: Trostschrift an Marcia, X.4, PhS I, 219
S. 114 : Der Weise … Gedanken: Drei Bücher vom Zorn, II. 10.7, PhS I, 110
S. 114 : Nichts … festem Besitz: Briefe an Lucilius, LXXII.7, PhS III, 286
S. 114 : Weder der … Schicksals: Briefe an Lucilius, XCI.7, PhS IV, 100
S. 114 : Was eine … zerstören: Briefe an Lucilius, XLI.6, PhS IV, 99
S. 114 : Wie oft … heimgesucht worden: Briefe an Lucilius, XLI.9, PhS IV, 100
S. 114 : Alles … beschieden ist: Briefe an Lucilius, XLI.12, PhS IV, 102
S. 114 : Sterblich bist … geboren: Trostschrift an Marcia, XI.1, PhS I, 220
S. 114 : Sei auf alles … vorbereitet: Drei Bücher vom Zorn, II.31.4; PhS I, 136
S. 114f : So oft … gemeint: Trostschrift an Marcia, IX.3, PhS I, 217
S. 118 : Über den Ausgang … einräume: Briefe an Lucilius, XIV.16, PhS III, 49
S. 120 : Du denkst … führen: Briefe an Lucilius, XXIV.1, PhS III, 86

Trost bei Unvollkommenheit / Montaigne

Zitate wurden entnommen aus: Michel de Montaigne: Essais. Erste moderne
Gesamtübersetzung von Hans Stilett. © Eichborn AG, Frankfurt am Main 1998.
Zitiert wird nach der Taschenbuchausgabe: München: Goldmann Verlag 2000.
Angemerkt werden Nummer des Buchs gefolgt von Nummer des Essays und
Seitenzahl.

S. 143 : mit großartiger freier Aussicht: III, 3, 73
S. 143 : weiseste[n] Mann[es] … gab: II, 12, 259
S. 143 : die mir am meisten gefallen: II, 10, 129
S. 143 : Der Umgang … greifen: III, 3, 70
S. 145 : Nichts ist … verbringen: II, 12, 241
S. 145 : Hört nur … war: II, 12, 241f
S. 146 : Eidechsenharn … Rattendreck: II, 37, 665
S. 146f: Sie unterbrechen … Stelle: II, 12, 227f
S. 147 : denn sie geben … ist: II, 12, 228
S. 147 : Wenn der Hund … hätte? II, 12, 203
S. 148 : Wollen wir … Schwein? I, 14, 84
S. 148 : In Wirklichkeit … kommt: II, 12, 236
S. 148 : Einzusehen … Einsicht: III, 13, 454
S. 149 : Wer über … Hälfte weg: III, 5, 166
S. 150 : Wenn meine Gesundheit … ansprechbar: II, 12, 358f
S. 150 : sie sollten … aufhelfen: II, 37, 657
S. 150 : Die der Entleerung … Weisung: I, 21, 157
S. 151 : genau auf den … können: I, 21, 157
S. 151 : der derart turbulent … wird: I, 21, 158
S. 151 : eine Dame … leert: III, 5,152
S. 152 : Er hätte … verbinde: I, 3, 30
S. 152 : Die schrecklichste … Seins: III, 13, 515
S. 153 : Wer auch nur einmal … Körperschwäche: I, 21, 152
S. 153 : Er gestand … empfand: I, 21, 152
S. 154 : Man hat durchaus recht … brauchen: I, 21, 156
S. 154 : zur Sühne seines Schimpfs: II, 29, 565
S. 154 : Verheiratete Männer … bestehn: I, 21, 155f
S. 155 : Jeder Mensch … in sich: III, 2, 34
S. 155 : Auf dem höchsten … Arsch: III, 13, 524
S. 155 : Sowohl die Könige … Damen auch: III, 13, 472
S. 156 : Was hat … getraun? III, 5, 102
S. 157 : Sie ist … überspringen: III, 3, 115 f
S. 157 : gute Alte: III, 3, 116
S. 158 : Hätte ich … nackt: Vorwort
S. 159 : Jedes meiner Glieder … Abstrich: III, 5, 165
S. 159 : Bei allen sonstigen … läßt: III, 5, 150
S. 159 : Von allen … unterbrechen: III, 5, 473
S. 159 : Ich habe … hindert: III, 5, 473
S. 160 : Male ich … Werk: III, 5, 149f
S. 160 : Was nützen … vermögen: III, 9, 322
S. 160 : Es spricht … zurechtschneidert: III, 9, 325
S. 161 : Und könnten … auseinanderreißen? III, 5, 173
S. 164 : Sie fühlen sich … werden: III, 9, 317f
S. 166 : In der Tat … ausgesetzt: III, 13, 464f

S. 195 : Es gibt nichts … Hand: II, 10, 123 f
S. 195 : Die Schwerverständlichkeit … angenommen: II, 12, 271
S. 195 : So wie es … sind: I, 26, 269
S. 196 : Die Worte … gestellt wird: III, 12, 394f
S. 197 : Die Gelehrten … nicht: II, 17, 494
S. 198 : [Ich schreibe …] Hochsprache: III, 5, 145
S. 198 : sie [unterlaufen] … ständig: III, 5, 145
S. 199 : Ich kenne einen … Hintern: I, 25, 214 f
S. 200 : Ich habe zu Pisa … gesagt: I, 26, 235
S. 201 : Ich lasse … verstecken: II, 10 122
S. 201 : Keinem ist … einzutreten: Seneca: Trostschrift an Marcia, XV.4, PhS
        I, 228
S. 202 : Hätte ich … haben: III, 12, 424
S. 202 : Unter meinem … Wert: III, 2, 40
S. 202 : Schon mancher … werden: III, 2, 39
S. 203 : So sagt Cicero … daherreden: I, 25, 214
S. 204 : Der Ehre … Zitierens: III, 12, 426 f
S. 204 : Darf ich … vergeudet habe: II, 10, 132
S. 205 : [Ich finde] … Wind: II, 10, 131
S. 205 : Es gibt mehr Bücher … Not: III, 12, 445
S. 205 : An meiner eignen … kann: III, 13, 453 f
S. 206 : Wir sind … glauben: III, 12, 396
S. 206 : Man kann … gründen: III, 2, 34
S. 206 : Ich bin … Melonen: III, 13, 501
S. 206 : Rettiche … wieder: III, 13, 501
S. 206 : [Meine Zähne] … abzureiben: III, 13, 500
S. 206 : Vor lauter Hast … Finger: III, 13, 507
S. 206f: Zwar könnte ich … wechseln: III, 13, 470

Trost bei gebrochenem Herzen

Zitate wurden entnommen aus:
Arthur Schopenhauer, *Parerga und Paralipomena I* (Zürcher Ausgabe, Werke in
10 Bänden, Band VII und VIII). Zürich: Diogenes 1977 (abgekürzt als P 1 VII
und P 1 VIII, gefolgt von Seitenzahl)
Arthur Schopenhauer, *Parerga und Paralipomena II* (Zürcher Ausgbe, Werke in
10 Bänden, Band IX und X). Zürich: Diogenes 1977 (abgekürzt als P 2 IX
und P 2 X, gefolgt von Seitenzahl)
Arthur Schopenhauer, *Die Welt als Wille und Vorstellung I* (Zürcher Ausgabe,
Werke in 10 Bänden, Band I und II). Zürich: Diogenes 1977 (abgekürzt als
W 1 I und W 1 II, gefolgt von Seitenzahl)
Arthur Schopenhauer, *Die Welt als Wille und Vorstellung II* (Zürcher Ausgabe,

Werke in 10 Bänden, Band III und IV). Zürich: Diogenes 1977 (abgekürzt als W 2 III und W 2 IV, gefolgt von Seitenzahl)

Arthur Schopenhauer, *Der handschriftliche Nachlaß*. Hg. von Arthur Hübscher. 5 Bände. Frankfurt a. M. 1966 ff – Nachdruck 1985 (Deutscher Taschenbuch Verlag)

– Band 1: Frühe Manuskripte 1804–1818 (abgekürzt als HN 1)
– Band 3: Berliner Manuskripte 1818–1830 (abgekürzt als HN 3)
– Band 4,1: Die Manuskriptbücher der Jahre 1830–1853
   (abgekürzt als HN 4,1)
– Band 4,2: Letzte Manuskripte. Gracians Handorakel
   (abgekürzt als HN 4,2)

Arthur Schopenhauer, *Gesammelte Briefe*. Hg. von Arthur Hübscher. 2., verbesserte und ergänzte Auflage. Bonn: Bouvier Verlag Herbert Grundmann 1987 (abgekürzt als GB)

Arthur Schopenhauer, *Gespräche*. Hg. von Arthur Hübscher. Neue, stark erweiterte Ausgabe. Stuttgart-Bad Cannstatt: Friedrich Frommann Verlag (Günther Holzboog) 1971 (abgekürzt als G)

Rüdiger Safranski, *Schopenhauer und die wilden Jahre der Philosophie*. Reinbek bei Hamburg: Rowohlt 1990

S. 211 : Man kann … Nichts: P 2, IX, 325
S. 211 : daß das … müsse: P 2, IX, 311
S. 211 : Es ist … kommt. P 2, IX, 324
S. 211 : Schon als … Verzweiflung: HN 4,2, 121
S. 212 f : In meinem … Oberhand: HN 4,1, 96
S. 212 : Daß du … leid: Safranski 74
S. 213 : Diese Spuren … herbey: Safranski 78
S. 214 : über das … grübeln: Safranski 79
S. 214 : Das Leben … nachzudenken: Safranski 160
S. 214 : so kurz … treffen: G 15
S. 214 : heiter … Ewigkeit: Safranski 267
S. 215 : Der junge … dargestellt: G 28
S. 215 : Ich rede … Mittheilung: HN 1, 402
S. 215 : Ein Mann … Monologen: HN 3, 16
S. 216 : Man sollte … überzeugen: HN 1, 426
S. 216 : Und was … wollen: Safranski 106
S. 216 : Das niedrig … Intellekt: P 2, X, 673
S. 216 : Ist doch … Leidensgeschichte: HN 3, 25
S. 216 : Wenn ich … geholfen: HN 3, 8
S. 216 f : daß ihr … erinnert: P 1, VII, 162
S. 217 : Daß es … Papst: HN 3, 146
S. 217 : Heirathen … werden: HN 4,2, 15
S. 217 : Die Polygamie … Einer: HN 4,1, 132
S. 217 : wo etwa … geschieht: Safranski 406

304

S. 217 : eine Stelle … Gesellschaft: GB 106
S. 217 : Wenn ein … zerreißen: HN 3, 57
S. 218 : Wie oft … Hasenjagd: HN 3, 196
S. 218 : Jeder irgend … bleiben: P 1, VIII, 525
S. 218 : Ich wollt'… gleiten: G 58
S. 218 : Das Leben … erhalten: P 2, IX, 311
S. 218 : eine kleine … nähere: Safranski 419
S. 218 : Der Anblick … auf: HN 3, 8
S. 219 : Seinen treuesten … ankettet: P 2, IX, 322 f
S. 219 : oft komisch … Tischgenosse: G 88
S. 220 : gewöhnlichen Zweifüßler: Safranski 422
S. 220 : Ich hege … dgl.: W 2, III, 35
S. 221 : Buddhaisten … Volkes: W 1 II, 443 f
S. 221 : Zwei Monat … isoliren: Safranski 427
S. 221 : Wäre Leben … auf: HN 3, 119
S. 221 : Menschen … habe: W 2, III, 284
S. 222 : Nicht den Zeitgenossen … werden: W 1, I, 14
S. 222 : Da unser … bewundern: Safranski 498
S. 222 : die Komödie des Ruhmes: Safranski 18
S. 223 : Hätte wohl … hätte: HN 3, 71
S. 223 : die Weiber … sind: P 2, X, 668
S. 224 : Sie arbeitet … verheiratet: G 225
S. 224 : Daß seinen Leib … würde: Safranski 514
S. 224 : das menschliche … müsse: P 2, IX, 311
S. 227 : Man sollte … vorliegt: W 2, IV, 623
S. 227 : die ernsthaftesten … nimmt: W 2, IV, 624
S. 229 : Wozu der Lerm … werth: W 2, IV, 624
S. 229 : was dadurch … Zeiten: W 2, IV, 625
S. 230 : in die geheime … erfährt: W 2, III, 245
S. 230 : ist dem Willen … wird: W 2, III, 245
S. 233 : Als die … Ausdruck: » W 2, IV, 628
S. 233 : Es liegt … Individuum: W 2, IV, 642
S. 234 : Jedes trachtet … anwachsen: W 2, IV, 640
S. 235 : Zur in Rede … aufheben: W 2, IV, 639
S. 235 : Daß Konvenienz … Glücksfall: W 2, IV, 654
S. 236 : Die Liebe … Sache: W 2, IV, 650
S. 236 : Hat man … hört: P 2, IX, 344
S. 237 : Dem Allen … kommen: W 2, IV, 654
S. 237 : Für die kommende … gesorgt: W 2, IV, 653
S. 239 : bei der Ehe … ist: W 2, IV, 638
S. 239 : umgekehrt … würde: W 2, IV, 627
S. 241 : Mit seinen übermäßigen … ist: W 2, III, 414
S. 242 : Wenn man … Anstrengung: W 2, III, 413
S. 243 : Es giebt … nennt: W 2, IV, 743 f

S. 243 : Was ... ausrotten könnte: P 1, VIII, 522
S. 245 : Der Dichter ... finden: W 2, IV, 503
S. 246 : Nein, Lotte ... dar: Johann Wolfgang Goethe, Die Leiden des jungen
Werther. Frankfurt am Main: Insel Verlag 1973, S. 136
S. 246 : Das Wesen der Kunst ... gilt: P 2, X, 463
S. 247 : Er wird ... verhalten: W 1, I, 265

Trost bei Schwierigkeiten / Nietzsche

Zitate wurden entnommen aus:
Friedrich Nietzsche:
Morgenröthe – abgekürzt als M,
Ecce Homo – abgekürzt als EH,
Jenseits von Gut und Böse – abgekürzt als JGB
Menschliches, Allzumenschliches I und II – abgekürzt als MA I und II
Unzeitgemäße Betrachtungen – abgekürzt als UB
Der Antichrist – abgekürzt als A
Die fröhliche Wissenschaft – FW
Götzen-Dämmerung – abgekürzt als G,
Zur Genealogie der Moral – abgekürzt als GM
alle in: Sämtliche Werke. Kritische Studienausgabe in 15 Einzelbänden. Hg.
von Giorgio Colli und Mazzino Montinari. 2., durchgesehene Auflage:
Deutscher Taschenbuch Verlag München und Walter de Gruyter Berlin/ New
York 1988; abgekürzt als SW KSA, gefolgt von Band und Seitenzahl
Friedrich Nietzsche: Sämtliche Briefe. Kritische Studienausgabe in 8 Bänden.
Hg. von Giorgio Colli und Mazzino Montinari. Deutscher Taschenbuch
Verlag München und Walter de Gruyter Berlin/ New York 1975-1984;
abgekürzt als SB KSA, gefolgt von Band und Seitenzahl
Friedrich Nietzsche: Briefwechsel. Kritische Gesamtausgabe. Hg. von Giorgio
Colli und Mazzino Montinari. Walter de Gruyter Berlin/ New York 1975;
abgekürzt als BW KGA, gefolgt von Abteilung und Band sowie Seitenzahl
Der Wille zur Macht. Versuch einer Umwertung aller Werte. Ausgewählt und
geordnet von Peter Gast unter Mitwirkung von Elisabeth Förster-Nietzsche.
13., durchges. Auflage Stuttgart: Alfred Kröner Verlag 1996; abgekürzt als
WM gefolgt von Aphorismennummer und Seitenzahl

S. 251 : Kohlköpfe: EH, SW KSA 6, 305
S. 251 : Mein Loos ... sein muss: EH, SW KSA 6, 365
S. 251 : Ich habe ... heilig spricht: EH, SW KSA 6, 365
S. 251 : Nehmen wir ... werden darf: Brief an Malwida von Meysenbug
24.9.1886, SB KSA 7, 257
S. 251 : Es scheint ... zu reden: EH, SW KSA 6, 298
S. 252 : Ihr woll ... es war: GM, SW KSA 5, 161

S. 252 : Solchen Menschen … unbekannt bleibt: WM, 910, 613

S. 252 : Ich habe mit ihm … worden ist: EH, SW KSA 6, 259

S.252f : Im Auge … vor ihm: M, SW KSA 3, 247f

S. 253 : Ich nahm … Resignation schrie: Autobiographisches aus den Jahren 1856–1869, in: Friedrich Nietzsche. Werke III, Hg. von Karl Schlechta. Frankfurt/M. – Berlin – Wien 1984, S.133

S. 253 : Der Kluge … Lust: Arthur Schopenhauer: W 2 III, 175

S. 254 : [Wir sollten … hinbringt: Arthur Schopenhauer, P 1 VII, 442

S. 254 : Man weiß … Enthaltsamkeit: Brief an Franziska und Elisabeth Nietzche vom 5.11.1865, SB KSA 2, 95

S. 254 : derartige Ansichten … Briefschwätzchen: Brief von Franziska Nietzsche an Nietzsche vom 12.11.1865, BW KGA, Erste Abt. Dritter Band, 62

S. 255 : Noch nie … reiner Freude: Brief von Malwida von Meysenbug vom 28.10.1876

S. 256 : Daß der Platonische … langweilig: G, SW KSA 6, 155

S. 256 : diese kleinen … nahm: EH, SW KSA 6, 295

S. 256 : Werden Sie … Seite: Brief an Cosima Wagner vom 19.12.1876, SB KSA 5, 210

S. 257 : eine kleine feuerfeste Stube: Arthur Schopenhauer, P 1 VII, 443

S. 257 : gleich scheuen … leben: FW, SW KSA 3, 527

S. 257 : rachsüchtige antisemitische Gans: Brief an Malwida von Meysenbug von Anfang Mai 1884, SB KSA 6, 500

S. 258 : Es lebt … Montaigne: Brief an Franziska und Elisabeth Nietzsche vom 14.3.1885, SB KSA 7, 22f

S. 258 : milder Sonne … Früchtenahrung: M, SW KSA 3, 323

S. 260 : grossartig: G, SW KSA 6, 151

S. 260 : Goethe ist … habe: G, SW KSA 6, 153

S. 260 : Er nahm … Wille: G, SW KSA 6, 151

S. 261 : Das Kolosseum … versetzt: Stendhal, Voyages en France, Pleiade, p.365

S. 261 : Die Bewegung … hinaus: Montaigne, Essais III, 5, 117

S. 261 : Das ist die erste … sehr: Stendhal, Tagebücher und andere Selbstzeugnisse. Dt. von Katharina Scheinfuß. 1. Bd. Berlin: Rütten & Loening 2 1983, 346

S. 261 : Die Kunst … Leben: G, SW KSA 6, 127

S. 262 : Wie, wenn … vermindern: FW, SW KSA 3, 383f

S. 262 : Prüfet … möglich ist: FW, SW KSA 3, 390

S. 264f: Das Recept … Strasse: MA I, SW KSA 2, 153

S. 265 : Wer die … Hochgebirge: EH, SW KSA 6, 258

S. 265 : Es bedürfte … Sinne: GM, SW KSA 5, 336

S. 265 : Im Gebirge … können: MS, SW KSA 2, 552

S. 265f: So hoch … ausdrückt: UB, SW KSA 1, 381

S. 266 : [Ich bin] betrüben … zu sein: Brief an Franziska Nietzsche vom 16.7.1870, SB KSA 3, 131

S. 266 : Ich habe … verwandt: Brief an Paul Rée von Ende Juli 1879, SB
KSA 5, 430

S. 266 : Das ist … suchen: Brief an Peter Gast vom 14.8.1881, SB KSA 6, 113

S. 266 : daß hier … Brutstätte ist: Brief an Carl von Gersdorff Ende Juni
1883, SB KSA 6, 386

S. 267 : Wie kann … verbringt: MA II, SW KSA 2, 695

S. 271 : Nur die … Werth: G, SW KSA 6, 64

S. 272 : Wer jene … Humanität: MA I, SW KSA 2, 205

S. 272 : Was man … wesenseigen sind: Montaigne, Essais III, 13, 479

S. 273 : Wenn wir … sehen: MA II, SW KSA 2, 515

S. 275 : Redet nur … Ganzen: MA I, SW KSA 2, 152f

S. 276 : Du weißt … noth: Brief an Franziska Nietzsche vom 21.7.1879, SB
KSA 5, 427f

S. 276 : Man kann … Spalieren: M, SW KSA 2, 326

S. 277 : Das Höhere … sein: G, SW KSA 6, 76

S. 277 : guten und … verhäkelt: JGB, SW KSA 5, 17

S. 277 : Liebe und … zueinander: WM 351, 241

S. 277 : Die Affekte … muss: JGB, SW KSA 5, 38

S. 279 : Je furchtbarer … Kultur: WM 1025, 673

S. 279 : Vielleicht giebt … Vernichtung: MA II, SW KSA 2, 473

S. 279f : Alle Passionen … weh thun: G, SW KSA 6, 82

S. 280: Liebe Mutter … war: Brief an Franziska Nietzsche vom 16.4.1863:
SB KSA 1, 236

S. 281 : Ich gestehe … konnte: Brief an Carl von Gersdorff vom 25.5.1865,
SB KSA 2, 55

S. 281 : Alkoholika … Antipoden: EH, SW KSA 6, 280

S. 282 : Wie viel … Intelligenz: G, SW KSA 6, 104

S. 282 : Vielleicht … Europa's: FW, SW KSA 3, 485f

S. 282 : Ich … Wasser thut's: EH, SW KSA 6, 281

S. 282 : Wenn ihr … bleiben: FW, SW KSA 3, 566f

S. 283 : Handlungen … des Vergnügens: John Stuart Mill: Das Nützlichkeits-
prinzip. Dt. von Ad. Wahrmund. in Gesammelte Werke 1. Leipzig,
Fues's Verlag (R. Reisland) 1869. Kap. 2, S.134

S. 283 : mit ihrer … Ursprungs: JGB, SW KSA 5, 197

S. 283 : Der Mensch … das: G, SW KSA 6, 61

S. 283 : Alle diese Denkweisen … wird: JGB, SW KSA 5, 160

S. 284 : Das Geheimnis … Vesus: FW, SW KSA 5, 526

S. 285 : Zu glauben … Absurdität ist: EH, SW KSA 6, 280

S. 286 : das vollendete … wirkend: Autobiographisches aus den Jahren 1856
bis 1859. Werke. Hg. von Karl Schlechta, Band III, S. 93

S. 286f: Ich erhebe … Verdorbenheit: A, SW KSA 6, 252

S. 287 : Man … Statthalter: A, SW KSA 6, 223ff

S. 287 : Es ist unanständig … sein: A, SW KSA 6, 210

S. 288 : die zwei grossen … Christenthum: G, SW KSA 6, 104

S. 288 : Ohnmacht ... vergilt: GM, SW KSA 5, 281

S.288f : eine freiwillige ... Verdienst: GM, SW KSA 5, 280

S. 289 : Religion der Behaglichkeit, FW, SW KSA 5, 567

S. 290 : Seelen-Beschwichtiger ... Alterthums: MA II, SW KSA 2, 543

S. 290 : Erfinder ... philosophieren: MA II, SW KSA 2, 687

S. 290f: Die geistige ... Loos: Brief an Paul Deussen vom Februar 1870, SB
KSA 3, 98

S.290f : Glauben Sie ... Denkens: Brief an Mathilde Trampedach vom
11.4.1876, SB KSA 5, 147

S. 291 : Er muß ... schreiben: Cosima Wagner: Die Tagebücher. Band II.
1873-1877. Ediert und kommentiert von Martin Gregor-Dellin und
Dietrich Mack. 2., durchgesehene Auflage. München/Zürich: Piper
1982, S. 809

S. 291 : das Extremste ... ist: Brief von Hans von Bülow vom 24.7.1872, BW
KGA, Zweite Abt., Vierter Band, 52

S. 291 : Sie haben ... That: ebd., 53

S. 291 : Ach Gott ... Frau: Brief von Richard Wagner vom 6.4.1874, BW
KGA, Zweite Abt. Vierter Band, 655

S. 291 : An die ... Geliebte: Postkarte an Cosima Wagner vom 3.1.1889, SB
KSA 8, 572

S. 291f: Du hast es ... mir: Brief an Franz Overbeck vom 25.3.1886, SB
KSA 7, 161

S. 292 : Ich will ... lernen: Brief an Lou von Salomé vom 3.7.1883, SB KSA
6, 217

S. 292 : Mein Mißtrauen ... heraus: Brief an Franz Overbeck vom
25.12.1882, SB KSA 6, 312

S. 293 : Ich mag ... zusammen war: Brief an Franz Overbeck vom 6.3.1883,
SB KSA 6, 338f

S. 293 : Abgeschabt ... Bergschafe: Brief an Franziska Nietzsche vom
4.10.1884, SB KSA 6, 539

S. 293 : Was Qual ... messen: Brief an Malwida von Meysenbug vom
14.1.1880, SB KSA 6, 5

S. 293f: Beständiger Schmerz ... können: Brief an Otto Eiser von Anfang
Januar 1880, SB KSA 6, 3

S. 294 : Gegen die Männerkrankheit ... werden: MA I, SW KSA 2, 266

S. 294 : Frühmorgens ... lasterhaft: EH, SWKSA 6, 293

S. 295 : nicht mehr verneint: G, SW KSA 6, 152

S. 295 : Die grösste ... bezahlte: M, SW KSA 3, 56

S. 296 : Die Nothstände ... abzuschaffen: EH, SW KSA 6, 368

Danksagung

Den folgenden Personen bin ich für ihre Hinweise zu Kapiteln dieses Buchs sehr zu Dank verpflichtet: Dr. Robin Waterfield (für Sokrates), Professor David Sedley (für Epikur), Professor Martin Ferguson Smith (für Epikur), Professor C.D.N. Costa (für Seneca), Reverend Professor Michael Screech (für Montaigne), Reg Hollingdale (für Schopenhauer) und Dr. Duncan Large (für Nietzsche). Dank für ihre Hinweise schulde ich auch: John Amstrong, Harriet Braun, Michele Hutchinson, Noga Arikha und Miriam Gross. Bedanken möchte ich mich bei: Simon Prosser, Lesley Shaw, Helen Fraser, Michael Lynton, Juliet Annan, Gráinne Kelly, Anna Kobryn, Caroline Dawnay, Annabel Hardman, Miriam Berkeley, Chloe Chancellor, Lisabel McDonald, Kim Witherspoon und Dan Frank.

Bildnachweise

Die Fotografien in diesem Buch werden verwendet mit freundlicher Genehmigung folgender Institutionen und Personen:

Register

318